U0456580

本书获得中共陕西省委党校出版资助

国家社会科学基金项目（13XJY020）研究成果

西部城镇化和农业现代化相互协调发展研究

胡卫华◇著

中国社会科学出版社

图书在版编目（CIP）数据

西部城镇化和农业现代化相互协调发展研究/胡卫华著.—北京：
中国社会科学出版社，2017.12
ISBN 978 - 7 - 5203 - 1403 - 9

Ⅰ.①西… Ⅱ.①胡… Ⅲ.①城市化—关系—农业现代化—协调发展—研究—西北地区②城市化—关系—农业现代化—协调发展—研究—西南地区 Ⅳ.①F229.21②F320.1

中国版本图书馆 CIP 数据核字 (2017) 第 273387 号

出 版 人	赵剑英
责任编辑	卢小生
责任校对	周晓东
责任印制	王 超

出　　版	中国社会科学出版社
社　　址	北京鼓楼西大街甲 158 号
邮　　编	100720
网　　址	http：//www.csspw.cn
发 行 部	010 - 84083685
门 市 部	010 - 84029450
经　　销	新华书店及其他书店

印　　刷	北京明恒达印务有限公司
装　　订	廊坊市广阳区广增装订厂
版　　次	2017 年 12 月第 1 版
印　　次	2017 年 12 月第 1 次印刷

开　　本	710×1000　1/16
印　　张	20.75
插　　页	2
字　　数	306 千字
定　　价	86.00 元

凡购买中国社会科学出版社图书，如有质量问题请与本社营销中心联系调换
电话：010 - 84083683
版权所有　侵权必究

前　言

我国推进城镇化具有重要意义，城镇化水平是衡量一个国家和地区发达程度的重要标志，是我国现代化建设的历史任务。但我国的城镇化和世界其他国家有所不同，具有中国特色。第一，城镇化速度快。1978—2015年我国城镇化率从17.91%提升到56.1%，年均提高1.02个百分点。预计2020年和2030年城镇化水平将分别达到60%左右、66%左右。根据国际经验，当一个国家城镇化水平处于30%—70%时，特别是在50%左右时，意味着城镇化处于加速阶段。从我国实际发展看，我国"十二五"规划城镇化率预期目标是51.5%，而2015年达到56.1%，远超预期。第二，城镇化规模巨大。1978—2014年，我国城镇常住人口从1.7亿增加到7.49亿，年均增长1600万。预计从2011年至2030年的20年间，每年将有1000多万农民进入城镇，新增城镇人口3亿人左右。第三，正在推进以人为核心的新型城镇化。预计从2014年到2020年，我国将有两亿左右的农民陆续在城镇落户①，转为城镇户籍，公平享受城镇公共服务。

城镇化和农业现代化相互协调发展是我国无法绕开的一个历史性课题。李克强总理指出，城镇化是中国现代化进程中的一个基本问题，是一个大战略、大问题。农业现代化是重要基础，是发展的根基。② 伴随着城镇化快速推进，农业劳动力逐步减少，保障农产品供应特别是粮食安全成为城镇化顺利推进的一个重要基础条件。发达国

---

① 李克强：《依托家庭经营推进农业现代化——在联合国粮农组织的演讲》，求是网，http://www.qstheory.cn/yaowen/2014－10/16/c_1112843100.htm，2015年9月7日。

② 李克强：《协调推进城镇化是实现现代化的重大战略选择》，《行政管理改革》2012年第11期。

家和我国的经验也表明，农业现代化是城镇化的基础。

西部地区城镇化和农业现代化相互协调发展具有特别重要的意义。第一，西部城镇化、农业现代化是我国城镇化、农业现代化的重要组成部分。但发展相对滞后，两者发展不协调明显，需要补齐"短板"。第二，西部地区城镇化和农业现代化对我国经济稳定发展具有重要意义。李克强总理说，我国经济发展最大的回旋余地在中西部。西部大开发在区域发展战略中具有优先位置，是我国经济持续健康发展的重要支撑力量。[①] 城镇化、农业现代化是西部全面建成小康社会的重要经济基础。第三，西部推进城镇化和农业现代化相互协调发展对我国国家安全和民族地区发展具有重要意义。西部地区是我国少数民族最集中的区域，全国80%的少数民族聚居在这一地区，有44个少数民族。[②] 第四，西部地区是我国重要的生态涵养区，农业资源相对短缺、生态环境比较脆弱，城镇化和农业现代化相互协调发展对我国生态安全具有重要意义。

正是基于这样的认识，我们设计申报了"西部城镇化和农业现代化相互协调发展研究"这一课题，2013年6月有幸被国家社会科学基金予以立项并给予资助（批准号：13XJY020）。

课题批准以后，课题组通过召开小型座谈会等形式，征求有关专家的意见，获得了大量宝贵的信息和建议。课题组在原申报设计基础上进一步修改完善了研究框架、研究提纲、研究计划及其研究内容和基本观点。

西部涉及12个省份，内部各地情况极具差异性。我们在资料的调查方面采取了课题组成员"实地调查研究"和"间接调查研究"相结合的方法。"实地调查研究"就是课题组成员，特别是主要研究人员深入西部区县、乡镇、农户家庭进行调查研究，掌握第一手资料，准确把握西部城镇化、农业现代化发展的实际情况。"间接调查

---

① 李克强：《西部发展是中国最大回旋余地之所在》，新华网，http://news.xinhua-net.com/politics/2013-08/18/c_116985178.htm，2014年6月7日。

② 张沛主编：《中国城镇化的理论与实践》，东南大学出版社2009年版，第2页。

研究"主要是指利用现代报纸、刊物、互联网等信息平台，广泛收集有关西部城镇化、农业现代化发展及其政策导向的有关资料，全面掌握西部城镇化、农业现代化发展的情况。力图使课题研究能够结合西部实际，既有典型性研究，又有整体性研究，突出研究的针对性、应用性。

在研究过程中，课题组取得一系列、多种形式的阶段性成果，为课题的深入研究和顺利完成奠定了很好的基础。经过课题组的努力，2016 年顺利完成本项目，2017 年 7 月结项（证书号：20171147），本书是这一课题研究的最终成果。

目　录

导　论

导论评述了城镇化和农业现代化相互协调发展的研究现状，提出了本书研究价值和意义、研究内容、基本观点、研究思路和方法。

一　国内外研究现状述评、选题的价值和意义

我国对城镇化与农业发展的关系进行了长期探索，认识不断深化，党的十八大提出"城镇化和农业现代化相互协调发展"，这成为我国当前和今后一个时期的一项重要发展任务。

（一）国内外研究现状述评

关于发展中国家的二元结构、城镇化和农业现代化相互协调发展的理论研究，国外成就斐然。如舒尔茨的"通过向农民、农业投资"改造传统农业理论；"人力资本"理论；刘易斯的"二元经济"理论；佩鲁的"增长极"理论等。围绕这些理论，国外发展经济学家对发展中国家的城镇化与农业现代化的关系进行了广泛的研究，为我们开展研究提供了理论和实践参考。

在国内，党的十七届五中全会和《中共中央关于制定国民经济和社会发展第十二个五年规划的建议》中提出了"在工业化、城镇化深入发展中同步推进农业现代化"之后，有许多学者对城镇化和农业现代化相互协调发展进行了较为深入的研究。主要有：一是从理论上探讨城镇化和农业现代化相互协调发展的关系、条件、机制等。如尹成杰（2012）关于"'三化'同步发展，在工业化、城镇化深入发展中同步推进农业现代化"研究；吴文倩（2007）关于"农村城镇化与农业现代化关系探析"；钱津（2010）关于"农业现代化是工业化城镇化的必要条件"；贺叶玺（2011）关于"工业化、城镇化和农业现

代化共生关系研究";崔慧霞（2012）关于"工业化、城镇化、农业现代化同步发展研究";陈志峰等（2012）关于"工业化、城镇化和农业现代化'三化同步'发展的内在机制和相互关系研究"等。二是探讨城镇化和农业现代化相互协调发展程度的测度。如吴振明（2012）关于"工业化、城镇化、农业现代化进程协调状态测度研究";宋洪远等（2012）关于"我国同步推进工业化、城镇化和农业现代化面临的挑战与选择"等。三是提出城镇化和农业现代化相互协调发展的对策。如朱铁臻（2000）认为，城镇化是解决二元经济结构矛盾的根本出路，有助于促进工业化和第三产业的发展；葛颜祥等（2006）认为，小城镇建设吸纳了农业剩余劳动力，有利于提高农业劳动生产率和产出水平，增加农民收入。四是综合和实证研究城镇化和农业现代化相互协调发展。如奚建武（2014）探讨了我国农业现代化和城镇化相互协调发展的内涵，并对欠发达地区——芜湖县和发达地区——上海郊区的农业现代化与城镇化协调发展进行实证研究。李群等（2015）对2011年我国新型城镇化和农业现代化发展的协调度进行实证分析，认为2011年两者的协调发展程度较低。

目前的研究成果大多是从整体上探讨我国城镇化和农业现代化相互协调发展的意义、相互关系、内在机制、面临的挑战等。应当说，这些研究和阐释都有可借鉴之处及参考意义。但是，系统地研究我国西部城镇化和农业现代化相互协调发展的研变成果还不多见，特别是：①针对西部城镇化和农业现代化相互协调发展的基本理论研究得不够。②针对西部城镇化和农业现代化相互协调发展的定性描述或者宏观描述研究较多，但定量分析与实证分析不够，对实际工作的指导性也不够强。③针对西部城镇化和农业现代化相互协调发展整体性、系统性研究较少，缺乏从宏观的、长远的角度进行整体性研究。本书力图对这些问题进行深入探讨。

（二）研究价值和意义

1. 本书的实践价值和理论价值

我国和西部地区的现实情况需要研究，表现在以下三个方面：

第一，我国和西部地区正处于城镇化、农业现代化的关键时期。

2013 年，我国常住人口城镇化率为 53.7%，比我国发展水平相近的国家低 10 个百分点左右，处在城镇化加速发展阶段；但按户籍人口计算城镇化率仅为 35.9%，反映出我国城镇化质量较低。西部城镇化的任务更为艰巨。东部、中部地区常住人口城镇化率分别为 62.2%、48.5%，而西部地区只有 44.8%①，是我国三大区域中城镇化水平最低的，特别是与东部地区相比，差距很大。通过定性和定量计算分析得出，西部地区农业现代化总体上处于成长阶段，明显滞后于城镇化，农业现代化和城镇化发展不协调更突出。

第二，城镇化和农业现代化需要相互协调发展。农业现代化是城镇化的基础。农业现代化提高了农业生产效率，更好更多地为城镇提供农产品，既能保障每年新增上千万城镇人口的生活消费，又能释放更多农业剩余劳动力，为城镇化做出产品贡献、市场贡献、要素贡献和外汇贡献，支撑城镇化进一步发展。由于农产品具有鲜活、不耐储存及物流成本高等特点，实现西部内部农产品的供需基本平衡，对于保障西部城镇化顺利推进具有现实意义。

城镇化促进农业现代化。城镇化能吸纳更多农业剩余劳动力进城，从事第二、第三产业，使农业从业人员人均农业资源占有量增加，从而不断提高农业生产的集约化、规模化、专业化水平，提升农业现代化水平。同时，城镇化提高了人们的购买力，目前我国城镇居民平均消费水平是农村居民的 3 倍，不仅对农产品数量和品种需求增加，而且对农产品的质量也提出更高要求，从而引导农业的发展。进入城镇化中期以后，城镇经济实力提升，具备以工促农、以城带乡能力，城镇开始反哺农业，为农业提供大量新技术和资金支持，加快了农业现代化的进程。

从世界不同国家的农业现代化和城镇化关系看，大的发达国家在城镇化过程中都重视、支持农业现代化，城镇化和农业现代化发展比较协调；而一些发展中国家过于突出工业化、城镇化，农业现代化相对滞后，结果出现了城镇繁荣和乡村贫困并存、城乡发展差距过大的

① 《国家新型城镇化规划（2014—2020 年）》，人民出版社 2014 年版，第 5 页。

现象。从新中国成立后的发展历史看，经济发展中出现的几次波动无不与农业出现问题有关，农业发展较好的时期，城镇化就能顺利进行；反之，经济发展和城镇化就会出现曲折。如在"三年困难时期"，农业供给的粮食满足不了城镇居民的需要，当时国家不得不采取措施关停并转部分企事业单位，让2000多万城镇居民回到乡村，以解决他们的吃饭问题。目前，我国粮食、食用植物油、棉花、食糖、猪肉和乳制品等重要农产品仍需要进口，农业仍是制约城镇化的一个重要因素。

第三，西部地区要实现"四化"①同步发展，农业现代化是难点。西部地区人口众多，农业现代化进程滞后，城镇化和农业现代化发展不协调在西部更为突出。因此，研究西部城镇化和农业现代化相互协调发展具有很强的现实意义，这要求我们重视这一问题研究。

本书从理论上总结分析国内外城镇化和农业现代化相互协调发展的经验，探讨西部城镇化和农业现代化相互协调发展的特点和路径，打破西部城乡二元结构，这在理论上也有一定价值。所以，本书的研究具有一定的理论和实践价值。

2. 研究意义

当前城镇化已经成为我国经济社会发展的重要问题。2011年年末，我国城镇化率历史性地突破50%，达到51.27%，标志着我国开始由农村社会为主进入城镇社会为主的新阶段。2013年，中央经济工作会议提出"城镇化是我国现代化建设的历史任务"，要求"积极稳妥推进城镇化，着力提高城镇化质量"。城镇化和农业现代化相互协调发展也是西部经济社会发展到一定阶段的必然要求，对这一战略问题开展研究，具有较强的现实意义。

第一，有利于丰富和完善我国"四化"协调发展的具体内涵。

第二，有利于揭示西部城镇化和农业现代化相互协调发展的基本规律及运行机制，推进西部城镇化和农业现代化相互协调发展。

第三，对西部已有的城镇化和农业现代化相互协调发展实践进行

---

① 即新型工业化、信息化、城镇化和农业现代化。

系统总结，可以为我国其他地区提供必要的经验借鉴。

二 研究内容与思路

(一) 研究的主要内容

本书研究的内容包括三大部分：一是理论基础和发展条件部分。主要涉及城镇化和农业现代化相互协调发展的基本概念辨析、内在机制和实现途径、国内外的经验借鉴，西部城镇化和农业现代化相互协调发展的内部条件和外部环境、相互协调发展程度的定量定性判断及原因分析等内容。二是对策部分。这部分是对西部城镇化和农业现代化相互协调发展提出对策思路，主要包括基于协调发展视角的西部城镇化战略和农业现代化战略、构建西部城镇化和农业现代化相互协调发展的连接机制和保障机制。三是实例部分。这部分研究西部主要省份的城镇化和农业现代化相互协调发展的现状、问题和推进措施（见下图）。具体内容如下：

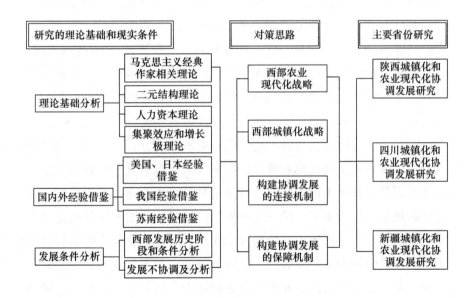

研究思路框架图

第一，城镇化和农业现代化相互协调发展的理论分析。首先对城镇化和农业现代化相互协调发展相关概念进行辨析，进而阐释马克思主义经典作家相关理论观点，对二元结构理论、人力资本理论、集聚效应和增长极理论等进行述评，分析这些理论在西部城镇化和农业现代化相互协调发展中的指导作用及缺陷；探讨城镇化和农业现代化相互协调发展的内在机制和实现途径等，为本书研究提供理论支撑。

第二，国内外城镇化和农业现代化相互协调发展的经验借鉴。主要阐释美国、日本、我国东部苏南地区城镇化和农业现代化相互协调发展的经验和教训。历史经验表明，城镇化和农业现代化需要相互协调发展，城镇化的推进规模和速度应该与农业现代化水平、农业所能够提供剩余农产品的能力相适应。另外，城镇化吸纳农业剩余劳动力，为农业现代化提供技术、装备、市场需求等支持，反哺和支持农业，也有利于加快农业现代化，是实现农业现代化的必要条件。

第三，西部城镇化和农业现代化相互协调发展条件和阶段分析。主要阐释西部推进农业现代化具有土地资源等比较优势；但也面临自然条件恶劣、基础设施薄弱；农业人力资本不足等难题。根据西部城镇化条件和农业资源禀赋可以将西部城镇化和农业现代化相互协调发展的资源条件分为 A、B、C 三大类区域，九种具体不同类型区域，这反映出西部内部条件的复杂性。西部处于典型的城乡二元结构和城镇化、农业现代化快速发展的历史阶段，"四化"同步的难点是农业现代化，使西部城镇化和农业现代化相互协调发展具有鲜明的特征。

第四，西部城镇化和农业现代化发展不协调分析。主要阐释西部农业现代化总体上处在成长阶段，明显滞后于城镇化；对西部城镇化和农业现代化发展不协调程度进行了定量计算分析得出，不协调程度总体超过全国平均水平。进一步分析西部城镇化和农业现代化发展不协调更为突出产生的原因，即西部工业反哺农业、城镇支持农村的能力弱，城镇吸纳农业剩余劳动力的能力较低；西部农业发展的自然条件和基础设施相对较差、农民的资金积累能力低等使农业自我发展的能力弱；体制机制性问题加剧城镇化和农业现代化发展不协调等。

第五，基于西部城镇化协调发展视角的西部农业现代化战略。主要论述推进西部现代特色农业战略，以城镇市场需求为引导，发挥西部各地农业比较优势，着力推进"一乡（村）一品""一县一业"，优化农业生产布局，发展粮食、畜牧业、果业、棉花等特色农业；推进农业经营机制创新战略，加快发展新型农业经营主体；推进提高西部农业技术装备水平战略，加快农业生产方式变革；以大中城市为中心、小城镇为节点、乡村为基地，构建完善的现代农业服务体系；最终将西部农业打造成以优势资源为基础，以小城镇为依托、大中城市为引领，产前、产中、产后产业链完整、市场竞争力强、可持续发展的西部现代农业，为西部城镇化提供物质支撑。

第六，基于西部农业现代化协调发展视角的西部城镇化战略。主要论述按照区域一体化的思路，以核心城市为增长极，构建科学合理的西部城市群和城镇体系；突出特色重点镇发展，实施县域城镇化和农业现代化协调发展战略；建设新型农村社区，实施城乡一体化战略。西部地区最终形成以核心城市为龙头和增长极，以中小城市和小城镇为支撑，以现代农业为重要基础产业的城镇化格局。

第七，构建西部城镇化和农业现代化相互协调发展的连接机制。主要论述实施西部大开发战略，发挥市场机制的决定性作用和更好地发挥政府作用，使城乡要素合理流动起来，优化配置资源。构建西部农业要素集聚机制，鼓励进城农民流转土地承包经营权，促进土地向农民专业合作社、家庭农场等农业新型经营主体适度集中；引导和鼓励城镇要素对农业的投入，为农业发展注入现代要素，推进农业适度规模经营和农业现代化。构建城镇要素集聚机制，通过土地、户籍等制度创新，实现农业剩余要素稳定地向城镇集聚。

第八，构建西部城镇化和农业现代化相互协调发展的保障机制。主要论述通过政府积极有效调控，破除城乡二元体制等体制性障碍，从城乡规划、基础设施、社会保障和基础教育等方面实现西部城乡统筹发展；完善西部农业现代化的资金保障机制，加快培养新型职业农民，提高人力资本；对农业土地经营权适度规模化流转进行有效的制度设计和监管。

第九，西部主要省份城镇化和农业现代化相互协调发展研究。运用前面的理论和实践经验，结合各地实际，具体分析研究西部主要省份城镇化和农业现代化协调发展的现状、存在的问题，提出有针对性的对策。

（二）基本观点、研究思路、研究方法

1. 本书的基本观点

通过研究，本书关于推进西部城镇化和农业现代化相互协调发展主要有以下五个基本观点。

第一，西部地区内部的发展条件、农业现代化、城镇化差异较大，根据西部城镇化条件和农业资源禀赋将西部城镇化和农业现代化相互协调发展的资源条件分为 A、B、C 三大类区域，九种具体不同类型区域。A 类区域是发展条件整体优良区域，具体包括三种类型：①农业资源禀赋优、城镇化条件好的区域；②农业资源禀赋良、城镇化条件好的区域；③农业资源禀赋优、城镇化条件较好的区域。这类区域在西部面积较小，是西部城镇化和农业现代化相互协调发展的优先发展区域。B 类区域是发展条件整体一般区域，具体包括三种类型：①农业资源禀赋差、城镇化条件好的区域；②农业资源禀赋良、城镇化条件较好的区域；③农业资源禀赋优、城镇化条件一般的区域。这类区域在西部面积较大，是西部城镇化和农业现代化相互协调发展的潜在发展区域。C 类区域是发展条件整体较差区域，具体包括三种类型：①农业资源禀赋差、城镇化条件较好的区域；②农业资源禀赋良好、城镇化条件一般的区域；③农业资源禀赋差、城镇化条件一般的区域。这类区域在西部面积最大，是西部城镇化和农业现代化相互协调发展的难点区域。这些发展条件反映出西部经济社会发展的差异性、复杂性，因此，推进西部城镇化和农业现代化发展要因地施策，不能"一刀切"。

第二，西部处在城镇化加速发展阶段和农业现代化成长阶段的历史时期，城镇化和农业现代化相互协调发展具有深刻的内涵和鲜明的特征。这就是西部经济社会发展相对滞后带来城镇化和农业现代化相互协调发展的艰巨性；西部内部情况的复杂性要求因地制宜地采取对策；城镇化、农业现代化过程中要特别注意与生态环境和谐发展；西部城镇化和农业现代化相互协调发展在保障国家粮食安全、全面建成小康社会等方面具有特别意义。

第三，基于西部农业现代化现实条件和城镇化协调发展视角的西部农业现代化战略基本思路是：以西部农业比较优势为基础，以小城镇为依托、大中城市为引领，加快转变农业发展方式，将西部农业打造成产业链完整、市场竞争力强、可持续发展的具有西部特色的现代农业，满足城镇对农产品品种多样性、质量多层次的要求，为西部城镇化提供生活资料支撑。

第四，基于西部农业现代化协调发展视角的西部城镇化战略基本思路是，按照区域一体化的思路，以核心城市为增长极，构建科学合理的西部城市群和城镇体系；突出特色重点镇发展，推进县域城镇化和农业现代化协调发展；建设新型农村社区，实施城乡一体化战略。西部地区最终形成以核心城市为龙头和增长极，以多层次城市群为主体形态，以中小城市和小城镇为支撑，以现代农业为重要基础产业的城镇化格局。

第五，构建西部城镇化和农业现代化相互协调发展的连接机制和保障机制。实施西部大开发战略，通过市场在资源配置中起决定性作用和更好地发挥政府作用，构建西部城镇化和农业现代化连接机制。构建西部农业要素集聚机制，推动土地向农业新型经营主体适度集中，引导和鼓励城镇要素投入农业，为农业发展注入现代要素。构建城镇要素聚集机制，通过农村土地、农民社会保障等制度创新，实现农业剩余要素向城镇集聚。完善西部农业现代化的资金保障机制，加快培养新型农民，提高人力资本；对农村土地经营权规模化流转进行有效的制度设计和监管。

2. 本书研究思路

本书立足西部城乡二元结构突出，农业现代化和城镇化程度都相对较低、发展不协调更明显等现状和问题，以马克思主义理论和中国特色社会主义理论为指导，综合运用发展经济学、区域经济学、制度经济学等学科理论和方法，从理论基础、经验借鉴、发展条件和现状、推进战略、连接机制、保障机制等多维度出发，力图构建一个完整的西部城镇化和农业现代化相互协调发展的研究框架。

3. 本书研究方法

本书坚持理论与实践相结合、实证分析与规范分析相结合、定性分析与定量分析相结合，具体运用的研究方法要能够满足本书研究的需要，使本书具有科学性、可行性。在研究中，具体研究方法有：

（1）文献检索、阅读和整理方法。主要是收集整理相关文献资料，系统研究城镇化和农业现代化协调发展的内在机制和实现途径、推进西部城镇化和农业现代化相互协调发展的现实条件；通过大量的文献总结与分析，梳理有关城镇化和农业现代化协调发展问题的研究进展，把握研究的最新动态；对美国、日本等发达国家以及我国城镇化和农业现代化相互协调发展历史演变及经验的研究，为本书深入研究打下基础。

（2）比较研究方法。主要是对国外如美国、日本等发达国家及我国东部发达地区城镇化和农业现代化相互协调发展的经验进行总结分析，为本书研究提供借鉴。

（3）田野调查方法。通过实地调研、问卷调查和座谈会等社会调研形式，真实把握西部城镇化和农业现代化相互协调发展的内部条件和发展环境、协调发展现状和问题、与东部的发展差距，进而对推进西部城镇化和农业现代化相互协调发展进行对策性研究，探索实现路径。课题组接到立项通知书后，随即组织实地调研，和调研地区的政府相关部门负责人座谈交流，收集资料；到典型乡村和村民交流，了解农民对城镇化、农业现代化的现实需求等，力求掌握第一手资料。

（4）计量经济学方法。对收集到的数据进行分析处理，建立模型，从中得到研究变量间的内在联系和变化规律。运用定量研究方法，有针对性地提出西部城镇化和农业现代化相互协调发展的政策举措。这是目前经济学界进行实证分析时采用的方法，本书也使用这一研究方法。

4. 本书创新之处

本书立足西部地区城镇化和农业现代化相互协调发展实际条件和问题，在研究中主要有以下六点创新：

（1）研究思路创新。力图从城镇化和农业现代化相互协调发展的理论基础、经验借鉴以及西部城镇化和农业现代化相互协调发展的内部条件和发展环境、协调发展现状、协调发展战略、协调发展的连接机制和保障机制等多维度构建一个完整的研究框架，系统研究推进西部城镇化和农业现代化相互协调发展。

（2）从数量协调、结构协调、空间协调、速度协调、协调发展的长期性等方面完善城镇化和农业现代化相互协调发展的理论内涵。

（3）根据西部城镇化条件和农业资源禀赋将西部城镇化和农业现代化相互协调发展的资源条件分为 A、B、C 三大类区域。A 类区域是农业资源禀赋和城镇化条件整体优良区域，这是西部城镇化和农业现代化相互协调发展的优先发展区；B 类区域是农业资源禀赋和城镇化条件整体一般区域，这是西部城镇化和农业现代化相互协调发展的潜在发展区域；C 类区域是农业资源禀赋和城镇化条件整体较差区域，这类区域是西部城镇化和农业现代化相互协调发展的难点区域。

（4）西部地区处在城镇化加速发展阶段和农业现代化成长阶段的历史时期，总结了西部城镇化和农业现代化相互协调发展的内涵和鲜明的特征。

（5）对西部城镇化和农业现代化发展不协调程度进行了定量计算分析，其不协调程度总体超过全国平均水平，但内部差异较大，同时进一步分析这一问题产生的内因和外因。

（6）基于西部农业现代化和城镇化相互协调发展视角，本书系统地提出西部城镇化、农业现代化战略以及相互协调发展的连接机制和保障机制的具体内容。

通过这些创新，有望对推进西部城镇化和农业现代化相互协调发展提供理论参考和方法支持。

5. 本书研究存在的不足，尚需深入研究的问题

尽管课题组尽最大能力进行研究，但由于研究能力和研究条件等制约，成果仍然存在一些不足，还有一些需要深入研究的问题。一是由于西部地域广大、内部情况和发展环境复杂，对西部城镇化和农业现代化协调发展整体的准确把握还有待进一步提高。二是从理论上定义城镇化和农业现代化相互协调发展的内涵、协调发展的准确度还需

要进一步完善。三是在"一带一路"倡议和供给侧结构性改革背景下的西部城镇化和农业现代化发展研究不足。这些既是本书成果存在的不足，也是未来需要深入研究的问题。

第一章　城镇化和农业现代化相互协调发展理论分析

本章首先对城镇化和农业现代化相互协调发展相关概念进行辨析，进而阐释马克思主义经典作家相关理论观点，对二元结构理论、人力资本理论、集聚效应和增长极理论等进行述评，探讨城镇化和农业现代化相互协调发展的内在机制和实现途径等，为本书研究提供理论支撑。

第一节　城镇化和农业现代化相互协调发展相关概念辨析

准确理解城镇化和农业现代化相互协调发展相关概念是我们研究的基础。

一　城市化与城镇化辨析

（一）城市与城镇的概念和特征

1. 城市的概念

城市是农产品和农业劳动力出现剩余之后产生的。在我国古代，"城"与"市"原是两个不同的概念。"城"是指四周建有围墙，用来防卫的军事据点，"市"是交易市场。随着经济社会发展，"城"与"市"融合发展形成城市。① 我国古代城市大都是作为行政中心而

---

① 钟涨宝主编：《农村社会学》，高等教育出版社 2010 年版，第 42 页。

设立的，在经济上以商业、手工业为主，属于消费型城市。①

现代意义的城市是工业化以后出现和发展起来的。工业化推动第二、第三产业发展、农业产出增加，支撑了城市人口增长，城市化水平不断提高，经济功能成为城市的主要功能。反过来，城市也支撑第二、第三产业发展。列宁指出：城市是人民的经济、政治和精神生活的中心，是前进的主要动力。② 我国商务印书馆 1993 年出版的《辞源》认为，"城市"是"人口集中、工商业发达、居民以非农业人口为主的地区"。现代城市逐渐成为一个区域要素集聚中心、经济中心、政治中心、交通中心、信息中心等。

2. 城镇的概念

城镇的提法具有中国特色。我国的镇作为行政建制单位始于北魏，北魏为加强统治，在军事要地遍设军政合一的镇。清末形成现代镇制，清宣统元年（1909）颁布《城镇乡地方自治章程》，以城乡分治为原则，规定府、厅、州、县治所驻地城厢为城；城厢外的市镇、村庄、屯集，人口满 5 万者设镇。1955 年 6 月，国务院颁布《关于设置市、镇建制的决定》，规定镇是工商业和手工业的集中地，镇同乡一样，是县、自治县所辖的基层行政单位，并规定了镇的设置标准。经过不断演化，各级城镇形成各自的经济功能定位：大城市是较大区域或跨区域的经济中心，县城一般是县域的经济中心，镇一般是乡镇区域内的消费商品集散中心。③ 因此，在我国，镇不仅具有城市的功能，同时也是一级行政建制单位，而且数量庞大，在城镇化过程中起独特的作用，我国通常把城和镇加在一起，统称城镇，本书也采用这一概念。

3. 城镇的经济特征

第一，经济要素聚集程度高。现代城镇表现为经济要素、经济活动的高度集中，发达国家的经济要素主要集中在城镇，城镇在社会经

---

① 徐同文：《地市城乡经济协调发展研究》，社会科学文献出版社 2008 年版，第 39—40 页。

② 《列宁全集》第 23 卷，人民出版社 1990 年版，第 358 页。

③ 袁中金：《中国小城镇发展战略》，东南大学出版社 2007 年版，第 90 页。

济中占据主导地位。马克思说："城市已经表明了人口、生产工具、资本、享受和需求的集中这个事实；而在乡村则是完全相反的情况：隔绝和分散。"①

第二，城镇生产效率高。经济要素和经济活动聚集在城镇，共同使用基础设施、公共服务等，产生了规模经济效应。同时，产业的聚集有利于知识和信息的收集和扩散。城市经济学家对城镇规模和生产率之间的关系进行了大量实证研究，基本一致的结论是，城市规模的扩张会带来城镇生产率的提高。另外，城镇消费水平高更容易产生刺激经济发展的动力。② 这些既是城镇产生的原因，也是城镇化的根本动力。

第三，城镇经济的非农性。城镇是工业、商贸业、运输业、技术开发和推广、教育等非农产业的聚集地，与农业在产业方面有明显的分工。

（二）城市化、城镇化与新型城镇化的内涵

"城市化"和"城镇化"的提法在我国存在较大的争论，一般认为，前者更重视城市；后者把镇纳入城市化，目的是充分发挥县级以下的小城镇在城镇化中的作用，让最多的农民就近获得非农就业机会，进入城镇，实现就地就近城镇化。

1. 城市化的内涵

城市的出现并不意味着城市化的开始，世界城市化是从 18 世纪60 年代开始的，是工业化和农业现代化共同推动的结果。城市化概念的提出距今只有一百多年的历史，1867 年西班牙工程师 A. 色丹率先提出了"城市化"概念，很快为人们接受。③ 改革开放后，我国开始出现"城市化"概念。

一般而言，城市化是指由于社会生产力的发展而引起的人口向城

---

① 《马克思恩格斯选集》第一卷，人民出版社 1995 年版，第 104 页。

② 蔡昉、王德文、都阳：《中国农村改革与变迁：30 年历程和经验分析》，格致出版社 2008 年版，第 86—87 页。

③ 陈国灿：《中国城市化道路的历史透视和现实思考》，《江汉大学学报》（社会科学版）2012 年第 2 期。

市集中、城市数量增加及其规模扩大、城市物质文明和文化不断扩散、区域产业结构不断转换的历史过程。[①] 城市化主要有四个方面的内容：一是城市规模扩大和数量增加的过程；二是农业人口向城市转移并带来职业转变的过程；三是非农产业不断向城市聚集，区域产业结构由第一产业为主逐渐向第二、第三产业为主的转变过程；四是城市生活方式和文明不断向农村传播和扩散，农村生活方式逐渐向城镇性质转化和强化的过程。因此，城市化是人类社会由传统农业社会向现代城市社会发展的历史过程，城市化水平是衡量一个国家和地区现代化程度的重要标志。

2. 城镇化的内涵

城镇化是具有中国特色的概念。我国有数量众多的乡镇，农村人口庞大，城市没有能力吸纳数以亿计的农业剩余人口。20 世纪 80 年代初期，苏南地区以小城镇为主的农村城镇化取得很大成就，从 1982 年起费孝通发表了《小城镇，大问题》等系列文章，引起学术界对小城镇研究的热潮。我国城市与区域规划学界和地理学界于 1982 年共同在南京召开了中国城镇化道路问题学术讨论会，提出城市化与城镇化为同义语，体现了社会经济发展的必然趋势，建议以"城镇化"替代"城市化"。1983 年，中国城镇化道路学术研讨会认为，我国应走一条"适合中国国情、具有自己特点的社会主义城镇化道路"。辜胜阻（1991）拓展了"城镇化"概念，对我国的城镇化道路做了系统的理论梳理。认为我国设有镇的建制，一些镇的人口规模和国外的小城市相当，农村人口不仅向城市集聚，也向镇迁移，这是我国城镇化的一个特点，因此，我国的"Urbanization"可称为城镇化。[②] 我国的特殊国情决定了大量农业剩余劳动力要向小城镇转移和集中，这种条件下使用城镇化概念更能体现出我国城镇化的独特道路。1998 年 10 月，党的十五届三中全会通过的《中共中央关于农业和农村工作若干重大问题的决定》正式采纳"城镇化"概念。因此，城市化、城镇

---

① 黄坤明：《城乡一体化路径演变研究》，科学出版社 2009 年版，第 19 页。
② 辜胜阻：《非农化及城镇化理论与实践》，武汉大学出版社 1991 年版，第 6 页。

化的含义本质上是一致的，城镇化是有中国特色的城市化。本书也采用城镇化概念。

3. 新型城镇化的内涵

党的十六大提出了"走中国特色的城镇化道路"，党的十八大提出"新型城镇化"战略，标志着我国城镇化进入新起点、新阶段。与以往我国城镇化相比，新型城镇化赋予了新的内涵。第一，"人"的城镇化。这是新型城镇化的核心或本质，就是农民不仅仅进入城镇，而且要与市民平等分享城镇公共资源、社会福利和保障，实现进城农民地域、职业和身份的"三个同步转变"。① 第二，构建科学合理的城镇格局。2013 年 12 月，中央城镇化工作会议要求"把城市群作为主体形态，促进大中小城市和小城镇合理分工、功能互补、协同发展"。第三，树立生态文明理念，城镇化走集约、智能、绿色、低碳的道路。因此，新型城镇化更加强调城镇化的质量而不是速度。② 第四，新型城镇化推进中的现实性要求。新型城镇化的推进要与我国经济社会发展阶段相适应，与经济结构、社会结构、生态结构等优化转型相适应，与资源环境承载能力相适应，与农业现代化相适应。

（三）城镇化的本质

1. 城镇化是现代化的过程

城镇化是传统农业生产方式向现代工业生产方式、传统农村生活方式向现代城市生活方式转变的过程，进城后的农民在生产方式、生活方式、价值观念等方面发生了根本性变化。同时，城镇通过扩散功能，将城镇的新技术、新生产方式和商业模式向城镇以外的区域扩散，带动农村现代化发展。因此，城镇化是现代化的一种重要的载体。

2. 城镇化是资源的高效配置过程

城镇化是农村经济要素转移到城镇，在城镇产生集聚效应、规模

---

① 杨静、张光源：《推进"三个同步转变"的新型城镇化——以农民工市民化为突破口》，《中州学刊》2014 年第 6 期。

② 檀学文：《新型城镇化道路：进步与困局》，《中国社会科学报》2013 年 5 月 20 日第 A07 版。

效应和分工协作效应，降低企业生产成本，极大地推动工业化进程，反过来又进一步推动了城镇化。城镇化一方面推动教育、医疗、就业等公共服务发展，同时也推动商贸、房地产、餐饮、旅游、社区服务等消费型服务业和金融、保险、会计、商务、物流等生产型服务业的发展。这样，资本、土地和劳动力等经济要素在城镇使用效率更高，获得的回报也更高。

3. 城镇化是社会经济结构变革的过程

城镇是一个区域从传统农业社会向现代社会转型的空间载体，承载人口从农村向城镇转移、产业结构以农业为主导向工业进而向第三产业为主导转变、价值观念以传统农耕文明向现代城市文明转变等。因此，城镇化决定着一个区域的社会结构、产业结构、就业结构、人民的文化和生活方式、居住模式等。

（四）城镇化的发展阶段

城镇化是一个自然演进的历史过程，具有明显的阶段性特征。美国城市地理学家诺瑟姆（Ray M. Northam）揭示了城镇化的三个发展阶段，呈现出弱性"S"形状（见图1-1）。

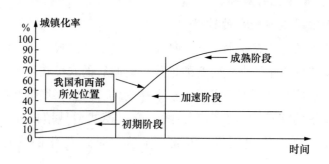

图1-1　城镇化发展阶段示意

第一阶段为城镇化初期阶段。这个阶段城镇化率一般在30%以下，农业人口占绝对优势，农业生产率不高，农产品的剩余量较少。现代工业刚刚起步，规模较小，城镇提供的就业机会和农业释放的剩余劳动力相对有限，城镇化水平不高，城镇化速度较慢。

第二阶段为城镇化加速阶段。这个阶段是城镇化的关键阶段和快速发展阶段。这一时期工业化快速推进，城镇为农业剩余劳动力提供了更多的就业机会。而且这时城乡收入差距较大，可以吸引越来越多的农村劳动力进入城镇，城镇化水平也不断提高，城镇化率由30%快速提高到50%甚至70%。同时在工业化带动下，农业现代化不断推进，农业生产效率和农产品供给能力不断提高，保障了城镇化顺利进行，也不断释放出更多的农业剩余劳动力。

第三阶段为城镇化成熟阶段。此时城镇化水平一般超过70%，城镇化速度逐渐趋于平缓，当城镇化水平达到80%时，农业和非农产业的边际劳动生产率趋于相等，城乡劳动力流动趋于稳定。

"十二五"时期，我国正处在城镇化发展的加速阶段，是城镇化的关键时期。我国"十二五"规划提出，城镇化率从47.5%增长到51.5%，2015年实际达到56.1%，远超规划预期。2013年西部城镇化率为44.8%，也处在城镇化发展的加速阶段和关键时期。

二　农业现代化与现代农业辨析

(一) 农业的特殊性

农业是人们利用生物有机体的生长机能和生长发育规律，通过人工培育来获得产品，把自然界的物质和能量转化为人类最基本的生活资料的社会生产部门。[1][2] 农业是人类赖以生存的基本生活资料的生产部门，是国民经济和社会发展的基础。与非农产业相比，农业有其特殊性。

1. 农业生产的特殊性

第一，农业生产的对象是有生命的动物、植物和微生物等生命体，需要农民精心照料。

第二，农产品的生产是一个具有时间顺序的连续过程，整个生产过程只能按照生长阶段依次而不间断地进行，需要农民根据作物的生长情况，及时做出生产决策。特别是农民在某一时刻的劳动支出对最

---

[1]　罗必良：《现代农业发展理论》，中国农业出版社2009年版，第3页。
[2]　黄国勤：《农业现代化概论》，中国农业出版社2012年版，第1页。

终产品的作用很难计量，使农业的激励约束手段不同于非农产业。

第三，农业生产具有周期性，生产的每个阶段有着明确的间隔和时间顺序，无法集中资源同时完成各个阶段的操作。有的生产周期较长，例如，苹果从种下树苗到挂果需要4—5年。

第四，各种农产品都有它们最适宜的自然生长条件，农业生产具有严格的季节性和地域性。因此，农业生产需要因地制宜，种植最适当的农产品。动植物需要一定的时间来完成自身的生长，农业生产时间和劳动时间往往不一致，劳动时间要比生产时间短，但是劳动要贯穿生产整个过程。[①]

2. 农业产品的特殊性

农产品具有准公共物品属性：一是农产品是一种特殊商品，是人们生存的必需品；二是农产品承担了保障国家经济安全的战略任务。这些决定了政府在农产品供给中应承担重要作用。

3. 农业贡献的特殊性

发展经济学家较为充分地研究了农业对经济发展的贡献，农业对经济发展有"四大贡献"，即产品贡献、市场贡献、要素贡献和外汇贡献。这也是农业对城镇化的贡献。

4. 农业面临着多种风险，具有弱质性

农业风险是指"在农业生产经营过程中，由于各种无法预料的不确定性因素的影响，给农业生产经营者造成的收益和损失的不确定性"。[②] 通常农业生产的周期长、风险大，主要有自然风险、市场风险、技术风险、社会风险、政策风险等。这些风险比工业产品的风险更难预测，更难应对。再加上多数农产品具有不耐贮藏特性，使农业具有弱质性、低效性和高风险性。因此，世界各国政府都对农业进行积极保护，设法提高农业的劳动生产率与经济效益，鼓励农业生产。

---

① 刘奇：《家庭经营是新型农业经营体系的主体》，《农民日报》2013年6月1日第3版。

② 赵海燕：《现代农业背景下农业风险问题研究》，《全国商情》（经济理论研究）2008年第14期。

（二）农业现代化的内涵

1954 年，周恩来在《政府工作报告》中首次提出建设"现代化农业"。我国对农业现代化内涵的认识，经历了由片面到全面、由肤浅到深刻的发展过程。

1. 农业现代化的内涵

我国理论界对农业现代化的内涵进行了较为深入的探讨。牛若峰[1]、周天勇[2]从生产力的角度进行了定义，陆世宏从生产目的角度进行了定义[3]，李主其等从生产力与生产关系角度进行了定义[4]，《中国大百科全书》（农业卷）认为，农业现代化是"用现代工业、现代科学技术和管理方法武装和改造传统农业的过程"。尽管不同人从不同角度对农业现代化进行定义，总体而言，农业现代化基本内涵是把建立在感性经验和手工工具基础上的传统农业转变成为以现代科学技术、工业装备和管理方法为基础的现代农业的过程。我们可以从以下几方面来理解农业现代化的内涵：

第一，农业现代化是一个发展的概念，是随着科技、经济、社会的发展而发展的，内涵也不断丰富。新中国成立初期学习借鉴苏联的经验，提出初步实现农业现代化的目标，即机械化、水利化、化学化、电气化。2007 年"中央一号文件"提出，农业现代化是"用现代物质条件装备农业，用现代科学技术改造农业，用现代产业体系提升农业，用现代经营形式推进农业，用现代发展理念引领农业，用培养新型农民发展农业"。

第二，农业现代化是不断应用生物技术、工程技术、化学技术、电子信息技术和遥感技术等现代技术的过程，农业现代化的程度取决于工业化和科技发展水平。

---

[1] 牛若峰：《要全面理解和正确把握农业现代化》，《农业经济问题》1999 年第 10 期。

[2] 周天勇：《新发展经济学》，中国人民大学出版社 2006 年版，第 136—137 页。

[3] 陆世宏：《中国农业现代化道路的探索》，社会科学文献出版社 2006 年版，第 275 页。

[4] 李主其等：《新时期我国农业现代化道路研究》，经济科学出版社 2013 年版，第 2—3 页。

第三，随着现代科技和管理不断应用于农业，农业现代化也是农业土地产出率、劳动生产率和科技进步不断提升的过程。[1]

第四，随着农业现代化的推进，农业生产关系要不断进行调整以适应农业生产力发展要求。[2]

2. 我国和西部推进农业现代化的特殊条件

与已实现农业现代化的发达国家相比，我国和西部地区推进农业现代化有特殊性。

第一，农民数量庞大，人均农业资源少，资本积累不足。2014年，我国人均耕地 1.4 亩，农村常住人口人均耕地只有 3.2 亩。我国水资源短缺，每年农业灌溉用水短缺约 300 亿立方米。农户固定资产积累极为有限，农民人均纯收入 9892 元，消费 8383 元，年人均储蓄只有 1509 元。

第二，农业现代化的基础是小规模家庭经营。我国只能在不改变农户承包经营的前提下，进行适度规模化种植、集约化养殖等农业专业化和社会化生产，实现农业现代化。

第三，经济社会发展相对滞后，基础较差。我国农村绝大多数属于小农经济，市场发育和农民组织化程度低。从已实现农业现代化的国家看，一般农业人口占总人口的比例不会超过 10%，农业增加值也不会超过经济总量的 10%。[3] 目前，我国农业人口比例过高。2014 年年底，我国农村常住人口占总人口的 45.23%，农业就业人员占总就业人员的 29.5%[4]，产值比重为 9.2%，反映出我国农业就业结构与产值结构的较大差距，农业生产效率不高。

第四，地域广大，地形地貌复杂，气候具有多样性，发展不平衡，各地农业现代化模式需要因地制宜。这反映出西部推进农业现代

---

① 黄祖辉等：《推进工业化、城镇化和农业现代化协调发展》，《中国农村经济》2013年第 1 期。

② 李主其等：《新时期我国农业现代化道路研究》，经济科学出版社 2013 年版，第 3页。

③ 中国科学院中国现代化研究中心编：《农业现代化的趋势和路径》，科学出版社2013 年版，第 70 页。

④ 国家统计局编：《中国统计年鉴（2015）》，中国统计出版社 2015 年版。

化更复杂、更艰巨。

基于以上分析，我国及西部地区农业现代化将是一个较长的发展过程，这个进程的快慢很大程度上取决于工业化及城镇化的速度和规模。由于我国各地经济社会发展的不平衡，农业现代化也是一个非均衡渐进过程，总体上西部农业现代化要滞后于全国平均水平。

3. 我国农业现代化的基本目标

第一，保障粮食安全和主要农产品供给。粮食安全和金融安全、能源安全被称为当今世界经济发展的"三大安全"。我国是世界上人口最多的发展中国家，必须把保障粮食等重要农产品供给作为推进农业现代化的首要目标。2013 年，中央经济工作会议提出的第一项任务是："切实保障国家粮食安全，做到谷物基本自给、口粮绝对安全。"①

第二，有效增加农民收入。速水佑次郎和神门善久将各国农业发展的主要问题归纳为三类：一是低收入国家的粮食安全问题，即在工业化发展初期，国内粮食需求不断增长，国家的首要任务是保证获得足够的粮食，满足工业化和城镇化的需要；二是高收入国家的农业和其他产业调整问题，即农业和其他产业之间如何进行资源的合理分配；三是介于两者之间的中等收入国家的农民贫困（收入）问题，即与城镇相比，部分农民的生活比较贫困，收入较低。我国当前正处于中等收入阶段，根据世界农业发展的规律和经验，应将防止农民贫困，增加农民收入作为目前农业现代化的主要目标之一。②

第三，促进农业可持续发展。农业可持续发展是指农业发展不能单纯追求农产品产量增加，而是要改善农业基础条件，保护生态环境，科学组织农业生产，实现农业生产和生态环境共同发展。目前，我国农业可持续发展面临较多难题，例如，过度施用农药化肥、耕地面积减少、水土流失严重等。水利部《第一次水利普查水土保持情况

① 《中央经济工作会议在北京举行》，新华网，http://news.xinhuanet.com/fortune/ 2013-12/13/c_118553239.htm，2014 年 3 月 2 日。

② 杨少垒、蒋永穆：《中国特色农业现代化道路的科学内涵》，《上海行政学院学报》 2013 年第 1 期。

公报》显示，全国土壤侵蚀总面积 294.91 平方千米，占国土总面积的 31.12%。

（三）现代农业的内涵

按照技术水平将农业历史划分为原始农业、传统农业和现代农业等发展阶段。舒尔茨定义的传统农业是"完全以农民世代使用的各种生产要素为基础的农业"，是一种自给自足的自然经济，其最大贡献是积累了丰富的农业生产经验。

对现代农业的定义争论较大。通常认为，现代农业是全面应用现代农业科技和装备，用现代组织管理方法来经营的社会化、专业化、商品化农业，是具有较强市场竞争力的现代产业。[①] 其特征是：

第一，生产集约高效。现代农业将农业生产要素有效组合，具有较高的土地产出率、劳动生产率、经济效益和市场竞争力。

第二，科技装备现代化。广泛运用先进适用的农业科技装备和生产方式，提升农产品品质，提高农业产出。有关研究表明，粮、棉、油等主要作物每次更换良种可增产 10%—30%，科学施用化肥可增产 16%，改进生产方法可增产 4%—8%，实施病虫害防治技术可减少损失 10%—20%。[②] 农业机械化是农业现代化的物质基础和重要标志，农业机械化可以提高劳动生产率，大量节约农业劳动力。

第三，现代农业产业链发展。现代农业要打破第一产业的局限，用现代产业理念构建一个上、中、下游一体，第一、第二、第三产业融合，具有完整的产业链条[③]，提高农业市场竞争力和农产品附加值。

第四，农产品商品化。现代农业主要为市场生产，为市场提供农业商品。实现农业现代化的国家，农产品商品率一般都在 90% 以上，有的可达到 100%。

（四）农业现代化与现代农业的关系

从前面的分析可以看出，农业现代化与现代农业是两个既有区别

---

① 刘敬阳主编：《苏州现代农业的理念与实践》，中国农业出版社 2012 年版，第 222—224 页。

② 杨少垒、蒋永穆：《中国特色农业现代化道路的科学内涵》，《上海行政学院学报》 2013 年第 1 期。

③ 刘奇：《现代农业规模化的五大着力点》，《中国发展观察》2013 年第 3 期。

又有密切联系的概念。从内涵来看，现代农业是传统农业从量变到质变后的新农业，是农业现代化的目标和结果，而农业现代化是指改造传统农业、发展现代农业的过程及手段。两者是目标与过程、手段的关系。从时间来看，农业现代化是指从传统农业向现代农业转变及转变完成后的农业进一步发展时期，现代农业是指农业现代化完成后的农业，随着农业技术进步，现代农业也在不断发展。现代农业与农业现代化不是同义语，两者的研究内容应有所侧重。[1]

三　城镇化和农业现代化相互协调发展的内涵

准确理解和阐释"协调"和"协调发展"的内涵是我们研究的基础。

（一）协调发展的内涵

协调是指对系统内各要素之间相互协作、配合、促进等相互作用关系及其程度的反映。协调发展是指在尊重客观规律的基础上，为实现系统的总体演进目标，系统内各子系统或各要素之间相互适应、相互配合、相互协作、相互促进而形成的一种良性循环态势及其控制过程。[2]协调发展的程度是通过一系列的比例关系反映出来，如果这些比例关系合理反映了各子系统和要素的要求，就表现为系统相互适应和协调。协调发展也可以理解为一个不断调整的过程，这既是不断优化发展的状态，又是主观心理感受的结果。

在实际工作中，协调的量值和人们的主观感受有时是难以准确定量分析，一般是把握一个范围，即掌握适当的"度"。这个"度"，下限是系统保持相对稳定，上限是系统内各要素能够比较充分发挥自身的作用，配合得当、运转有效。当然，协调发展的理想状态是系统内各级结构、各要素之间都处在最佳的比例结构关系状态。

（二）城镇化和农业现代化相互协调发展的内涵

城镇化和农业现代化相互协调发展是指城镇化和农业现代化之间

---

[1]　孟秋菊：《现代农业与农业现代化概念辨析》，《农业现代化研究》2008 年第 3 期。

[2]　吴江：《城乡统筹视阈下中国新型城镇化的路径选择——基于重庆的实证》，西南师范大学出版社 2014 年版，第 132 页。

相互促进、良性循环、共同发展①，特别是农业劳动力、土地和资本等经济要素与非农产业和城镇在数量上、结构上、速度上相互保持一定的比例关系，由此推动整个国民经济的现代化。对城镇化和农业现代化相互协调发展的内涵可以从以下几方面进行理解：

第一，城镇化和农业现代化相互协调发展的主要内容包括：一是数量的协调，就是农业生产产品数量与城镇需求数量相一致，要素的供给数量与城镇化、农业现代化需求相一致等；二是结构的协调，就是农业产品供给结构与城镇需求结构相一致，农业产业结构与农业现代化要求、城镇化需求相一致等；三是空间的协调，就是城镇布局、农业布局与自然条件、生产发展相一致等；四是速度的协调，城镇化和农业现代化相互协调发展并非指两者的发展速度相同，而是指城镇化与农业现代化的发展要与经济社会所处的发展阶段相适应、相同步，城镇化与农业现代化发展互促共进。

第二，城镇化和农业现代化相互协调发展是一个动态的过程。动态是指任何系统的状态都是时间的函数，是随时间的推移而不断地发生变化。② 这个过程包括三个方面：一是城镇化推进顺利，城市群、大中小城市和小城镇协调发展；二是农业现代化不断推进，水平不断提高；三是城镇和农业之间相互开放，要素合理流动，优化配置，相互协调发展。从实践看，城镇化、农业现代化是发展变化的，两者总是处于不协调发展状态，需要我们把两者从不协调状态发展到协调状态，这也需要经历一个时间过程。从长期看，城镇化、农业现代化总是处于从不协调到协调、从协调到不协调的动态发展过程中。

第三，定性和定量分析城镇化和农业现代化相互协调发展的程度。定性分析是把握协调发展的"度"，即协调发展的状态是城镇化和农业现代化之间相互促进、共同发展；不协调发展的状态是城镇与农业相互分割，城镇化远超农业现代化，形成二元结构。定量分析是

---

① 李海玉：《河南省工业化、城镇化、农业现代化协调发展研究》，《安徽农业科学》2012 年第 5 期。

② 潘建伟等：《中国牧区经济社会发展研究》，中国经济出版社 2010 年版，第 141 页。

运用相关数据进行计算、比较，用数据来定量判断城镇化和农业现代化相互协调发展的程度。分析和判断一个国家或地区城镇化和农业现代化是否协调发展，不仅要有静态分析，而且要有动态分析；不仅要有宏观分析，而且要有中观或微观分析。静态分析有助于判断协调发展的发展现状，动态分析则有助于把握协调发展的走势和问题成因。①

第四，政府要正确发挥推动城镇化和农业现代化相互协调发展的作用。政府通过合理运用各种有效政策和措施，将劳动力、资本、土地、水资源等经济社会资源和自然资源合理有效地分配于城镇建设和农业生产，使城镇化与农业现代化之间达到协同发展的效果。这主要包括：其一，为城镇化与农业现代化创造公平的制度环境，如建立城乡公平的土地制度、产权制度、社会保障制度、户籍制度等。其二，由于农业的弱质性，政府应提供扶持农业发展的政策。如农业补贴政策、农业投资倾斜政策、税收优惠政策、农业劳动力免费培训政策等，推进农业生产的集约化和规模经营。其三，支持研发、推广现代农业技术。其四，为农业现代化提供良好的基础设施。例如，完善的农田水利设施和电力设施、农业农村交通设施、农业现代仓储设施等。

第二节　相关理论述评

在城镇化和农业现代化发展过程中，人们一直在理论上探索两者协调发展。马克思主义经典作家对该问题进行了深入的理论探讨，其他经济学家也在一些理论上涉及该问题，这为本书研究提供了理论基础。

一　马克思主义经典作家的相关理论观点

马克思主义经典作家关于城镇化、农业发展的理论对课题研究有

---

① 黄祖辉等：《推进工业化、城镇化和农业现代化协调发展》，《中国农村经济》2013年第1期。

着重要的指导意义。

（一）马克思、恩格斯关于农业重要性思想

1. 农业发展是工业化和社会发展的前提条件

马克思、恩格斯认为，生产食物等农业劳动是其他一切劳动能够独立存在的前提条件，农业劳动必须要有较高的生产率，提供足够的农业剩余产品，才能够支撑工业发展和社会发展。马克思指出，食物的生产是直接生产者的生存和一切生产的首要条件[①]，农业劳动……生产率是一切剩余劳动的基础，因为一切劳动首先而且最初是以占有生产食物为目的。[②] 因此，农业生产发展，能够提供给非农生产者足够的生产生活资料，是非农产业和社会发展的前提条件。

2. 农业发展是城镇化的前提条件

马克思、恩格斯通过对原始社会的考察认为，城镇不是从来就有的，是社会生产力发展到一定阶段的产物。农业是一个国家或地区的城镇赖以存在和发展的基础，在农业生产力发展能够提供足够的农业剩余产品时，非农产业和社会发展产生了城乡分离的社会分工，少数人完全脱离农业生产而专门从事手工业、商业以及文化活动，由此开始了人类城镇发展史和文明史。这时，农业劳动生产率及其提高速度决定着农业人口向城镇和非农产业转移的规模和速度。随着农业劳动生产率不断提高，农业剩余产品的增加，越来越多的农业剩余劳动者转移到非农产业或进入城镇。马克思指出：经济学中最广义的农业劳动，必须有足够的生产率……从而农业剩余产品成为可能。……从而也为非农业劳动者生产必要的食物；也就是使从事农业的人和从事工业的人有实行分工的可能。[③] 农业剩余产品越多，能养活的城镇人口就越多，城镇逐渐成为社会的政治、经济和文化中心，由此形成的城市文化也是人类文明的集中表现。[④]

[①] 《马克思恩格斯全集》第 46 卷，人民出版社 2003 年版，第 715 页。

[②] 同上书，第 713 页。

[③] 同上书，第 715—716 页。

[④] 龚唯平：《马克思城市化理论探微》，《经济前沿》2001 年第 7 期。

3. 提出了影响农业劳动生产率提高的因素

马克思和恩格斯把影响农业劳动生产率提高的因素分为三大类：一是农民自身的能力，包括农民的天赋、体力和智力等本人的自然条件，决定农民生产技能的基础教育和职业培训程度、劳动熟练程度等；二是农业生产的自然条件，如土地的肥沃程度、气候和光照条件等，它们决定了农业的自然生产率；三是农业生产的社会条件的改进，包括资本的规模，劳动的联合、分工，农业新机器的应用，农业生产方法的改良，科学的发展水平及其在工艺上应用的程度，交通运输工具改进，水利灌溉设施等农业基础设施的增加和改善，产权和交易的法律保障等。他们的上述思想具有公共政策的含义，为制定农业政策指明了方向。

（二）列宁关于农业和城镇协调发展思想

1. 强调城市和农业的作用

列宁认为：城市是人民的经济、政治和精神生活中心，是前进的主要动力。[1] 同时强调农业的基础性作用，认为只有提高农业劳动生产率，使小农业变成社会化的大农业，实现农业工业化，才能为工业和其他部门提供足够的农副产品，满足其生活和生产的现实需要。否则，工业和其他部门的经济发展都会遇到困难。列宁于 1921 年 11 月 29 日在莫斯科省第一次农业代表大会上指出：农业生产率的提高必定带来工业情况的改善。[2]

2. 列宁分析了城乡关系问题产生的原因

即"城乡分离、城乡对立、城市剥削乡村是'商业财富'优于'土地财富'的必然产物。"他进一步分析城市与农村商品的不等价交换形成了城市对农村的剥削，而这种不平等形成了城乡的对立，破坏了工农业间的相互依存关系。农业生产组织形式和农业生产要素的缺乏，以及城市工业化对农村劳动力的吸引，又进一步加剧了农村的贫困，拉开了城乡的差距。

---

① 《列宁全集》第 23 卷，人民出版社 1990 年版，第 358 页。
② 《列宁全集》第 42 卷，人民出版社 1987 年版，第 284 页。

3. 列宁提出了相应的对策

其一，土地国有化是保证农业迅速进步的条件。

其二，新技术推动农业生产力的发展，从而改变工农业的对立。

其三，重视农业公社、劳动组织以及一切能够把个体小农经济转变为公共的、协作的或者劳动组织的经济组织，这是发展农业的重要因素。

（三）毛泽东关于农业是国民经济基础的战略思想

毛泽东多次提出，中国是一个农业大国和人口大国，农业发展是关系到国计民生的重大问题，人民生活所必需的粮食生产尤为重要，全党必须重视粮食生产。手中有粮，心中不慌。不抓粮食很危险：不抓粮食，总有一天要天下大乱。到 1957 年，毛泽东形成了"农业为基础、工业为主导"的思想，提出了"农业是国民经济基础"的战略思想。毛泽东认为："没有农业社会化，就没有全部的巩固的社会主义。"[1] 1957 年 1 月召开的中央省（市、自治区）党委书记会议上，毛泽东从六个方面阐述了农业对工业和整个国计民生的重要性：一是农业关系到当时 5 亿农民的吃饭问题。农业搞好了，5 亿农民就稳定了。二是农业关系到城镇人口的吃饭问题。三是农业是轻工业原料的主要来源，也是轻工业的重要市场。四是农业也是重工业的重要市场。五是农产品出口换成外汇，可以进口所需要的工业设备。六是农业是工业资金的重要来源。

（四）改革开放以来我国领导人关于农业现代化和城镇化协调发展思想

邓小平对马列主义的农业和城镇关系理论进行了发展。一方面，邓小平强调了农业的基础性作用，要重视发展农业特别是粮食生产。"农业，主要是粮食问题。"[2] 另一方面，邓小平要求发挥城市功能，带动农村发展。邓小平指出，城市支援农业，促进农业现代化，是城市的重大任务。

---

① 《毛泽东选集》第四卷，人民出版社 1991 年版，第 1477 页。

② 《邓小平文选》第三卷，人民出版社 1993 年版，第 159 页。

　　江泽民同志提出城乡协调发展思想。江泽民在中共十五届三中全会上提出，高度重视农业，使农村改革和城市改革相互配合、协调发展。中共十六大提出，坚持大中小城市和小城镇协调发展，走中国特色城镇化道路。同时，认为"三农"问题，始终是一个关系党和国家大局的根本性问题，农业是国民经济和社会发展的基础。"在我国，主要农产品特别是粮食，始终是一种战略性的特殊商品，直接关系到人民和国家的安危……没有农业的牢固基础，就不可能有我国的自立；没有农业的积累和支持，就不可能有我国工业的发展"。[①]

　　胡锦涛提出"以工促农、以城带乡"的城乡和工农协调发展思路。他在中共十六届四中全会提出"两个倾向"的重要论断，即在工业化初始阶段，农业支持工业、为工业提供积累，是带有普遍性的倾向；在工业化达到一定程度后，工业反哺农业、城镇支持农村，实现工业与农业、城镇与农村协调发展，这也是带有普遍性的倾向。胡锦涛同志在2004年中央经济工作会议上提出，我国总体上已到了以工促农、以城带乡的发展阶段。相应地，国家出台了一系列支持农业发展的政策，如取消农业税、增加农业补贴等，有效促进了农业现代化。

　　习近平对城镇化和农业现代化相互协调发展多次进行深入阐述。一是要重视和有效推进农业现代化。他指出："同步推进新型工业化、信息化、城镇化、农业现代化，薄弱环节是农业现代化。在稳定粮食和重要农产品产量、保障国家粮食安全和重要农产品有效供给的同时，加快转变农业发展方式。"[②]"加快建立现代农业产业体系，延伸农业产业链、价值链，促进第一、第二、第三产业交叉融合。"[③] 二是提出城镇化是人的城镇化。"推进城镇化的首要任务是促进有能力在

　　① 《江泽民文选》第一卷，人民出版社2006年版，第259页。
　　② 《抓住机遇立足优势积极作为，系统谋划"十三五"经济社会发展》，《经济日报》2015年5月29日第1版。
　　③ 《习近平在中共中央政治局第二十二次集体学习时强调》，《经济日报》2015年5月2日第1版。

城镇稳定就业和生活的常住人口有序实现市民化。"① 三是提出"把工业和农业、城市和乡村作为一个整体统筹谋划"②，推进城乡发展一体化，工农、城乡协调发展。

二 二元结构理论及其发展述评

（一）二元结构理论的主要内容及发展

1. 刘易斯的二元结构理论的主要内容

由于发展中国家城乡二元结构的客观存在，美国著名经济学家阿瑟·刘易斯通过对印度等发展中国家的研究，1954 年、1955 年先后发表《劳动力无限供给下的经济发展》和《经济增长理论》两本著作，提出了发展中国家二元结构理论。一元是大量边际生产率近于零，工资不变、劳动力无限供给的传统农业；另一元是能实现充分就业的现代城镇工业，现代工业资本的积累、生产规模的扩大主要是因为农业能够提供大量低成本的劳动力，扩张的工业部门可以用超过农民从事农业收入的工资标准吸纳农业剩余劳动力，受高收入的吸引，农业剩余劳动力不断向城镇工业部门转移。这一过程将一直持续到现代工业部门把所有的农业剩余劳动力吸收完毕为止。③ 这时农业部门的工资水平才能提高，农业生产者的经济地位才能有所改善，二元经济逐步转化为一元经济，各经济部门的劳动生产率、工资和生活水平差异将缩小或消失。

2. 刘易斯的二元结构理论的发展

美国发展经济学家拉尼斯和费景汉在 1964 年出版的《劳动剩余经济的发展》中提出了拉尼斯—费景汉二元结构理论，发展了刘易斯二元结构理论。首先，强调农业劳动生产率的提高是传统农业经济向二元经济过渡的前提条件，也是转移农业剩余劳动力、发展非农业部

---

① 《习近平主持召开中央财经领导小组第九次会议强调》，《经济日报》2015 年 2 月 11 日第 1 版。

② 《习近平在中共中央政治局第二十二次集体学习时强调》，《经济日报》2015 年 5 月 2 日第 1 版。

③ ［美］刘易斯：《二元经济论》，施炜等译，北京经济学院出版社 1989 年版，第 11—13 页。

门的推动力。其次，他们将二元结构的演变进一步细分为三个阶段，创立了刘易斯—拉尼斯—费景汉模型。第一阶段是农业劳动边际生产率等于零阶段，即劳动力无限供给阶段（类似刘易斯理论）。这时剩余劳动力流出不会影响农业总产出，工业部门可以在固定的工资水平下获得源源不断的劳动力。第二阶段是农业劳动边际生产率大于零小于农业平均固定收入阶段。这时农业劳动力的继续转移会减少农业总产品，引起农产品价格上涨，推动工业部门工资上升，降低工业利润，影响工业扩张速度，对劳动力需求相对下降，进而阻碍劳动力转移进程。第三阶段是农业劳动边际生产率等于或大于农业平均固定收入阶段。这个阶段农业剩余劳动力全部转移到工业部门，农民和工人的收入水平一样，都由劳动边际生产率决定。城镇非农产业和农业均衡发展，二元经济转变为一元经济。

在这三个阶段中，拉尼斯和费景汉认为难度最大的是如何使农业剩余劳动力持续转移到第三阶段。他们提出，解决这一难题的唯一途径是在农业剩余劳动力转移过程中同步提高农业劳动生产率，这是农业剩余劳动力向非农产业转移的前提条件[①]，在这种条件下，农业现代化在城镇化过程中可以发挥积极作用。

（二）述评与启示

刘易斯二元结构理论对发展中国家城镇化和农业现代化发展有着重要的启示：

一是二元结构现象是发展中国家在实现工业化、城镇化过程中的必然现象，二元结构之间的差距将出现先上升后下降的变动趋势，最终逐渐向一体化的结构转变。发展中国家要适应城镇和农业经济发展规律，从本地实际出发，逐步推进城乡二元结构转换。[②] 但是，在实践中，大多数发展中国家采取了牺牲农业、片面追求城市增长的战略，直接拉大了城市与农业、市民与农民发展差距，带来一系列社会问题。

---

① 黄坤明：《城乡一体化路径演变研究》，科学出版社 2009 年版，第 44 页。
② 童长江：《城乡经济协调发展评价及模式选择》，科学出版社 2013 年版，第 24 页。

二是二元结构理论也有缺陷。刘易斯模型中的一些假定并不符合发展中国家的实际情况，如城镇工业部门不存在失业，转移的农民都可以在城市工业部门找到工作。因此一些结论就值得商榷。

我国二元结构更为复杂。既有发展中国家工业化进程中自然形成的二元结构的一般性，又有受我国户籍制度等特殊国情影响所形成的二元结构的特殊性，需要结合我国国情进行具体研究。

三　人力资本理论述评

（一）舒尔茨的人力资本理论主要内容

美国发展经济学家舒尔茨从古典经济学的角度提出了改造传统农业的一种新思路：引进新的生产要素和进行人力资本投资。舒尔茨提出，传统生产要素在农业的配置效率已经很高，难以带来新的增长，要促进农业新的增长必须引进新的生产要素。"现代农业高生产率的主要源泉是再生产性的源泉。……再生产性源泉显然是两个部分，即现代物质投入品和具有现代技能的农民。一般来说，贫穷农业社会只有通过向他们自己的人民进行投资才能获得必要的技能。"① 从而持续推动农业发展。

舒尔茨认为，人力资本投资是农业经济增长的主要源泉，"解释农业生产差别的关键变量是人的因素，即农民所获得的能力水平的差别"②，"农民作为新生产要素的需求者，其素质高低对农业现代化具有至关重要的影响。"③"迅速持续的增长主要依靠向农民进行特殊的投资，以使他们获得必要的新技能和新知识，从而成功地实现农业经济的增长"。④ 实践证明，农民的人力资本水平与农业的生产率之间有着正相关关系。舒尔茨将人力资本投资分为四大类：第一，在职培训。这种培训可以由出售新农业要素的企业、农业推广站等政府机构或农民自己来提供，有时也可以利用特殊的短期培训和业余学校。这些培训一般都在农闲季节进行。第二，教育。这在长期里是最有效的

---

① ［美］舒尔茨：《改造传统农业》，梁小民译，商务印书馆2006年版，第126页。
② 同上书，第14页。
③ 同上书，第4页。
④ 同上书，第151页。

方法。现代农业"大量的新生产要素……的迅速采用，特别是适应这一切的复杂的管理任务提出了必须更多地学习知识，正是这种学习构成作为现代农业特征的生产率提高的基础。"① 第三，保健设施和服务。包括所有影响农民寿命、力量和精力的支出。第四，使一个人从所从事的一项工作转到另一项更好的工作的投资。同时，舒尔茨认为，农民的人力资本积累是一个长期的过程。这就决定了改造传统农业及农业现代化是一个长期的过程。

（二）述评与启示

舒尔茨人力资本理论对我们推进城镇化和农业现代化提供了有益的启示。

第一，农业可以成为经济增长的源泉。舒尔茨认为，"在农业现代化最成功的那些国家，农业劳动生产率的提高比工业快得多"。② 农业现代化本身能对经济增长和城镇化做出重大贡献。

第二，向农民、农业投资是推进农业现代化的基础。包括开发和引进农业新技术、投资农业、向农民进行人力资本投资。舒尔茨认为，"农业中使用的物质要素的改进和农民能力的提高要比土地重要得多"。③

第三，大力发展基础教育和职业教育，强化农民培训，提高农民素质。舒尔茨认为，"现代农业是农民获得并学会使用优良的新生产要素的结果"。④ 城镇化和农业现代化都对农民的基本素质有一定的要求，都需要提高农民素质。在城镇化进程中，农民进城之后之所以会出现结构性失业，关键是文化水平较低、专业技能缺乏，因此，即便是有工作岗位也无法胜任。农民面对进城有可能出现的"失业"问题，就不敢"失地"，难以进行土地流转，这实际上也阻碍了农业现代化。同时，农业现代化需要先进的技术装备和管理手段，这又必然要求农民的文化水平、劳动和管理技能与之相匹配。因此，加大对农

---

① ［美］舒尔茨：《改造传统农业》，梁小民译，商务印书馆2006年版，第147页。
② 同上书，第7页。
③ 同上书，第20页。
④ 同上书，第139页。

民的人力资本投资，提高农民素质，对于城镇化和农业现代化以及产业结构的调整都具有重要意义。

四 集聚效应和增长极理论述评

（一）集聚效应和增长极理论主要内容

1. 集聚效应理论的主要内容

德国学者杜能在《孤立国同农业和国民经济的关系》中提出了农业区位论的基本思想，将生产规模与经济效益联系起来。韦伯在《工业区位论》中提出，集聚和集聚效应的概念。他认为，一个工厂规模的扩大能给工厂带来利益或节约成本，若干个工厂集聚在一个地域能给各个工厂带来更多的收益和节省更多的成本，这推动了工厂在一个地域的集聚，这种集聚也促进了城镇化发展。

新古典经济学代表人物马歇尔在韦伯理论的基础上第一个比较系统地研究了产业集聚现象，以致现在的集聚研究大多仍以马歇尔理论为基础。马歇尔在《经济学原理》中提出了"产业集聚"的概念和理论。首先，他认为，产业集聚是因为外部规模经济所致，行业内厂商的集中产生正外部性，可以降低该行业的成本，带来整个行业的优势。其次，他提出了产业空间集聚的三个基本原因：一是企业聚集有利于共享城镇基础设施和促进服务业发展；二是为具有专业技能的工人提供了集中的市场，节约了雇主和工人之间的相互搜寻成本；三是提供协同创新的环境，使企业从技术溢出中获益。马歇尔还注意到集聚给顾客带来便利、集聚的生产区域容易受到经济萧条的更大影响等现象。① 总之，集聚经济理论认为，城镇经济具有规模递增的优点。具有一定规模的城镇可以提供完善的基础设施，全面的生产、金融、信息、技术服务，规模化的消费市场，以及较大的劳动力市场等，从而大幅度降低私人和公共投资的平均成本和边际成本，获得较高的经济效益。这种集聚效应会吸引工业企业向城镇集中，进一步加强城镇

---

① ［英］马歇尔：《经济学原理》，廉运杰译，华夏出版社 2005 年版，第 213—243 页。

的集聚效应，从而促使城镇规模不断扩大。①

2. 增长极理论的主要内容

增长极理论是由法国经济学家弗朗索瓦·佩鲁开创，后经法国经济学家布代维尔、美国经济学家赫希曼和弗里德曼等学者进一步发展而形成的一种颇有影响力的区域发展理论。1955 年，佩鲁在《增长极概念的解释》一文中正式提出"增长极"的概念，在 1961 年出版的《二十世纪的经济》一书中，对增长极理论进行了更为充分的阐述。他认为，经济增长并非同时出现在所有地方，而是以不同的强度首先出现于一些增长点或增长极上，然后通过不同的渠道向外扩散，对整个经济发展产生不同的积极影响。佩鲁从技术创新与扩散、资本的聚集与输出、规模经济效益和集聚经济效果四个方面分析了增长极的作用机制。增长极的形成，将促使产业和技术、资本、贸易、人口在某一地域聚集，从而产生具有多种功能的经济中心，在吸引和扩散机制作用下，与周围地区发生联系，推动整个区域乃至一个国家的经济发展。经济要素和产业在城镇集聚，城镇成为区域经济的增长极，因此城镇化的过程也可以被称为是区域增长极的实践形式。②

（二）述评与启示

集聚效应理论和增长极理论对我们处理好城镇化与农业现代化关系具有一定的启示作用。

第一，城镇是区域经济增长极，引领农业现代化。一方面，城镇从其他地区吸引、集中大量的经济要素，促进经济和产业在城镇集聚③，在一个区域内形成强大的规模经济。另一方面，随着城镇内部人力资本的提高、规模效应的扩大、技术进步的加快、创新集群的集中等，城镇通过传递机制和扩散效应发挥增长极作用，将城镇的信息、资金、技术和城市文明等扩散到农村农业，从而推动农业现代

---

① 朱宇、祁新华等：《中国的就地城镇化：理论与实证》，科学出版社 2012 年版，第 5 页。

② 黄坤明：《城乡一体化路径演变研究》，科学出版社 2009 年版，第 51—52 页。

③ 崔慧霞：《工业化、城镇化、农业现代化同步发展研究》，《调研世界》2012 年第 6 期。

化，实现城镇化和农业现代化相互协调发展。[1]

第二，在农业内部，农业龙头企业、专业市场、现代农业示范区（园区）等也具有增长极的作用。农业龙头企业集聚经济要素，发挥集聚效应，通过向产前、产后两端延伸农业生产链，将相互独立的、具有共性或互补性的小规模农户、农业加工企业和流通企业连接起来，在具有一定资源优势的农产品生产区域内集聚，实现农业生产的专业化、规模化、商品化，农业服务的系列化和农产品的增值。农业龙头企业通过要素集聚和扩散推动农业现代化，吸纳更多的农业剩余劳动力和城镇经济要素进入农业产业链，带动农民就地城镇化和农业现代化。

当然，也要防止增长极的负面效应，由于城镇的集聚效应，城镇把周围地区的经济要素吸引到城镇来，造成更大程度的两极分化。[2]特别是在20世纪50—70年代发展中国家强化"唯城市工业化论"，发展中国家的农业发展几乎完全被忽视。[3] 城镇与农业发展不协调，农业没有实现现代化，也影响到城镇化健康发展，整个国家也难以实现现代化。

五 相关理论述评小结

上述理论为我们的研究提供了基本的理论基础和研究思路。但是，应用上述理论研究西部城镇化和农业现代化相互协调发展需要注意以下问题：

第一，在研究对象中，上述理论在研究中更多地关注宏观经济和经济发达的地区，对落后地区的相关问题缺乏足够的重视。西部地区经济社会发展相对滞后、农业现代化程度低、城镇化水平不高、生态环境脆弱等不利条件决定了该地区城镇化和农业现代化相互协调发展面临更大的困难。在运用上述理论分析西部城镇化和农业现代化相互协调发展时，需要我们结合西部地区实际，提出针对性更强的对策

---

① 童长江：《城乡经济协调发展评价及模式选择》，科学出版社2013年版，第25页。

② 张建军：《中国西部区域发展路径——层级增长极网络化发展模式》，科学出版社2010年版，第17—18页。

③ 黄坤明：《城乡一体化路径演变研究》，科学出版社2009年版，第58页。

思路。

第二，在城镇化和农业现代化相互协调发展的具体研究中，尚未形成一个有效的分析范式。尤其是在西部地区研究中，特殊的发展条件需要我们关注更多的影响因素，如政策因素、区位条件、体制改革、经济社会发展水平等，这也使本书研究具有相当的难度。

第三节　城镇化和农业现代化相互协调发展的内在机制和实现途径

城镇化和农业现代化之间存在内在的必然联系，从理论上揭示和认识两者相互协调发展的内在机制，是本书研究的重要理论依据。

一　城镇化和农业现代化相互协调发展的内在机制

（一）农业现代化是城镇化的基础和最基本的推动力

从城镇的起源看，农业剩余是城镇产生的前提，是城镇化的基础动力。从城镇化动力的发展历史来看，即使工业占主导地位，农业现代化对城镇化依然有积极的推动作用。有学者定量计算农业劳动生产率的提高对城镇化率的影响程度，当农业劳动生产率提高一倍时，可以使城镇化率提高 8.38 个百分点；提高两倍时，可以使城镇化率再提高 4.90 个百分点。①

1. 农业现代化为城镇化提供农产品

农业现代化为城镇化提供两大类农产品：食物型农产品和工业原料型农产品，前者主要是直接提供给城镇居民消费的粮食、蔬菜、水果、肉类、奶类及蛋类等；后者主要是提供给企业生产用的原材料，如棉花、油料、糖料、烟叶等农产品。

农业现代化对城镇化最重要的贡献是食品贡献。城镇化首先需要农业为其提供充足、高质量的食物，尽管一些小的国家可以通过国际

---

① 汪冬梅、刘廷伟等：《产业转移与发展：农村城市化的中观动力》，《农业现代化研究》2003 年第 1 期。

贸易获得足够的粮食，但我国是人口大国，粮食不能完全依赖国际贸易。农业提供剩余粮食的能力是决定城镇化水平的前提条件。城镇人口的上限取决于余粮率——农民除了自用以外所剩的粮食，如果有10%的余粮率，那么城镇化率的上限应该是10%。受农业生产力水平的限制，在人类历史上，直到近代还有80%—90%的世界人口以农业为生。[①] 1952—1980年间，我国农业为城镇和工业提供商品粮达152098万吨，占粮食总产量的23.0%[②]，即余粮率为23.0%。在这一时期，我国城镇化率没有超过20%。

冯海发建立了一个理论模型来定量分析粮食和城镇化之间的关系。[③]

$$G = 1/(1 - UR) - 1 \qquad\qquad (1-1)$$

式中，G 为粮食劳动生产率的增长率，UR 为城镇化率。

这个模型的理论含义是：当城镇化率提高 UR 时，粮食劳动生产率的增长幅度要达到1与城镇化率之差的倒数再减去1。

例如，当城镇化率提高10%时，粮食劳动生产率提高幅度为：

$$G = [1/(1 - 10\%)] - 1 = 11\%$$

当城镇化率要提高50%时，粮食劳动生产率提高幅度为：

$$G = [1/(1 - 50\%)] - 1 = 100\%$$

如果考虑到进城农民食物结构的变化，比在农村粮食实际消费量更多，该模型所确定的粮食劳动生产率的增长速度实际上是一个下限值。

对上述理论模型进一步推导，可以得出以下三个重要推论：

推论Ⅰ：当粮食全部被农民消费，剩余量为0时，城镇化率为0。

推论Ⅱ：当粮食的劳动生产率增长率为0时，城镇化率维持不变。

① ［美］盖尔·约翰逊：《经济发展中的农业、农村、农民问题》，林毅夫、赵耀辉编译，商务印书馆2013年版，第101页。

② 陆世宏：《中国农业现代化道路的探索》，社会科学文献出版社2006年版，第85页。

③ 冯海发：《农村城镇化发展探索》，新华出版社2004年版，第10—14页。

推论Ⅲ：当城镇化率提高 UR 时，要求粮食的劳动生产率的增长至少要达到 [1/ (1 - UR) -1]。

若 G≥1/(1 - UR) -1，则农业会对城镇化起推动作用；反之，农业会对城镇化起制约作用。要避免农业对城镇化产生制约作用，必须有效地提高农业劳动生产率。

2. 农业现代化为城镇化提供经济要素

城镇化初期的建设资金主要来源于农业。根据比较优势原理，一国（或地区）在工业化、城镇化初期，农产品在国际贸易中具有比较优势，农产品出口为工业化、城镇化提供了外汇供给。计划经济时期，我国农产品及其加工品始终是创汇的主要手段。1950—1980 年间，农产品及其加工品出口总额 749.01 亿美元，占同期出口总额 1171.23 亿美元的 63.95%。① 农业主要通过四种方式为城镇化提供资金：一是通过赋税提供资金；二是农业剩余通过不利的交换由农业流往城镇；三是通过吸收农民在金融机构的存款和农民购买政府及企业债券流向城镇；四是政府凭借政治力量使农民无偿放弃财产向非农产业和城镇提供资金。②

农业现代化大大提高了农业的劳动生产率和资源利用效率，使农业剩余劳动力、土地等生产要素从农业中释放出来，从农业转移到城镇。在这个过程中，我们也要防止这种情况，即有可能存在政府干预、市场机制等力量使农业资源过度向城镇转移，损害农业现代化。例如，城镇化推进速度过快，占用的耕地、农业资金以及吸纳农业中的高素质劳动力超越了农业的承受能力，影响农业现代化进程。

3. 农业现代化为城镇化发展提供了市场条件

农业现代化不断提高农业生产率，农民收入也相应提高，农民收入的增加扩大了市场消费，为城镇非农产业的产品提供了消费市场。农业现代化过程中也需要大量农业机械、化肥、农药等工业产品的投

---

① 陈家勤：《创汇农产品论》，中国人民大学出版社 1991 年版，第 12—13 页。
② 刘传江：《论城市化的生成机制》，《经济评论》1998 年第 5 期。

入，这也直接刺激了城镇机械制造、化工等产业的发展。[1]

总体而言，农业现代化水平和速度决定着城镇化的规模和速度。

（二）城镇化是农业现代化的重要拉力

在工业化、城镇化发展到一定程度后，城镇开始反哺农业，更快地推进农业现代化。

1. 城镇化不断转移农业剩余劳动力，推动农业规模化经营

第一，我国农业剩余劳动力过多是制约农业规模化的重要因素。我国农户户均土地经营规模约 0.6 公顷，远低于农业规模化经营的要求。[2] 城镇化可以在城镇为农民提供更多、收入更高的就业机会，转移农业剩余劳动力，从而提高农业从业人员的农业资源占用量，推动农业适度规模经营。

第二，城镇化有利于实现耕地向种田能手集中。大量农民进城和人地关系改善后，在依法、自愿、有偿和加强服务的基础上，引导土地承包经营权向农业生产和经营能手集中，可以有效提高农业资源利用效率、农业生产效率和农民收入水平。

2. 城镇庞大的市场需求拉动了农产品生产

第一，城镇人口增加和收入水平的提高扩大了农产品的需求。研究表明，城镇化率每提高 1%，城镇居民人均年消费支出将增加 2.0083%。[3] 以我国为例，1990 年城镇居民人均消费肉禽及其制品、鲜蛋分别为 25.16 千克、7.25 千克，2012 年分别提高到 35.71 千克、10.52 千克，分别提高了 41.9%、45.1%。农村居民收入的增长，消费增长更快，1990 年人均消费肉禽及其制品、蛋及制品分别为 12.59 千克、2.41 千克，2012 年分别提高到 23.45 千克、5.87 千克，分别增长了 86.2%、143.5%。[4] 但是，城镇居民消费量更大，2012 年城

---

[1] 陈志峰等：《工业化、城镇化和农业现代化"三化同步"发展的内在机制和相互关系研究》，《农业现代化研究》2012 年第 3 期。

[2] 国家发展和改革委员会发展规划司：《国家新型城镇化规划（2014—2020 年）》，人民出版社 2014 年版，第 5 页。

[3] 朱敏：《发挥好城镇化对消费的拉动作用》，《经济日报》2013 年 5 月 31 日第 14 版。

[4] 国家统计局编：《中国统计年鉴（2014）》，中国统计出版社 2014 年版。

镇居民人均消费肉禽及其制品、鲜蛋的数量分别比农村居民多消费52.2%、79.2%，但农村消费增速超过城镇。

第二，城镇市场需求推动农业结构的优化。农业结构包括农业产业结构、农业产品结构和农业品种结构三种类型。[1] 在农业产业结构方面，随着城镇居民收入水平不断提高，动物产品消费增加，这拉动了畜牧业及其上下游产业的发展。在农业产品结构方面，人们对于食物产品的需求朝着多样化方向发展，果品、蔬菜及瓜类等产品的消费量会大幅度增加，传统意义上的大宗食物如粮食、薯类等直接消费量下降。在农业品种结构方面，城镇居民需要更高品质的食物品种。在整个城镇化过程中，对农业结构性调整的推动作用将贯穿始终，发展高附加值农产品将是未来农业发展的主要趋势。

第三，对农产品质量和安全提出更高要求。城乡居民在农产品的数量需求得到满足后，开始重视农产品质量和安全，这是整个城镇化过程中农业由数量型向质量型转变、从数量安全向质量安全转变的重要标志。这有助于推动农产品品牌建设、优质农产品生产和农业标准化生产。

3. 城镇化为农业发展提供新的生产要素

第一，培育"新型职业农民"。城镇化过程中农民流动本身就是学习新知识、开阔眼界的过程，提升了自身素质。城镇化也推动城市文明向乡村的扩散和传播，带动农民思想观念的转变。[2] 使农民树立起与现代社会相适应的市场经济意识、法制意识、道德意识、开放意识等。

第二，城镇作为区域科技、教育、信息的聚集地，通过扩散效应使农民能够方便地从城镇获得现代农业生产技术和市场需求信息。

第三，城镇提供反哺农业的资金。农业现代化在农业基础设施、农业装备等方面需要大量的资金，仅仅依靠农民自身的积累很难满足需要。

---

① 杨万江：《工业化城市化进程中的农业农村发展》，科学出版社2009年版，第136—138页。

② 辜胜阻：《新型城镇化与经济转型》，科学出版社2014年版，第130页。

当城镇化完成了资金的积累后，城镇就会反过来在资金上反哺农业。

4. 城镇化带动农业产业结构高级化

农业结构的高级化是指收入弹性大的农产品生产在农业所占的份额不断增大，收入弹性小的农产品生产在农业所占的份额不断减小的过程。[①] 城镇化以前，农业产业结构单一，主要以粮食生产为主的种植业，收入弹性小。随着城镇化的推进，人们收入水平的提高，带来农产品消费结构多元化、高级化，对收入弹性高的农产品需求增加，农业产业结构开始由单一种植向农、林、牧、副、渔全面发展转变，推动农业生产结构不断高级化。

5. 城镇化推动了农民组织化程度的提高

城镇化打破了农业自给自足的生产模式，给农业带来了极大的竞争压力，为了抵御农业生产的自然风险和市场风险，就需要将农业生产者组织起来，从而促进了农民组织化程度提高。例如，农民采取合作社的经济组织形式，把分散的家庭经营组织起来，有利于克服小生产与大市场的矛盾，农户走向专业化和商品化生产。城镇提供了与现代农业生产有紧密联系的农产品加工业和现代农业服务业，为农业的产前、产中、产后提供社会化服务，也进一步提高了农业生产的专业化水平，加速了农业现代化。

（三）通过要素双向合理流动实现城镇化和农业现代化协调发展

城镇是区域的经济中心，在劳动力、科技、资金、交通运输、基础设施、市场容量等方面比周围农村地区拥有更多优势。一方面，农业劳动力、农产品和工业原材料等要素从农村流向城镇；另一方面，城镇信息、科技、产品等也向农村扩散，城镇的等级规模越大，扩散作用越强，扩散范围越广。城乡要素的双向流动是城乡之间基于各自比较优势的分工和交换过程，城镇和农业的经济关系在交换中逐步走向融合。由于农业的弱质性，政府需要注意在政策上保障农业生产的需要。

城镇化和农业现代化之间的关系除前面分析的相互促进外，还存在相互制约的方面。加快推进城镇化，就意味着要将更多的资源投入

---

① 冯海发：《农村城镇化发展探索》，新华出版社2004年版，第17页。

城镇，耕地被城镇不断地占用，工业生产排放的各种废弃物污染了农业的水土资源，高素质的农业劳动力不断流向城镇，这有可能影响农业现代化。因此，城镇化和农业现代化两者之间既是相互发展的条件，也有可能产生约束。

二　城镇化和农业现代化相互协调发展的实现途径

（一）城镇化和农业现代化的连接途径

1. 城镇化和农业现代化相互关系的类型

在城镇化和农业现代化发展过程中，两者之间的关系存在三种类型：农业支持城镇发展，即城镇主要从农业索取；城镇支持农业发展，即城镇反哺农业；介于两者之间的农业与城镇平等发展。这三种类型随着经济发展水平和城镇化阶段的变化而出现有规律性的变化。

在城镇化初期，农业支持城镇化。这时城镇内的工业处于起步阶段，自身积累不足，城镇化、工业化推进所需要的资本难以从工业内部积累。而这时农业是整个国民经济的主要产业，大部分的国民收入来源于农业，大部分劳动力在农业就业，国内商业和出口大宗商品主要是农产品及其加工品，城镇化、工业化的资本积累主要来源于农业。当城镇化水平较高时，特别是城镇工业具备了自我发展能力时，城镇化、工业化的进一步推进就不应该再从农业中转移资金，农业剩余用于农业自身的发展。当城镇化、工业化达到较高水平后，城镇、工业的剩余要素流向农业，产生了城镇对农业的反哺。

2. 城镇化与农业现代化的连接途径

从城镇化与农业现代化的关系来看，两者是不可分割的统一体。它们通过市场机制、政府政策等途径进行连接（见图1－2）。

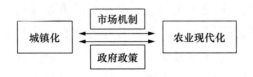

图1－2　城镇化与农业现代化连接模型

该模型反映了农业现代化、城镇化、政府、市场机制之间的动态关系，其核心思想是：城镇化和农业现代化通过市场机制和政府政策的积极作用，实现城镇化和农业现代化协调发展。该模型表明，城镇化和农业现代化，既是相互独立与自主的系统，又是相互联系与作用的系统，城镇化与农业现代化相互协调发展的关键在于充分发挥市场机制和合理发挥政府政策的作用，最大限度地扩大城镇化与农业现代化之间的联系与合作，实现两者的协调、融合发展。

（二）政府构建利益协调机制

在城镇化和农业现代化相互协调发展过程中政府要兼顾城镇与农业的利益，构建城镇化与农业现代化协调发展连接机制和保障机制，促进两者协调发展。城镇的利益主要表现为：农业现代化为城镇居民提供质量更好、数量更多的生产资料、食品和劳务服务，农业现代化推动国民经济持续较快增长等。农业的主要要求是：城镇给予更多的现代经济要素的支持，增加农产品市场需求等。政府在通过政策协调时应注意：

1. 必须统筹城镇化与农业现代化，一体化推进

在推进城镇化过程中，要尊重经济社会发展规律，做到城镇化和农业现代化相互协调发展。一方面，要加快农业现代化，保证农产品有效供给，为城镇化提供农产品保障；另一方面，新型城镇化要科学发展，系统解决农民进城后的培训、就业、住房、户籍、社会保障、子女教育等制度性问题，促使进城农民能够在城镇安居。

2. 更加支持农业现代化

主要原因是：第一，我国到了城镇反哺农业的阶段；第二，新"四化"中农业现代化是"短板"。因此，政府要着力支持农业现代化，主要支持政策有：一是支持培训农民，提高农民人力资本水平。二是不断增加农村农业投入，提高农业的资本存量。明确农业支持政策在不同层次的政府之间的分工，避免相互重叠或相互推诿。三是中央政府对农业的投资责任应主要定位在大型农业水利工程设施、骨干交通运输设施、信息通信设施、基础教育等方面；地方政府对农业的投入责任应主要定位在农业基础设施、市场服务设施、技术传播扩散系统等方面。①

---

① 冯海发：《农村城镇化发展探索》，新华出版社 2004 年版，第 27—40 页。

第二章　国内外城镇化和农业现代化相互协调发展经验借鉴

本章主要阐释国外发达国家、我国苏南地区城镇化和农业现代化相互协调发展的经验和教训。历史经验表明，城镇化和农业现代化相互影响，城镇化的推进速度和规模应与农业现代化的速度和水平相适应；城镇化能够吸纳农业剩余劳动力，为农业提供现代要素、市场需求等，是实现农业现代化的必要条件。

第一节　美国、日本城镇化和农业现代化相互协调发展经验借鉴

美国、日本等发达国家都实现了城镇化和农业现代化，借鉴这些国家城镇化和农业现代化相互协调发展的经验教训，有助于我们更好地研究西部城镇化和农业现代化协调发展。

一　美国城镇化和农业现代化相互协调发展经验借鉴

美国与我国都是世界大国，同处北半球、面积几乎相等。美国人口3.1亿，城镇化率超过80%。尽管美国只有460万的劳动力直接从事农副产品生产，但经营着1.52亿公顷耕地和5.6亿公顷的牧场，生产的粮食等主要农产品不仅能养活本国人，还大量出口①，是世界上规模最大的现代农业和最具竞争力的农业之一。我国对美国农业现

---

① 郑良芳：《应充分发挥金融和财政部门作用——美国农业现代化对我国的启迪》，《中国农民合作社》2012年第1期。

代化、城镇化分别研究的比较多，但系统地对美国农业现代化和城镇化相互协调发展的研究还不多见。从发展历史看，美国的城镇化和农业现代化基本实现协调发展。

（一）美国城镇化和农业现代化相互协调发展的历程

美国建国时城镇化水平不高，到 1800 年时，美国的城镇化水平只有 6.1%，1830 年才增长到 8.8%[①]，农业也是传统农业。与很多国家不同的是，美国早期农业现代化对城镇化起到重要的推动作用，甚至领先城镇化。根据城镇化和农业现代化的关系可以将其发展历程分为三个主要阶段。

1. 农业现代化领先城镇化、推动城镇化阶段

这个阶段大体是美国建国后到 19 世纪末。美国农业的比较优势是土地资源，而劳动力不足，这促使农场主用机械替代人力，一开始就十分重视发展农业机械。这个时期代表性的农业机械发明有：1793 年发明轧棉机，1800 年发明打谷机，1834 年发明收割机，1837 年发明脱粒机，1848—1860 年发明玉米种植机，1850 年发明剥壳机，1878 年发明双人打包机。机械化提升了农业生产效率；1840—1900 年，农业生产效率提高了 44.19%，其中，小麦、玉米、棉花生产效率分别提高了 133.3%、87.76%、56.79%。农业生产效率的提高速度甚至高于当时美国经济的平均水平。1856—1914 年，整个美国经济的生产率只提高大约 20%。[②] 1860—1900 年的 40 年，农业总产出增长了近两倍。到 1900 年全国人均粮食产量达 1352 千克，每个农业劳动者能负担 7 个人的农产品消费。[③]

农业现代化的领先发展，使美国的城镇化没有遇到过农产品短缺的困扰，保障了城镇化顺利进行。首先，农业现代化为城镇工业提供了原材料、资金和市场，推动城镇非农产业发展。例如，农业为轻工业提供了充裕的原料、农业机械化和化学化刺激了钢铁工业和化学工

---

① 顾朝林：《论中国当代城市化的基本特征》，《城市观察》2012 年第 3 期。

② 张奋勤：《农业革命奠定美国 20 世纪文明——美国百年经济奇迹（三）》，《湖北日报》2009 年 9 月 24 日第 7 版。

③ 冯海发：《农村城镇化发展探索》，新华出版社 2004 年版，第 22 页。

业的发展、农副产品出口创汇为工业积累了大量资金等。特别是在 19 世纪中后期，美国农业成为主导产业，引领和带动了相关制造业的发展。在 1880 年的美国工业总产出中，以农产品为原料的工业占 56.8%（其中食品工业为 26%，纺织及皮革、制鞋工业为 30.8%），另外，林木产品加工业占 19.3%。这些工业的发展为城镇化提供了产业基础。其次，农业生产效率的提高为城镇化提供了大量的农业剩余劳动力，不断提高城镇化水平。美国城镇化率由 1830 年的 8.8% 提高到 1880 年的 26.4%，1920 年达到 51.4%，1949 年超过 70%，基本完成了城镇化。[①]

2. 农村农业发展滞后城镇、城乡矛盾凸显阶段

这个阶段是 19 世纪末到 20 世纪 30 年代。这一时期美国农业现代化也在快速发展，1910 年开始使用内燃机驱动的农业机械，工作效率远远超过马拉机械和蒸汽机机械。1910—1940 年，美国农场的拖拉机和载重汽车总数分别从 1000 台和 2000 辆高速增长到 154.5 万台和 104.7 万辆，谷物联合收割机从 1920 年的 4000 台大幅增加到 19 万台，机械动力的比重由 24.3% 大幅提高到 94.0%。到 1925 年，美国农业已基本上实现了机械化耕作，1940 年完成了从种到收的农业机械化，每个农业劳动力平均生产粮食 1 万千克左右。[②] 19 世纪末美国从自由资本主义阶段进入垄断资本主义阶段，农业随之资本主义化，这导致小农破产，沦为租地农户和农业雇佣工人。1900 年，失去土地和只拥有部分土地所有权的农户占全美总农户的 50% 以上。[③] 在工业化、城镇化背景下，和现代非农产业相比，农业比较效益较低、生产风险较大的弱点显现出来，农民收入长期低于城镇居民收入，到 20 世纪 30 年代，美国农民收入大约只有城镇居民收入的 40%。出现了富裕和繁荣的城市与贫困和凋敝的农村的对立，需要城镇反哺农业。

---

① 张奋勤：《农业革命奠定美国 20 世纪文明——美国百年经济奇迹（三）》，《湖北日报》2009 年 9 月 24 日第 7 版。

② 罗必良：《现代农业发展理论》，中国农业出版社 2009 年版，第 3 页。

③ 钟涨宝主编：《农村社会学》，高等教育出版社 2011 年版，第 19—20 页。

3. 城镇反哺农业阶段

以 20 世纪 30 年代出台《农业调整法》为标志，美国开始调整农业和城镇关系，即城镇反哺农业和政策支持农民增收，以后基本每五年修订一次农业法，不断完善支持农业发展的政策。在科技进步和政府支持下，美国农业现代化持续推进。20 世纪 60 年代后期，粮食生产实现了从土地耕翻、整理、播种、田间管理、收获、干燥等全过程机械化，棉花、甜菜等经济作物在 70 年代初完成了从种植到收获的机械化。特别是 60 年代后，随着生物技术和现代种养技术的发展，带来农业产出的突破性提高。例如，玉米亩产在 50 年代前仅 150 千克，70 年代普及杂交玉米后达 300 千克。到 80 年代初，农业生产能力更是全面提升，每个农业劳动力平均生产粮食达 14.3 万千克；年产肉 1.2 万千克，水产品 1567 千克，奶 2.5 万千克，水果 2.7 万千克。一个农业劳动力能养活近 80 人。① 目前，生物工程、电子计算机、新材料等新技术广泛应用于农业，进一步提升了农业现代化水平。经历了 70 多年发展，美国工人和农民收入比由 2.5∶1 缩小到目前的 1∶1②，实现了城镇化和农业现代化协调发展。

（二）美国城镇支持、反哺农业的主要做法

1. 政府财政资金补贴农业生产

国家支持农业生产是美国的一项基本政策。20 世纪 30 年代以前，美国政府对农产品市场基本上采取不干预的政策。30 年代初，为应对经济危机，美国政府实施了"罗斯福新政"，农业得到了保护性支持。1933 年，美国政府制定了以农产品价格支持政策为核心的《农业调整法》，农业补贴政策初步形成。此后，美国对《农业调整法》进行多次修订，逐步形成了较为完善的农业保护及农业补贴政策体系。③ 2002 年美国农业法规定，政府在 2002 年后的 10 年中，平均每年对农业的各种补贴和财政支持达到 190 亿美元，只稍低于世界贸易组织规

---

① 罗必良：《现代农业发展理论》，中国农业出版社 2009 年版，第 3 页。

② 李树、陈刚：《国外财政支农的经验与启示》，《今日国土》2009 年第 3 期。

③ 朱启臻：《生存的基础——农业的社会学特性和政府责任》，社会科学文献出版社 2013 年版，第 245—246 页。

定的每年农业补贴不得高于 191 亿美元的上限。2014 年 1 月，美国国会通过新的"五年农业法案"，未来五年美国政府财政预算总计支出 9564 亿美元，支持农产品贸易、农业研究、可再生能源和粮食援助等项目；政府还专门拿出 62 亿美元，用来促进农产品出口和开拓国际市场。① 大量的补贴提高了农产品的国际竞争力，使美国成为世界最大的农产品出口国。

采取适当的方式进行农业补贴，提高补贴效果。美国财政的农业补贴分为直接补贴和间接补贴。直接补贴主要针对两种情况：一是保证农民的收入。根据农民种植农作物种类与面积直接给予少量现金补贴。补贴主要集中在粮食、油料、豆类、乳制品等少数农产品和大农场主，据估计，占美国农场总数 30% 的大农场获得政府补贴总量的 75%。② 二是对生态环境保护提供补贴。如果农民占用的土地属于动物栖息地等环境敏感地区，政府与农民签订租地合同，暂停该地区农业生产，政府提供相应补贴。

政府间接补贴包括农业低息贷款和农业保险补贴。农业低息贷款包括直接贷款和贷款担保两种形式。直接贷款的资金来源于国会拨款，利率低于商业银行贷款。贷款担保的贷款资金和贷款服务由商业银行提供，利率由农民借款人与商业银行商定，政府为贷款提供担保。农业低息贷款的核心原则是帮助创业农民或弱势农民从事农业生产，用于填补商业银行在这块市场的空白。如果突发重大自然灾害使农民受损超过往年利润的 30% 时，政府还提供低息紧急贷款。农业保险是美国保障农业生产的最主要措施，是政府农业扶持政策的核心。美国联邦政府主要对农业保险的保费和业务费用进行补贴。2011 年，美国联邦农作物保险为农民提供了 207 万份保单，补贴达 68 亿美

---

① 李正信：《美国农业如何实现高投入高产出目标》，《经济日报》2011 年 5 月 28 日第 8 版。
② 朱启臻：《生存的基础——农业的社会学特性和政府责任》，社会科学文献出版社 2013 年版，第 245—246 页。

元。[①] 2014 年新农业法案加大了农业保险的支持力度和覆盖范围，提出 10 年内增加 70 亿美元的农作物保险补贴。

2. 政府支持农村农业基础设施建设

建设和改善农村生活基础设施。第二次世界大战后，美国各级政府加强农村基础设施建设，不断改善农村电力、供水和排水系统，完善公共卫生、垃圾处理、路灯、道路等基础设施，建立农村远程教育和网络工程等，推进了区域城乡一体化、公共服务均等化，消除城乡差别，实现均衡发展，使农村生活方式向城镇生活方式转变。

加强农业生产基础设施建设，降低生产成本。农村主体水利工程，如水库、主干渠道等的投入都由政府承担，且工程建成后，不计入供水成本，降低了农业水价和农业灌溉成本。同时，运用法律和行政手段，强化耕地保护。20 世纪 30 年代，美国政府就制定了《水土保持和国内生产配给法》；70 年代中期，美国农业部恢复设立了"土地利用委员会"，主要是保护优质农地；1996 年通过《联邦农业发展与改革法》，约束和规范了城镇化进程中占有耕地的行为。

3. 支持农村农业教育

政府建立强大的农业教育体系，把农民培养成为高素质人才。首先，加强农村基础教育。政府保障农村公立学校经费，使农村学生能够享受免费或费用低廉的基础教育，即使是私立学校也可申请政府补助。其中，联邦政府通过转移支付提供基础教育开支的 30%—40%，州政府负担 40%—50%。

其次，重视农业高等教育。1862 年，美国国会通过了旨在促进美国农业技术教育发展的《莫里尔赠地学院法》，该法案规定各州向每位代表该州的国会议员拨出 3 万英亩联邦土地，把出售这些土地所得的资金累积起来，每州用它的利息至少资助开办一所农工学院（又称"赠地学院"）。到 1916 年，美国全国因接受赠地而建立了 68 所高等农业院校（目前多数发展成为综合性大学）。这些学校培养了大批高

---

① 王宗凯、蒋旭峰：《美国农业如何"补"？》，新华网，http://news. xinhuanet. com/fortune/2013-05/29/c_ 115953391. htm，2015 年 6 月 21 日。

素质农业人才，奠定了美国农业现代化的人才基础。

4. 支持农业科研与农业技术推广

1887 年，美国国会通过《海琪法令》，规定联邦政府每年拨给每个州 1.5 万美元作为研究经费，建立农业实验站，在各县普遍配备农业技术推广人员。美国政府的农业科研项目经费主要来自政府财政预算拨款，其中，30%—33% 来自联邦农业部和其他联邦机构拨款，55%—60% 来自州预算拨款，只有 15% 来自民间企业。高等院校的农业科研机构经费主要来自联邦政府预算和国家科学基金拨款，小部分来自各种基金组织、个人或企业的资助。① 通过农业高技术的研发与推广，使美国在种植业、畜牧业、设施农业、农产品深加工等方面处于世界先进水平，农业科技贡献率已超过 70%，大大提高了农业劳动生产率。美国农业正在推广的精准施肥技术，不但可以降低肥料的使用量，还可以减少肥料流入河流而改善江河的水质。

另外，政府还为农民提供农产品信息服务。为解决农产品供需信息不对称问题，美国农业部农业营销服务局在网站上提供各州详尽的农产品价格跟踪报告，方便农民全面把握农产品价格走势。

（三）美国城镇化和农业现代化协调发展经验借鉴

尽管美国农业的资源条件是我国无法比拟的，但美国在城镇化过程中重视、支持农业现代化，使城镇化和农业现代化相互协调发展的经验是值得我们借鉴的。

1. 政府和城镇支持农业现代化，注意运用市场手段，提高支持效果

政府支持农业现代化。政府着力在市场不能或难以发挥作用的领域，如农村农业的基础设施建设、农民基础教育、农业技术研发和推广、农产品生产补贴、农业信息服务、农田保护等方面提供支持。由于农业的弱质性和生产的复杂性，政府应采用适当的支持方法，如对农业补贴以间接补贴为主，对农业生产中的风险和生态环境的贡献给予补偿，以提高农民收入和农业生产积极性、保护生态环境。

---

① 李树、陈刚：《国外财政支农的经验与启示》，《今日国土》2009 年第 3 期。

政府支持的力量总是有限的，应注意引导更多市场和社会力量参与农业发展。如政府对社会资金进行农业生产、技术研发推广等给予资金扶持、贷款贴息和税收优惠。在对农业的财政补贴时借助商业金融机构的网络和管理优势，提高运作效率和资金使用效果。

2. 推进农业现代化要充分发挥比较优势，提高产业竞争力

美国农业的比较优势是土地资源，通过优先发展和使用农用机械，发展土地资源密集型农业，推进农业规模化生产，特别在粮食等规模化农业方面打造农产品的市场竞争力。而推进我国农业现代化则要发挥我国劳动力的比较优势，在保障粮食安全的情况下，着力发展园艺花卉、蔬菜、水果、养殖业等劳动密集型农业，同时提高农产品加工水平和附加值，提升我国农业的整体竞争力。

3. 以城镇为载体，打造完整农业产业链，实现城镇与农业协调发展

现代农业是一个系统工程，除农业本身外，需要产前、产中、产后一系列的生产服务，这形成了一个庞大的农业产业链，保障农业的规模化、专业化生产，提升农产品流通效率，开拓农产品市场。在美国直接从事农业生产的农民很少，但农产品加工行业的雇员却占美国总就业人口的20%，达2100万人。美国平均每个农场主需要属于不同的社会化专业服务企业的7.6人为其服务。[①] 以种业为例，全美涉及种子业务的企业有700多家，其中种子公司500多家，既有规模大、技术领先的孟山都、杜邦先锋、先正达、陶氏等跨国公司，也有直接为农业生产服务的专业化经营的小公司或家庭企业，还有种子包衣、加工机械等种业关联企业200多家。[②] 在现代农业产业链中，除了农产品生产外，农业生产资料的生产、农产品销售、信息服务、教学科研等环节都要借助城镇的要素集聚中心、加工中心、交通中心、信息中心、教育科研中心等多种中心的功能。在这一过程中，农业现代化既支持城镇化，城镇化又引导和带动农业现代化，可以实现城镇

---

① 罗必良：《现代农业发展理论》，中国农业出版社2009年版，第3页。
② 刘奇：《现代农业规模化的五大着力点》，《中国发展观察》2013年第3期。

化和农业现代化的良性互动和协调发展。

二　日本城镇化和农业现代化相互协调发展经验借鉴

在农业现代化和城镇化发展条件方面，日本与我国有着诸多相似之处，如农业资源条件是人均耕地少、山地较多等，农业生产广泛存在小规模的家庭经营和兼业农户、城镇化推进速度快等。这种相似性决定了日本的经验对我国有一定的借鉴价值。

（一）日本农业特点

1. 农业资源条件较差

日本是个岛国，由北海道、本州、四国和九州 4 个大岛及一些小岛组成，统称日本列岛。国土面积 37.77 万平方千米，相当于我国的 1/25，山地和丘陵约占总面积的 80%，人口 1.28 亿，人口密度 343 人/平方千米，是世界人口密度最大国家之一，属于典型的人多地少国家。[①] 2012 年耕地面积约 454.9 万公顷，人均耕地不足 0.04 公顷。

2. 农业基础设施完善

日本位于欧亚大陆东侧的季风地带，降雨量大，每年的平均降雨量为 1728 毫米，而地形以山地为主。为了充分利用流入大海之前的降雨，大量建设了堤防、蓄水池、引水渠等水利设施，并且由相关联的全体农户共同维护，这使日本的灌溉设施建设技术保持世界最高水平。[②]

3. 以农户为基本单位的小规模经营为主

与美国的大规模农场相比，日本农业的经营规模较小（见表 2 - 1）。除因为耕地资源短缺外，一个重要原因是第二次世界大战后，日本进行了比较彻底的农地改革，规定在外地主或所占土地超过 1 町步[③]的土地将被强制收购，优先转让给佃农。改革的结果是，租种耕地总面积的八成被收购，自耕土地的比例超过九成。但是，这种改革

---

① 杨万江：《工业化城市化进程中的农业农村发展》，科学出版社 2009 年版，第 61 页。

② ［日］神门善久：《日本现代农业新论》，董光哲等译，文汇出版社 2013 年版，第 65 页。

③ 町步：日本传统的土地面积单位，1 町步约为 99.2 公顷。

也使耕地变得零散，农户平均拥有耕地 1 公顷左右，为以后农业规模化经营留下了难题。[①] 随着城镇化推进，日本农用地价格不断提高，据日本农林水产省调查统计，2000 年，日本农用地价格是美国的 113 倍[②]，导致耕地流转困难。

表 2 - 1　　　　　　美国和日本近百年来的农业经营规模变化

		1920 年	1960 年	2008 年
美国	农场数（个）	6518	3962	2200
	平均耕地规模（公顷）	147	297	418
日本	农场数（个）	5486	6057	3438
	平均耕地规模（公顷）	1.1	1.0	1.5

资料来源：中国科学院中国现代化研究中心编：《农业现代化的趋势和路径》，科学出版社 2013 年版，第 19 页。

4. 农业现代化程度高

农业机械化水平高。20 世纪 60 年代初，城镇化快速推进使日本农业劳动力开始短缺，日本结合本国山地多、耕地狭小和分散的特点，研制各种适宜的中小型农业机械。到 1966 年，基本实现农业的机械化，每 100 户农民拥有拖拉机 112 台、插秧机 53 台、联合收割机 30 台。[③] 农业的机械化覆盖了除施肥之外的几乎整个农业生产过程。到 1990 年，拥有 5 公顷以上较大规模耕地的农户，每 100 户农民平均拥有耕耘机和拖拉机 204 台、插秧机 75 台、捆割机和联合收割机 92 台。在拥有 0.3—0.5 公顷的小规模耕地农户中，上面的农用机械拥有量分别是 93 台、42 台、55 台。[④] 在农田基础设施完善的条

① ［日］冈部守、章政等编著：《日本农业概论》，中国农业出版社 2004 年版，第 6 页。

② 同上书，第 25 页。

③ 刘奇：《家庭经营是新型农业经营体系的主体》，《农民日报》2013 年 6 月 1 日第 3 版。

④ ［日］冈部守、章政等编著：《日本农业概论》，中国农业出版社 2004 年版，第 89 页。

件下，适宜的农业机械化使得夫妇二人能够独立经营 10 公顷左右耕地，这为劳动力从农业中转移出来进入城镇创造了条件。

劳动生产率和单位产出大。例如，我国板栗平均亩产 15—20 千克，日本为 150 千克，是我国的 7—10 倍。[①]

5. 农业的兼业化和劳动力老龄化问题突出

1960—1985 年，日本从事非农业活动为主的劳动力在农业劳动力中所占比重由 17.7% 提高到了 45.3%，兼业农户由 65.7% 提高到 85.6%，其中第一类兼业农户由 33.7% 减少到 17.8%，而第二类兼业农户由 32% 增加到 67.8%[②]，农户的高兼业性使日本成为世界上农民兼业化程度最高的国家。以水稻种植为例，现在日本有超过 200 万农户种植水稻，但是，以种植水稻为主要收入来源的农户仅有 8 万户，剩余的农户大多数为小规模的兼业农户。[③]

日本在城镇化推进过程中，农村大量年轻劳动力进入城镇，农业劳动力老龄化越来越严重。按照农业就业人口计算，1985—2005 年，农业就业人数由 636.3 万人减少到 335.3 万人，但年龄在 65 岁以上的农业就业人口数量反而由 185.5 万人增加到 195.1 万人，所占比例由 29% 上升到 58% 以上。[④] 这直接导致大量耕地被弃耕，2005 年弃耕的土地占总耕地的 9.7%。再加上日本耕地少，使农产品自给率不断下降，农产品的供给对国际市场依赖很大。1965 年食品热量总自给率为 73%，1975 年、1999 年分别降至 54%、40%，谷物自给率由 1965 年的 62% 下降到 1999 年的 27%。[⑤] 2011 年，日本政府公布的日本食物自给率为 39%，其中超过 60% 的食物要依赖进口，除大米基

① 罗晓梅等：《西部自我发展能力的政策创新研究》，中国社会科学出版社 2013 年版，第 255 页。

② 第一类兼业农户是以农业收入为主的农户；第二类兼业农户是以非农业收入为主的农户。

③ ［日］神门善久：《日本现代农业新论》，董光哲等译，文汇出版社 2013 年版，第 62 页。

④ 杨万江：《工业化城市化进程中的农业农村发展》，科学出版社 2009 年版，第 71 页。

⑤ ［日］冈部守、章政等编著：《日本农业概论》，中国农业出版社 2004 年版，第 18 页。

本自给、蔬菜75%以上自给外，其他主要的农产品都要依赖进口，特别是89%的小麦、36%—37%的畜产品、75%的大豆依赖进口。[①]

（二）日本城镇化和农业现代化相互协调发展历程及主要做法

1. 城镇化快速推进，农业劳动力大幅减少

日本的城镇化进程虽然比西欧发达国家晚了100多年，但城镇化速度很快。19世纪90年代以后，日本进入城镇化发展时期，其间受战争的影响，城镇化的进程出现过反复，1945年日本城镇化率只有27.8%。第二次世界大战后，随着经济的高速增长，日本的城镇化进入快速发展阶段，1970年城镇化率上升到72%，而且增加的城镇人口1/3涌向了东京、阪神和名古屋三大都市圈。[②] 2011年，城镇化率91.3%，远远超过东亚地区55.6%的平均水平。[③]

伴随城镇化水平大幅提高，农业劳动力大幅减少。同时非农产业高速发展使村水产农业占GDP比重大幅度减少（见表2-2）。这为增加农业补贴、重组农业经济要素、推进农业机械化和农业规模化创造了很好的外部条件。

表2-2　　　　　农林水产业占就业总人口及GDP比重　　　　单位:%

年份	农林水产业占就业人口比重	农林水产业占GDP比重
1955	39	21
1960	32	13
1970	20	6
1980	11	4
1990	7	3
1995	5	2
2000	5	1.9
2005	4	1.6

资料来源：[日] 神门善久：《日本现代农业新论》，董光哲等译，文汇出版社2013年版，第4—5页。

---

① 王明利等：《中国牧草产业经济》，中国农业出版社2012年版，第165页。

② 建设部城乡规划司、中国城市规划设计研究院：《国外城镇化模式及其得失》，《城乡建设》2005年第5、7、8期。

③ 严圣禾：《日本城镇化建设可圈可点》，《光明日报》2013年1月26日第8版。

2. 城镇反哺农业, 农业现代化快速推进

日本在城镇化快速推进过程中, 城镇不断反哺农业, 支持农业在较短的时间里实现了现代化。

(1) 城镇反哺农业。日本是世界上少数对农业实行高补贴的国家。据经合组织调查, 2000 年日本对农业的补贴占 GDP 的 1.4%, 而当年的农林水产业增加值只有 1.9%, 即农业补贴接近农林水产业增加值。日本农业补贴类型主要有: ①收入补贴。主要是对山区和半山区农民进行直接补贴。②生产资料购置补贴。农户建立或改造农业生产设施, 可以从中央财政获得 50% 的补贴, 从都、府、县得到 25% 的补贴, 其余 25% 能够从得到国家补贴的金融机构贷款; 一些地区还可从地方市、町财政得到 12.5% 的补贴。③一般政府服务。包括培养农业人才、乡村建设、支持农协发展等。④农业保险补贴。日本政府直接参与农业保险计划, 凡农业经营达到一定规模的农户必须参加农业保险, 政府对农作物保险的保费补贴高达 50%—80%。① 但是, 日本过分保护农业也带来一个问题, 即主要农产品价格远远超过国际市场价格, 在国际市场缺乏竞争力。

(2) 适时调整农地经营规模。20 世纪 50 年代日本为防止农民失去耕地, 注意控制耕地的流转和集中。1952 年日本颁布的农地法案规定, 每个农户所有的土地不得超过 3 公顷 (北海道为 12 公顷)。② 但从 1950 年后期开始, 日本政府鼓励耕地流转来扩大农户经营规模, 改变原来的小农经营模式。1961 年颁布的《农业基本法》试图通过扩大农户经营规模以提高农业生产效率, 1970 年修改了《土地法》, 废除了以前对农业租佃的限制, 鼓励出租和租赁土地发展核心农场。鼓励协作经营、委托经营等多种方式的耕地使用权流转, 扩大农户经营规模。2009 年 6 月, 日本对农地法进行了大规模的修订, 进一步放松了农地流转限制。结果, 日本农户经营规模逐步扩大, 经营耕地规

---

① 孙蓉、朱梁:《世界各国农业保险发展模式的比较及启示》,《财经科学》2004 年第 5 期。

② 冯海发:《农村城镇化发展探索》, 新华出版社 2004 年版, 第 232—234 页。

模小于 0.5 公顷的农户数量由 60 年代初期的 200 万户下降到 2005 年的 45.2 万户，占农户比重由 40% 以上下降到 23.3%，而经营 2 公顷以上的农户自 70 年代逐步增加到 30 万户以上，所占比重由第二次世界大战初期的 3% 上升到 2005 年的 15.7%（不包括北海道）。①

（3）政府注重保护耕地。日本耕地资源十分稀缺，政府一直采取法律等措施控制农业土地非农化流转。日本制定了《农地法》（1952）、《农业基本法》（1961）、《过疏地域对策特别措施法》（1970）等多部法律规范农地征用，规定征用农地必须经过一系列严格的程序：申请征地—登记土地和建设物—起业者与地权人达成征购协议—申请征用委员会裁定—让地裁定—征用终结。同时，征用土地必须给予原地权人合理、足值的赔偿。这些赔偿包括征用损失赔偿、通损赔偿、少数残存者赔偿、离职者赔偿、事业损失赔偿等。尽管日本城镇化、工业化快速推进，但耕地面积下降幅度有限。1970 年耕地面积为 579 万公顷，1980 年为 546 万公顷，1990 年为 524 万公顷，2000 年为 483 万公顷②，30 年间耕地面积只下降 16.5%。

（4）支持农业专业化生产，提高农民组织化程度。首先，提高农产品专业化生产水平。经过第二次世界大战后的农业改革，日本农村变成了以自耕农为主的社会。③ 为了提高农业专业化生产水平，日本各级地方政府发挥本地农业的比较优势，开展了大规模的"一村一品"运动，建设高品质农产品专业生产区，同时建立完善的农产品批发和流通网络。其次，提高农民的组织化程度。日本在借鉴欧美国家现代农业发展经验的基础上独创了适合本国国情的农协制度，将小而分散的农户纳入完善和强大的农协组织体系。农协的主要作用有：一是代表数量众多的分散的小农与政府和企业谈判，保障农民的利益；二是在农户和市场之间起桥梁作用，有效地解决小农户与大市场之间

---

① 杨万江：《工业化城市化进程中的农业农村发展》，科学出版社 2009 年版，第 64 页。

② 同上书，第 63 页。

③ ［日］神门善久：《日本现代农业新论》，董光哲等译，文汇出版社 2013 年版，第 33 页。

的矛盾；三是为小农户提供生产服务，满足其在生产要素供给和农产品销售等方面的需求。

（5）支持建立完备的农业技术推广体系。日本的农业技术推广由政府的农业部门和农协共同负责，政府的"地域农业改良普及中心"拥有数百名通过国家考试的农业技术员以及1万多名通过地方考试的农业改良普及员；农协系统有近两万名营农指导员，构建了从中央到地方一套完整的农业技术推广组织体系①，保证了农业技术推广。

3. 实现了城乡一体化

日本没有农村人口概念，大中城市郊区及交通发达地区的农村已出现农户人口与非农户人口融合的现象。近年来，由于不少城市居民迁入房价低廉、环境优美的农村地区，居住农村地区的人口呈增加态势②，出现逆城市化现象。

（三）日本城镇化和农业现代化相互协调发展经验借鉴

1. 发挥政府主导作用，积极推进农业现代化

日本农业资源禀赋较差，但能够在较短的时间内实现了农业现代化，其中一个非常重要的原因是政府发挥主导、扶持作用。一是政府通过制定发展规划、相关法律等，扶持和推动农业现代化；二是政府不断加大对农业的投入，提高农民生产积极性；三是通过对农产品市场干预，稳定农产品供给和价格，保证农民的合理收益和农业生产的积极性。

2. 选择符合本国实际的城镇化道路

日本耕地资源十分稀缺，为了节约耕地，提高资源利用效率，城镇化的路径是重点发展以东京、名古屋、大阪为核心的城市群，进而发展成城市带，用20%的国土集聚了55%左右的人口和70%以上的工业产值。③

3. 注重城镇化和农业现代化协调发展

日本农业占国民经济的比重不高。2012年农业增加值只占GDP

---

① 宣杏云：《国外农业现代化的模式及其借鉴》，《江苏农村经济》2006年第5期。
② 刘志仁：《日本推进农村城市化的经验》，《中国农村经济》2000年第3期。
③ 冯海发：《农村城镇化发展探索》，新华出版社2004年版，第235页。

的 1.2%[①]，但在城镇反哺农业等措施支持下，不断提高农业现代化水平，基本实现了城镇化和农业现代化相互协调发展和城乡一体化。

三 发达国家城镇化和农业现代化相互协调发展启示

尽管各个发达国家农业资源禀赋、社会经济等方面有较大差异，城镇化和农业现代化协调发展的道路和特点不同，但一些共同的经验教训可供我们借鉴。结合我国国情，我们可以得到以下几点启示。

（一）农业现代化是城镇化的基础和初始动力

发达国家城镇化、农业现代化的发展历程表明，一方面，农业现代化为城镇化提供了农业剩余劳动力与稳定的农产品来源，保障了城镇化顺利进行。另一方面，为城镇工业产品提供了广阔的销售市场。这些国家在城镇化过程中非常重视农业现代化，农业现代化水平都较高，农业现代化和城镇化相互促进，这也是其城镇化成功的基本经验。

（二）城镇的支持是农业现代化的重要保障

纵观发达国家农业现代化的历程可以发现，这些国家在城镇化过程中和完成后，城镇反哺农业。一是国家财政直接对农业投资，促进农业发展。二是对农民补贴。实行从农业基础设施、农产品生产、流通、销售到出口的全面补贴，具体有农业信贷补贴、农业保险补贴、农业灾害补贴、农业环保补贴、农产品价格补贴等。2002 年，美国、欧盟、日本的农业补贴总额高达 3000 亿美元，占世界各国农业补贴总额的 80% 左右。发达国家农场主收入约有 40% 来源于政府对农业的补贴。[②] 这些补贴促进了农民收入提高、刺激了农民经营农业的积极性、保障了以粮食为主的农产品稳定供给。

对我国来说，推进农业现代化也需要城镇的支持，而且已经具备了这样的条件。但考虑到我国农业人口规模过大、城镇化处于中期阶段的客观条件，在提高国家对农业的投入的同时，又要注意国家的承

---

① 国家统计局编：《中国统计年鉴（2014）》，中国统计出版社 2014 年版，第 923 页。
② 朱艳春：《〈农业协定〉与国外农业补贴对我国农业发展的启示》，《新疆师范大学学报》（哲学社会科学版）2007 年第 2 期。

受能力和提高投入效果，防止对农民困难坐视不管和财政负担过重两种极端情况的出现。

（三）立足本国实际推进农业现代化和城镇化协调发展

1. 立足本国实际推进农业现代化

第一，强化耕地保护，推进土地适度规模化经营。耕地是农业发展的根本，即使像美国这样耕地丰富的国家，也制定了《农地政策保护法》等法律约束和规范城镇化进程中征用农地的行为。我国耕地缺乏，更要严格保护耕地。实行土地适度规模经营是发达国家农业现代化的重要基础。但土地适度规模经营的"适度"却各有不同，如美国人均可耕地资源十分丰富，农业从业人员劳均耕地面积可达上千亩。而像日本等人均可耕地面积很少的国家，劳均土地规模相对较少，1999 年日本农业从业人员劳均耕地面积 23.2 亩。但这与我国的农业劳均 3.6 亩相比，还是要高得多。①

第二，结合本国实际，发展适宜的农用机械和农业技术。例如美国注意发展大型农业机械，日本着力发展中小型农业机械。

第三，提高农民素质，培育现代农业经营主体。实现农业现代化的国家都十分重视提高农民素质，建立起一整套农业教育、科研、推广体系。例如，2008 年美国受过高等教育的农场主超过 60%；日本农民中接受过高等教育的占 40%。② 高素质的农民保证了农业新技术的应用和劳动生产率的提高。

第四，坚持农业家庭经营，提高农民的组织化程度。无论是美国还是日本，农业生产的主要承担者是农户，有 80% 以上属于家庭农场。③ 但在市场经济中，农业家庭经营有着天然的缺陷，为了提高农民的生产专业化水平、市场竞争力和话语权，实现了农业现代化的国

———————

① 杨万江：《工业化城市化进程中的农业农村发展》，科学出版社 2009 年版，第 84页。

② 中国科学、中国现代化研究中心编：《农业现代化的趋势和路径》，科学出版社 2013 年版，第 20 页。

③ 刘奇：《家庭经营是新型农业经营体系的主体》，《农民日报》2013 年 6 月 1 日第 3版。

家都有功能齐全的农业合作组织，如美国的"合作社"或日本的"农协"等。美国90%以上的农场主参加了合作社，合作社销售的农产品占农产品总销售量的1/3以上，农场主使用的农业生产资料的1/3是通过合作社购买供应的。[①]

另外，还要建立完善的农村金融服务体系等。

2. 制定适合本国国情的城镇化战略

在遵循城镇化一般规律的基础上，充分考虑本国国情，走适合本国国情的城镇化路子。例如，日本在市场选择的基础上加大政府调控引导的力度，走城市群的城镇化路子，而美国城市群和中小城市都很发达。

（四）在农业现代化进程中必须合理发挥好政府和市场作用

在农业现代化不同时期，政府及时调整政府和市场作用。美国早期的农业现代化主要依靠市场自发调节，但是，从1929年经济大危机后，美国开始有意识地对农业实施保护，每隔五年美国政府就出台一个"农业法案"，平衡城乡经济发展。而日本农业现代化主要依靠政府的推动和干预，及时调整农业经营规模、大规模反哺农业，较快实现了城镇化和农业现代化相互协调发展。我国处在农业现代化成长阶段，农业自我发展能力不足，需要政府及时调整农业政策，加大反哺农业力度，加快推进农业现代化。

第二节　国内城镇化和农业现代化相互
协调发展经验借鉴

本节总结分析我国及东部苏南地区城镇化和农业现代化相互协调发展的历程和经验，为本书研究提供借鉴。

一　我国城镇化和农业现代化相互协调发展历程及启示

回顾历史，在计划经济时期我国农业支持工业化和城镇化，使农

---

① 冯海发：《农村城镇化发展探索》，新华出版社2004年版，第99页。

业现代化滞后城镇化和工业化。改革开放后，城镇化推进较快，城镇化率从 1978 年的 17.92% 快速提高到 2015 年的 56.1%。但农业现代化一直滞后于城镇化。目前，回顾新中国成立以来城镇化和农业现代化相互协调发展历程、总结经验等方面的研究相对较少。

（一）新中国成立以来我国城镇化和农业现代化相互协调发展历程

新中国成立时基本上是传统农业国家，城镇化、农业现代化的程度都很低。1949 年大陆地区只有 69 座城市，县城及建制镇大约有 2000 个，城镇人口 5765 万，城镇化率为 10.6%。[①] 之后，我国城镇和农业的关系经历了比较复杂的发展过程，大体上可分为五个阶段。

1. 农业支持城镇化、农业和城镇化相对协调发展阶段（1949—1957 年）

新中国成立初期，农村实行土地改革，农民实现了"耕者有其田"的梦想，激发了农民巨大的生产积极性，农业生产迅速恢复和发展，农业产出增加，城镇化和农业发展基本同步。在国民经济恢复时期的 1950—1952 年，我国的粮食产量和国家控制的商品粮数量都在逐年增加。粮食、棉花总产量由 1949 年的 11318 万吨、44.44 万吨分别增长到 1952 年的 16391.1 万吨、130.37 万吨，分别增长了 51%、193.7%。[②] 但是，这时农业是典型的传统农业，1952 年我国农业机械总动力只有 25 万马力，大中型拖拉机 1307 台，联合收割机 284 台。[③] 这时，我国要进行工业化，在缺乏其他资金来源的情况下，发展资金只能大部分来自农业。1952—1957 年，国家通过税收、"剪刀差"和储蓄等途径，从农业转移到城镇的资金有 461.43 亿元，占"一五"时期 531.8 亿元预算投资总额的 86.9%。[④] 这使农业技术装

---

① 刘传江、郑凌云等：《城镇化与城乡可持续发展》，科学出版社 2004 年版。

② 李主其等：《新时期我国农业现代化道路研究》，经济科学出版社 2013 年版，第 28—29 页。

③ 中国农业年鉴编辑委员会编：《中国农业年鉴（1980）》，中国农业出版社 1981 年版，第 39 页。

④ 陆世宏：《中国农业现代化道路的探索》，社会科学文献出版社 2006 年版，第 47 页。

备难以改善，制度变革的潜力释放后，农业生产效率难以进一步提高。

这一时期，我国城镇化发展较快，城镇人口由 1949 年的 5765 万人增加到 1957 年的 9949 万人，增长了 72.58%；同时，城镇化水平从 10.6% 提高到 15.4%，8 年提高了 4.8 个百分点；设市城市数量从 135 个增加到 178 个。① 这个时期不仅农村人口流向城镇，城镇人口也向农村流动，呈现出较为明显的城乡双向流动态势，是新中国成立后城乡关系比较协调的时期。但是，随着城镇化水平的提高，对农产品的需求大幅增加，1953 年国内粮食贸易量由上年的 467.8 亿斤猛增到 613.2 亿斤，增加了 31.2%。② 城镇粮食供应开始紧张，农业难以支撑城镇化的进一步发展。

在农业生产力水平难以快速提高的情况下，国家开始通过控制粮食收购和供应来保证城镇化和工业化。1953 年 10 月，中共中央做《关于实行粮食的计划收购与计划供应的决议》，实施粮食统购统销政策，国家全面控制粮食的采、供、销等环节，以保障城镇粮食供应。1955 年 10 月开始实行粮食定量供应制度，城镇居民凭票证购粮。③

2. 农业生产和城镇化出现较大波动阶段（1958—1963 年）

在城镇化方面，城镇化经历了大起大落。由于"大跃进"期间急于实现工业化，开办了大量工业企业，农村劳动力爆发性地涌进城镇，致使城镇化进入一个过快发展阶段。1958—1960 年，城镇新增人口 3100 万，新设城市 33 座④，1960 年城镇化率达到这一时期的最高值 19.75%（这也成为 1978 年以前的最高值）。

在农业方面，农业生产技术没有有效提高，同时农业政策出现一些失误，导致粮食产量出现较大波动，1961 年我国粮食产量下降到 13650 万吨，比 1958 年减产 6115 万吨，下降幅度为 30.94%。⑤ 人均

---

① 徐同文：《地市城乡经济协调发展研究》，社会科学文献出版社 2008 年版，第 162 页。

② 陆世宏：《中国农业现代化道路的探索》，社会科学文献出版社 2006 年版，第 41 页。

③ 汤水清：《论新中国城乡二元社会制度的形成》，《江西社会科学》2006 年第 8 期。

④ 胡顺延：《中国城镇化发展战略》，中共中央党校出版社 2002 年版，第 93 页。

⑤ 韩俊主编：《14 亿人的粮食安全战略》，学习出版社 2012 年版，第 52 页。

占有粮食从 1958 年的 303 千克锐减至 1960 年的 217 千克。在这种情况下，国家从 1961 年开始动员城镇人口返回农村，到 1963 年年底，全国返乡城镇人口 1887 万人，城镇化率下降到 16.8%[①]，三年下降 2.95 个百分点。

3. 农业支持城镇、城镇化停滞和农业现代化起步阶段（1964—1978 年）

1965—1978 年我国城镇化率徘徊在 17% 左右，几乎没有提高，甚至出现一定程度的"逆城镇化"。如 1962—1979 年，全国下乡的城镇知青累计有 1776 万人，同时还有数百万机关干部和职工下放农村劳动。[②]

城镇化停滞的一个重要原因是农业现代化水平不高。我国通过工农产品价格"剪刀差"的不平等形式，以较低的价格强制性地把农业剩余转移到了城镇与工业。1950—1978 年的 29 年中，政府通过工农产品价格"剪刀差"大约转移了 5100 亿元，同期农业税收入 978 亿元，财政的农业支出 1577 亿元，政府提取农业剩余净额为 4500 亿元，平均每年从农业部门获得的资金净额达 155 亿元。[③] 由此农业缺乏资金积累，生产工具难以改善，农业劳动生产率增长缓慢，农业现代化总体水平很低。到 1978 年，机耕面积、灌溉面积占耕地总面积的比重分别只有 27.0%、29.9%，每公顷化肥施用量 58.8 千克、拥有农业机械化总动力只有 0.78 千瓦。粮食商品率几乎没有提高，1952 年为 20.3%，1978 年仍是 20.3%。[④]

这个时期我国农业现代化开始起步。从表 2-3 可以看出，由于 1965 年基数较低，1965—1978 年，我国农业现代化发展速度较快，农机总动力、机耕面积、化肥使用量分别提高了 9.7 倍、1.6 倍、3.5 倍。另外，建立了从国家、省（市、区）、地（市）级、县级、公社

①　方创琳等：《中国城市化进程及资源环境保障报告》，科学出版社 2009 年版，第 82 页。

②　田钊平、胡丹：《基于制度变迁视角城镇化与经济协调发展研究》，中国社会科学出版社 2013 年版，第 96 页。

③　辛向阳：《反哺农业支持农村》，《前线》2006 年第 1 期。

④　陆世宏：《中国农业现代化道路的探索》，社会科学文献出版社 2006 年版，第 222 页。

五级较为严密的农业科学研究和推广机构，修建起完整的水利系统。加上农业劳动力投入增长较大，1965 年和 1978 年，农业从业人员分别为 23396 万人、28318 万人[①]，增长了 21.0%。使我国粮食总产量得到较大提升，1978 年粮食产量达到 30476.5 万吨，比 1965 年增加 11023.5 万吨，增长了 56.6%。但是，由于人口总数较快增长，1978 年，人均占有粮食只有 316 千克，只略高于 1957 年的水平。这也说明，当时在传统农业为主的基础上采用农业集体生产方式，我国农业支撑城镇化率的极限是 17% 左右。

表 2 - 3　　　　　1965—1978 年我国农业生产条件改善情况

年份	农机总动力（万马力）	机耕面积（万顷）	灌溉面积（万顷）	化肥用量（万吨）	农村用电量（亿度）
1965	1494	1557.9	3305.5	194.2	37.1
1978	15975	4067.0	4496.5	884.0	253.1

资料来源：国家统计局编：《中国统计年鉴（1984）》，中国统计出版社 1984 年版，第 169—175 页。程漱兰：《中国农村发展：理论和实践》，中国人民大学出版社 1999 年版，第 267 页。

4. 农业支持城镇、农业现代化和城镇化快速发展阶段（1979—2000 年）

农业现代化持续推进，农业生产效率不断提高。中共十一届三中全会以后推行农村家庭联产承包制，确定了农业的家庭经营模式和农民在农业生产中的主体地位，解决了人民公社制度中农业生产监督成本过高和激励不足的问题，极大地提高了农民的生产积极性（见表 2 - 4）。农业生产开始由小农生产向专业化、商品化生产转变，农业机械动力增长了 347.4%，人均粮食产量不断增加。农业就业比重下降了 20.5 个百分点（见表 2 - 5），越来越多的劳动力从农业中分离出来，为城镇化持续推进创造了基本条件，城镇化率也提高了 18.3

① 国家统计局编：《中国统计年鉴（2014）》，中国统计出版社 2014 年版。

个百分点。不过，这个时期国家继续实行"偏向城市"的分配格局。仅 1979—1994 年的 16 年，政府通过工农产品"剪刀差"取得了 15000 亿元收入，同期农业税收入 1755 亿元，财政中农业支出 3769 亿元，政府获得农业转移资金净额为 12986 亿元，平均每年从农业部门流向城镇的资金 811 亿元①，这也不断强化城乡二元结构。

城镇化快速推进。1978—2000 年我国城市由 193 个增加至 663 个，增长了 243%；建制镇由 2173 个增至 19692 个，增长了 806%；城镇总人口由 17245 万人增至 45844 万人，增长了 165%；城镇化率由 1978 年的 17.92% 增长到 2000 年的 36.22%，年均提高 0.83 个百分点。

表 2-4　　　　家庭联产承包责任制实施前后粮食总产量、
单产、人均等数据比较

年份	全国粮食单产（千克/公顷）	粮食总产量（万吨）	按人口平均的粮食产量（人/千克）	粮食播种面积（千公顷）	农业投入占财政总支出（%）
1975	2350	28451.5	310.47	121062	12.1
1978	2527	30476.5	318.74	120587	13.4
1979	2785	33211.5	342.74	119263	13.6
1980	2734	32055.5	326.69	117234	12.2

资料来源：中华人民共和国农业部编：《新中国农业 60 年统计资料》，中国农业出版社 2009 年版。

表 2-5　　1978 年和 2000 年农业现代化和城镇化率基本情况比较

	农业机械总动力（万千瓦）	化肥施用量（万吨）	粮食产量（万吨）	人均粮食（千克/人）	城镇化率（%）	第一产业就业比重（%）
1978 年	11749.9	884.0	30476.5	318.74	17.92	70.5
2000 年	52573.6	4146.4	46217.5	365.90	36.22	50.0
增长（%）	347.4	369.0	51.6	14.8	提高 18.3 个百分点	下降 20.5 个百分点

注：第一产业主要指农业。下同。

资料来源：根据《中国统计年鉴》（2001、2012）整理。

---

① 姬亚岚：《多功能农业与中国农业政策》，中国农业出版社 2012 年版，第 155 页。

5. 城镇反哺农业，城镇化和农业现代化趋于协调阶段（2000 年至今）

进入 21 世纪，我国城镇化呈加快发展态势，2013 年城镇化率达到 53.7%，2000—2013 年城镇化率年均提高 1.34 个百分点，比 1978—2000 年的平均速度提高了 63%。特别是 2011 年以后，城镇化率突破 50%，城镇人口超过农村人口，城乡结构发生了根本性变化，由以农业社会为主进入到以城镇社会为主的发展阶段，具有历史性意义。

在这一背景下我国城镇和农业关系开始发生根本性变化，即由以前的农业支持城镇、工业逐渐转变为"工业反哺农业、城市支持农村"。首先是对农业"少取"。国家连续出台政策，不断减少对农业的索取。2000 年 3 月，中共中央、国务院出台了《关于进行农村税费改革试点工作的通知》，开始在安徽及全国一部分县（市）进行取消乡统筹及农村教育集资等行政事业收费、调整农业和农业特产税等改革试点。2003 年我国人均 GDP 超过 1000 美元，具备了城镇支持农业的基本经济条件，当年国务院出台《关于全面推进农村税费改革试点工作的意见》，明确提出逐步降低农业税税率，有条件的地方可以免征农业税。2006 年 1 月 1 日我国废止《农业税条例》，标志着农业与城镇的关系发生了根本性变化。其次是对农业"多予"。2002 年以后，逐步实施粮食直接补贴、良种补贴、农机具购置补贴、农资增支补贴以及粮食最低收购价政策，开始城镇全面反哺农业。

城镇反哺农业对推进农业现代化产生了积极的作用（见表 2 - 6）。一是实行农业补贴和粮食最低收购价政策提高了农民种粮的积极性，我国首次实现了粮食的"十连增"。粮食产量从 2000 年的 46217.5 万吨增长到 2013 年的 60193.8 万吨，人均粮食占有量从 365.9 千克增长到 442.3 千克。粮食问题不再是制约城镇化发展的主要问题。二是农业现代化程度大幅提高。2000—2013 年，农业机械总动力提高了 97.6%，化肥施用量提高了 42.5%。小麦主产区基本实现了全程机械化，水稻机插、机收和玉米机收开始普及，农业生产效率提高使更多的农民能够从农业中转移出来进入城镇，2000—2013

年，农业就业比重下降了 18.6 个百分点，城镇化率提高了 17.48 个百分点。

表 2-6　2000 年和 2013 年农业现代化和城镇化率基本情况比较

	农业机械总动力（万千瓦）	化肥施用量（万吨）	粮食产量（万吨）	人均粮食（千克/人）	城镇化率（%）	第一产业就业比重（%）
2000 年	52573.6	4146.4	46217.5	365.9	36.22	50.0
2013 年	103906.8	5911.9	60193.8	442.3	53.7	31.4
增长（%）	97.6	42.5	30.2	21.0	提高 17.48 个百分点	下降 18.6 个百分点

资料来源：根据《中国统计年鉴（2014）》整理。

（二）我国城镇化和农业现代化相互协调发展历程的启示

通过对我国城镇化和农业现代化相互协调发展历程的回顾和分析，可以得出如下经验及启示：

1. 城镇化和农业现代化需要协调发展

历史经验表明，农业现代化是城镇化的基础，农业剩余始终是制约城镇化的基础性因素。在新中国发展史上，凡是农业发展较好的时候，城镇化就能顺利进行；反之，城镇化就会出现曲折。城镇化速度同农业现代化水平密切相关，两者同向变化，呈现明显的正相关关系（见表 2-7）。特别是我国城镇化人口规模巨大，农产品供给必须立足自身解决。因此，要使城镇化顺利推进，就必须同步推进农业现代化。

表 2-7　我国城镇化的变化与农业增长率的关系

年份	农业年平均增长率（%）	城镇化率变化百分点（个）
1952—1978	2.41	+5.46
1978—1990	3.23	+8.49
1990—1998	3.71	+9.68

资料来源：冯海发：《农村城镇化发展探索》，新华出版社 2004 年版，第 28 页。

2. 确保粮食安全是我国农业现代化和城镇化的首要任务

农业现代化首先要保障粮食和主要农产品供给，"有粮则稳、无粮则乱"。回顾历史可以看到，粮食生产能力决定了我国城镇化水平。计划经济时期我国人均占有粮食由 1949 年的 209 千克上升到 1978 年的 318 千克[①]，城镇化率也由 1949 年的 10.6% 提高到 1978 年的 17.92%。随着城乡居民收入水平提高和大量人口从农村向城镇转移，食物消费结构将持续升级，对肉蛋奶等粮食转化而来的农产品消费需求将不断增长。同时粮食的工业用途扩展，工业用粮总量也将持续增加。从近几年看，我国粮食需求刚性增长，每年需求增加 40 亿千克，粮食供求将会长期处于紧平衡状态。[②] 因此，农业现代化的首要任务是确保粮食安全。

3. 城镇反哺农业是推进农业现代化的重要条件

农业具有天生的弱质性，效益低于非农产业，因此农业现代化离不开城镇的支持。在计划经济时期，农业长期为城镇提供资金支持，农业现代化水平难以提高，也制约了城镇化的进一步发展。2000 年后，城镇反哺农业，在农业基础设施建设、农民培训、农业技术研发和推广、农产品生产和农机购置、农业信息服务等方面不断加大投入，农业现代化的进程明显加快。

4. 不断创新适应农业发展的体制机制是农业现代化的重要保证

在计划经济时期建立的人民公社制度窒息了农民的生产积极性，农业生产效率难以提高，使我国农产品长期处于紧缺状态。改革开放初期，针对当时农业生产力水平和农业特点，推行农村家庭联产承包制，从根本上改变了农民的激励机制，取得很好的效果，单位土地产出随之增加，在短短几年内就解决了城镇农副产品的供应问题。人民公社制度的终结与包产到户的成功给我们一个重要的启示是，农户经营是农业最适宜的经营方式。目前，我国农业现代化进入新的发展阶段，城镇反哺农业，农业科技和机械化水平大幅提高，城镇化转移了

---

① 徐逢贤：《中国农业发展战略的研究》，广西人民出版社 1998 年版，第 22 页。
② 刘文纪：《中国农民就地城市化研究》，中国经济出版社 2010 年版，第 183 页。

大量青壮年农业劳动力，相应地对农业的专业化、规模化、商品化生产提出更高要求。这就进入到邓小平同志所提出的农业"第二个飞跃……发展适度规模经营"① 时期。这需要我们及时培育农业新型经营主体，提高农民的科学技术水平和组织化程度，打造更多的农业社会化服务组织，创新农业经营机制。

二　我国苏南地区城镇化和农业现代化相互协调发展经验借鉴

传统意义的苏南是指苏州、无锡、常州三市，本书以传统意义的苏南为研究对象。苏南地区推进城镇化和农业现代化有比较优势：第一，传统农业比较发达，有"鱼米之乡"的美称。第二，地处长三角，是我国近代工业和民族工业的发祥地，又是改革开放以来经济先发地区，经济相对发达，工业化、城镇化水平较高，城镇反哺农业能力强。第三，农民的自身素质较高，创业的农民较多。第四，紧靠我国最大的经济中心上海，有利于接受其辐射。但是该地区农业发展也有不利条件，突出表现在：人多地少，人地矛盾尖锐；随着外来人口的快速增加、耕地不断减少，粮食等主要农产品本地自给率降低，由粮食主产区变为粮食主销区。目前，苏南地区是我国城镇化和农业现代化相互协调发展做得最好的地区之一，其经验值得我们借鉴。

（一）改革开放以来苏南地区城镇化和农业现代化相互协调发展历程

1. 城镇化快速推进

根据推动城镇化的主要力量可以将苏南城镇化分为三个时期：一是乡镇企业兴起带动小城镇发展；二是抓住经济外向型发展机遇，加快发展大中城市；三是全面推进城乡发展一体化。

（1）20 世纪 80 年代乡镇企业兴起带动以小城镇为主要形式的城镇化。80 年代，苏南乡镇企业迅速兴起，要素和产业在小城镇不断集聚，成为苏南城镇化的直接推动力。以苏州市为例，1984—1991 年，苏州市建制镇数量由 18 个增至 88 个，建制镇占乡镇总数由 9.95% 增

---

① 《邓小平文选》第三卷，人民出版社 1993 年版，第 355 页。

至 41.5%，建制镇非农人口占全市非农人口的 29.36%。① 基于这一时期苏南小城镇发展的成功，1983 年费孝通提出"小城镇、大战略"的农村就地城镇化道路，提倡通过发展小城镇推动我国城镇化发展。中共十五届三中全会的《中共中央关于农业和农村工作若干重大问题的决定》提出："发展小城镇，是带动农村经济和社会发展的一个大战略。"

（2）20 世纪 90 年代的外向型经济成为苏南城镇化的新动力，城镇规模不断扩大。1992 年，邓小平南方谈话以后，苏南外向型经济快速发展，城市新区、开发区、县城以上的城市成为苏南城镇化的重点区域。以苏州市为例，1998 年苏州市有国家级开发区 5 个，省级以上开发区 15 个。1984 年 7 月建立的昆山市开发区发挥区位优势，主动接受上海浦东辐射，2000 年有近 40 家跨国公司进入园区，园内"三资"企业 243 家，"三资"企业自营出口 20.12 亿美元②，推动了昆山城镇化。到 2007 年，苏南城镇建成区面积达到 2026.07 平方千米，是 2000 年的 1.8 倍。③ 外向型企业不仅吸纳了当地农业剩余劳动力就业，也吸引了大量外来农民工，2010 年，苏南外来农民工达到 1094 万人，其中外省流入 745.9 万人。④

（3）全面推进城乡发展一体化时期。苏南是我国较早推进城乡一体化的区域。21 世纪初，苏州市利用城市发展总体规划修编机会，打破城乡地域分割，率先实现市域规划全覆盖，推进城乡一体化发展，取得较大成就。苏州市所有乡镇能在 15 分钟内驶上高速公路，农村公交车或班车通达率达 99%。农村自来水普及率达到了 99%，已达

① 罗小龙、张京祥、殷洁：《制度创新：苏南城镇化的"第三次突围"》，《城市规划》2011 年第 5 期。

② 崔曙平、赵青宇：《苏南就地城镇化模式的启示与思考》，《城市发展研究》2013 年第 10 期。

③ 罗小龙、张京祥、殷洁：《制度创新：苏南城镇化的"第三次突围"》，《城市规划》2011 年第 5 期。

④ 崔曙平、赵青宇：《苏南就地城镇化模式的启示与思考》，《城市发展研究》2013 年第 10 期。

到城市水平。① 在推进城乡一体化发展过程中，工业化、城镇化为农业剩余劳动力提供了充足的非农就业途径，城镇通过城乡土地指标挂钩置换向农村输入大量资金。通过对农村"资源资产化、资产资本化、资本股份化"改革，保障了农民的土地及集体资产的权益，较好地解决了城乡一体化建设资金的来源和农民利益的保障问题。② 2013年苏州市城镇化率达 73.15%，农民人均纯收入 21578 元，城乡居民收入比为 1.91∶1。③ 苏南地区成为全国城乡收入差距最小、城乡发展最协调的地区之一。2014 年 3 月，国家发改委批复同意将苏州列为"国家发展改革委城乡发展一体化综合改革试点"。

2. 城镇化进程中协调推进农业现代化

苏南农业现代化是在 20 世纪 70 年代末国家引进日本农机设备在无锡、吴县等地建立农业现代化试验区开始的。④ 80 年代，为解决大量农民进厂务工所造成的土地"抛荒"问题，苏南各地积极探索土地承包经营权流转，发展规模经营。1987 年，苏南无锡县、吴县、常熟市率先成为全国农业现代化试验区，引导农业由小规模分散经营向集约化经营转变。在 1990 年年底的"江苏省第三次农业现代化试验区工作会议"上，江苏省决定将苏南三市列为省农业现代化试验区。⑤ 在政策的支持下，苏南农业现代化取得了令人瞩目的成就，江苏省明确提出力争 2015 年苏南等有条件的地方率先基本实现农业现代化。

（1）推进土地适度规模经营，不断创新土地经营方式。在稳定家庭联产承包制的基础上，探索土地适度规模经营。20 世纪 90 年代初，苏南推行"两田制"，把农户承包的土地分为口粮田和责任田，口粮田只承担农业税，而责任田除承担农业税外，还要完成定购任务。口粮田按人承包，每个农业人口均等一份，责任田以竞争承包方式交给

① 刘远：《苏南发达地区城乡一体化的经验及启示》，《学海》2012 年第 6 期。

② 同上。

③ 《苏州城乡一体化晋升国家级试点》，苏州市政府网站，http://www.suzhou.gov.cn/news/szxw/201403/t20140331_ 370974. shtml，2015 年 3 月 6 日。

④ 郑建初、李秉柏、马康贫：《发展持续高效农业推进苏南农业现代化建设》，《江苏农业科学》1999 年第 4 期。

⑤ 张卫：《农业现代化是苏南现代化的基础》，《江海学刊》1995 年第 10 期。

种田能手或骨干农户机械化规模耕种。

进入 21 世纪,发展土地股份合作社。即农民自愿将土地承包经营权入股组建土地股份合作社,由合作社开展适度规模经营,实行民主管理和按股分红。这既解决了家庭联产承包与适度规模经营的矛盾,又使土地承包经营权掌握在农民手里,探索出融承包制和合作制优势于一体的农业经营新模式。至 2009 年年底,苏州市共有土地股份合作社 577 家,入社农户 28.89 万户,入股耕地面积 46.66 千公顷,其中 92% 以上从事第一产业。[①] 平均每个合作社规模为 1212 亩,基本实现适度规模经营。吴中区胥口镇农民土地股份合作社的组建和发展是典型代表,该合作社设个人股和集体股两类股权,其中个人股 1380 股,由 883 户农户的 1380 亩土地经营权入股,成为股份合作社股东,并颁发股权证书;集体股 100 股,由集体经济组织以现金入股。农户入股的土地由镇资产经营公司统一规划、储备、开发、监督,实行市场化运作。股份合作社实行保底红利和根据效益浮动红利两部分分红,个人股每年每股保底分红 500 元。2003 年每股分红 600元,其中 100 元为浮动红利。[②] 2013 年,苏州市通过流转实现 91% 的承包耕地规模化经营,52.2% 的农民集中居住。[③]

(2) 城镇反哺农业,不断增加对农业的要素投入。强化城镇对农业投入。以苏州市为例,一是财政直接投资农业。2008 年之后苏州市级财政每年安排 3000 万元专项资金用于现代农业园区建设。二是强化补贴政策。除国家的"四项"补贴外,市级还有稻麦良种购种补贴、稻谷收购价外补贴、土地流转补贴等。三是建立健全农村生态补偿机制,对 1000 亩以上规模经营的水稻田,补偿 200 元/亩;10000亩以上规模经营的水稻田,补偿 400 元/亩;对县级以上生态公益林

---

① 刘敬阳主编:《苏州现代农业的理念与实践》,中国农业出版社 2012 年版,第 15—23 页。

② 中共苏州市吴中区委农村工作办公室:《农民·股民:股份合作改革吴中创新》,古吴轩出版社 2011 年版,第 114—117 页。

③ 苏州市统计局:《2013 年苏州市国民经济和社会发展统计公报》,中国统计信息网,http://www.tjcn.org/tjgb/201409/27546.html,2015 年 4 月 9 日。

每亩补偿 100 元；对处在水源地、重要生态湿地的行政村给予50 万—100 万元的补偿；探索建立耕地保护基金和粮食保障基金。[①] 总计每亩平均比西部地区多补贴 500 元。

不断提高农业机械水平。苏南地区农业机械化水平在全国处于领先地位。2013 年苏州农业综合机械化水平达到87%。[②] 太仓市稻麦耕翻、植保、收获机械化率达到 100%，粮油生产综合机械化水平达92%，农业综合机械化水平达82%，实现了 100% 的机插秧。[③]

不断引进现代种植技术。2008 年，太仓市在江苏省率先启动工厂化育苗工作，这种技术使秧苗根系受到保护，移栽时不受损伤，根系活力好，能获得高产；苗子轻，适合远距离运输和机械化移栽。工厂化育秧产出高，一亩地可以育 300 亩秧苗，比大田育秧多出 50 倍。[④]

政府不再从农业转移资金。吴中区制定《关于规范发展农民投资性股份合作社的意见》，规定了税收奖励政策，5 年内地方税收留存部分全额返还合作社，农产品股份合作社生产、收购、销售本社范围内农产品，按农产品自产自销性质予以免税等。[⑤]

（3）创新农业经营体制机制，发展多种农业经营模式。以家庭农场为基础发展多种形式的农业规模经营模式。一是以田娘公司为代表的"公司 + 合作社 + 家庭农场"经营模式。该公司流转 6800 亩耕地，其中 2050 亩由田娘公司标准化示范种植优质稻米，剩下的 4000 多亩吸引周边的 37 户家庭农场经营。采用"六统一"（统一良种供应、机械化育插秧、病虫草害防治、新技术运用、标准化生产、品牌销售）管理模式，提高了生产水平。田娘公司种植的水稻、小麦亩产分别达

①　苏州市农业委员会：《现代农业及党风廉政建设情况汇报》，苏州市农委网站，ht-tp：//www. nlj. suzhou. gov. cn/web/showinfo/showinfo. aspx？infoid = cddd12b1 − 9a14 − 440c − 8388 − 1eb3b，2015 年 9 月 2 日。

②　苏州市统计局：《2013 年苏州市国民经济和社会发展统计公报》，中国统计信息网，http：//www. tjcn. org/tjgb/201409/27546. html，2015 年 4 月 9 日。

③　李力、乔金亮：《亿万农民的黄金十年——从江苏太仓看中国农村十年巨变》，《经济日报》2012 年 7 月 3 日第 9 版。

④　同上。

⑤　中共苏州市吴中区委农村工作办公室：《农民·股民：股份合作改革吴中创新》，古吴轩出版社 2011 年版，第 108 页。

到626千克和337千克，比周边分别高50.5千克和26千克。[①] 这种模式的农业龙头企业能够给农业带来技术、资本、市场，有效地拉长农业产业链，提高了农产品附加值。二是"土地股份合作＋家庭农场"模式。农民将土地承包经营权入股成立股份合作社，合作社对入股土地进行高标准农田规划、土地整理和建设，再租赁给农户发展家庭农场。三是"农民合作社＋家庭农场"模式。合作社为家庭农场提供良种供应、技术指导、粮食烘干、仓储用房、统一销售等农业生产服务。

建设现代农业园区。截至2013年，苏州市建成万亩以上现代农业园区26个、千亩以上80个，现代农业园区总面积54.3千公顷。[②] 园区采取"企业＋合作社＋基地＋农户"的运行机制，实现农业生产标准化、机械化、专业化、规模化，提高了农业现代化水平。

（4）农业由单一功能向多功能转变。苏南现代农业不仅仅提供农产品和就业岗位，而且不断拓展农业新的功能，如生态保护、观光休闲、文化传承等功能，苏南地区的"稻田水库"总库容相当于两个半太湖。现代农业的多功能性开发与城镇发展相结合，丰富和增强城镇功能，提升了城镇形象。

（二）苏南地区城镇化和农业现代化相互协调发展经验借鉴

1. 城镇化引领和带动农业现代化

一是苏南地区非农产业的快速发展和城镇化使农业剩余劳动力能够在非农产业就业，缓解了苏南人多地少的矛盾，为农业规模化经营创造了基本条件。二是城镇化为农产品提供了更大和更多层次的市场需求，引领农业发展。三是随着苏南城镇化水平的提高，城镇经济实力增强，城镇反哺农业的能力越来越强，城镇化与农业现代化趋于协调发展。

---

① 李力：《不信土地不生金——江苏田娘家庭农场调研》，《经济日报》2013年7月18日第11版。

② 苏州市统计局：《2013年苏州市国民经济和社会发展统计公报》，中国统计信息网，http://www.tjcn.org/tjgb/201409/27546.html，2015年4月9日。

2. 农业现代化支撑城镇化

（1）苏南农业现代化为城镇化提供了更多经济要素。农业现代化提高了苏南地区农业劳动生产率，为城镇化提供了大量农业剩余劳动力。1980—1987 年苏锡常地区从农业转移到非农产业的农民达 227.2万人，年均转移 18.9 万人。[1]

农业现代化为城镇发展提供土地要素，扩大了城镇规模。但是这对农业现代化也带来不利影响，苏南粮食产量已不能满足本地需求。以苏州市为例，农作物播种总面积由 2000 年的 487.04 千公顷下降到2014 年的 253.02 千公顷，其中粮食播种总面积由 290.33 千公顷下降到 151.29 千公顷。[2] 1998—2009 年苏州市从粮食产需基本平衡转变为全省最严重缺粮区。[3] 在这样的背景下，苏南一方面开垦新耕地，累计增加近 10 万亩良田，缓解城镇化所造成的农地资源损失。[4] 另一方面，努力提高耕地质量，苏州市永久性保护水稻田有 100 万亩以上，截至 2013 年，累计增加高标准农田 158.3 万亩，高标准农田比重达到 65%。[5]

（2）农业现代化为城镇化提供农产品。耕地减少和比较效益偏低使苏南粮食生产受到影响，但苏南地区加强粮食生产，确保基本口粮供应。例如，苏州市 2012 年实种水稻面积 125 万亩，平均单产 625千克，种植小麦 107.5 万亩，单产 345.7 千克。针对城镇的需求和农产品特点，苏南大力发展名优蔬菜、水果、畜牧水产养殖等效益较高的生鲜农产品和休闲农业。苏州市 2012 年实现养殖总产量 26 万吨，全市累计蔬菜播种面积 150 万亩，总产量 295 万吨。[6]

---

①　赵青宇、崔曙平：《苏南城镇化模式的反思与完善》，《城乡建设》2013 年第 7 期。

②　《江苏统计年鉴》（2001、2015）。

③　金涛、陆建飞：《江苏省耕地变化与粮食生产地域分化》，《农业现代化研究》2011年第 7 期。

④　温铁军等：《解读苏南》，苏州大学出版社 2011 年版，第 45 页。

⑤　苏州市统计局：《2013 年苏州市国民经济和社会发展统计公报》，中国统计信息网，http：//www. tjcn. org/tjgb/201409/27546. html，2015 年 4 月 9 日。

⑥　苏州市农业委员会：《2012 年工作总结及 2013 年打算》，苏州市政府网站，http：//www. suzhou. gov. cn/xxgk/zdgcjsxmssjz/sjzfbm _ 11125/201303/t20130314 _ 211573. shtml，2014年 6 月 2 日。

3. 发挥政府的引导和保障作用，打通城乡要素流通通道

在农业现代化初期，农民、农业企业等农业经营主体在观念、经济实力、技术等方面难以适应市场竞争，需要政府制定符合本地农业发展实际的具体政策进行扶持、引导。例如，苏州市吴中区制定《关于农村社区股份合作制改革的实施意见（试行）》，要求农民土地股份合作社的建立是以镇为单位统一组织进行。镇里建立土地流转中心，合作社委托土地流转中心进行流转。

政府在城乡要素流通过程中发挥着引导作用。一是创新发展模式，推动农村剩余资源向城镇集中。如苏州市通过"三集中、三合作、三保障"① 模式促使城乡资源配置得到进一步优化，土地利用集约化水平不断提高。苏州市通过发展"三大股份合作"，九成农民持股分红，构建了一种让农民分享土地增值收益的机制，为农村农业的发展提供了巨额、持续的资金来源。二是在城镇和农业经济要素流动中保障农民的合法利益。如常熟市为规范土地流转，出台了《关于进一步规范全市农村承包土地流转管理的意见》，明确土地流转费必须以实物折算为货币返还农户，每亩标准在850元以上，保障了农民的利益。

对西部而言，需要从自身实际出发，充分发挥政府和市场机制的作用，积极探索具有西部本地特色的城镇化和农业现代化相互协调发展的模式。

---

① 三集中是指"企业向产业园区集中、土地向规模经营集中、居住向新型社区集中"；三合作是指"土地股份合作社、社区股份合作社和农业专业合作社"；三保障是指"城乡居民低保、养老保险和医疗保险（放心保）并轨"。

第三章 西部城镇化和农业现代化相互
协调发展条件和阶段分析

本章主要阐释西部地区城镇化和农业现代化相互协调发展的内部条件和国内、国际环境，西部处于典型的城乡二元结构、城镇化和农业现代化快速发展的历史阶段，西部城镇化和农业现代化相互协调发展具有鲜明的特征。

第一节 西部城镇化和农业现代化相互
协调发展条件分析

由于各区域资源条件差异和经济发展水平不同，我国形成了东部、中部、西部和东北四大经济区域。西部地区内部可分为西北地区（陕西省、甘肃省、青海省、宁夏回族自治区和新疆维吾尔自治区）和西南地区（四川省、贵州省、云南省、重庆市、西藏自治区）。1999 年，我国实施西部大开发战略，把地理位置靠西、经济发展比较滞后的内蒙古、广西纳入西部大开发的范围，西部的范围扩大到 12 个省（市、区），本书研究的西部即这 12 个省（市、区）。截至 2013 年年底，西部国土面积 686.7 平方千米，占我国国土面积的 71.5%，人口 3.66 亿，占全国总人口的 26.9%。

准确把握西部的内部条件和外部环境，是研究西部城镇化和农业现代化相互协调发展的逻辑起点和基础，也是本书研究的重要内容。

一 基于城镇化和农业现代化相互协调发展的西部内部条件分析

（一）独特的农业自然资源

自然资源是城镇化和农业现代化的自然基础条件。西部地域辽阔，内部自然资源条件差异很大，使西部农业发展具有明显的地域性特征。

1. 西部地区土地质量整体较低，但局部地区农业发展潜力较大

（1）西部内部地理差异很大，土地质量整体较低。内部地理差异很大。西部地区有山地、丘陵、高原、盆地、平原等多种复杂的地形地貌，其中以山地、高原和盆地为主。受地理位置、地形地貌的影响，西北地区沙漠戈壁面积大，西南地区山多土少。西部多数地区自然条件恶劣，有面积达 220 万平方千米、平均海拔 4000 米以上、号称"世界屋脊"的青藏高原，地形复杂的云贵高原、横断山区、秦巴山地，干旱少雨的准噶尔盆地、塔里木盆地、黄土高原等。西部部分地区地理条件较好，如河套地区、河西走廊、宁夏黄河冲积平原、关中盆地、四川盆地等。

耕地面积较大，但占土地总面积的比重不高。耕地是人类赖以生存的基本资源，耕地资源总量和人均占有量是决定农业现代化推进难易程度的重要因素。第二次全国土地调查数据显示，2009 年西部地区有耕地面积 5043.5 万公顷（75652 万亩），占全国的 37.3%（见表 3-1）。耕地主要集中在内蒙古、云南和四川等省份，面积占整个西部耕地面积的 42.05%，其中，内蒙古可利用耕地 10636.5 万亩，人均占有 5.4 亩，接近全国人均耕地的 4 倍。

表 3-1　　　　　我国耕地和 25°以上的坡耕地分布情况

地区	耕地面积	占全国比重 （%）	陡坡耕地面积 （万公顷）	占全国比重 （%）
全国	13538.5 万公顷（203077 万亩）	100.0	549.6	100
东部地区	2629.7 万公顷（39446 万亩）	19.4	33.6	6.1
中部地区	3071.5 万公顷（46072 万亩）	22.7	75.6	13.8
西部地区	5043.5 万公顷（75652 万亩）	37.3	439.4	79.9
东北地区	2793.8 万公顷（41907 万亩）	20.6	1.0	0.2

资料来源：《关于第二次全国土地调查主要数据成果的公报》，《经济日报》2013 年 12 月 31 日第 6 版。

　　耕地整体质量较低。全国25°以上的陡坡耕地主要分布在西部地区，占总量的79.9%（见表3-1）。耕地多数属于旱地，无灌溉设施的耕地占60.3%（见表3-2）。我国草原主要分布在西部地区，占全国的84.3%（见表3-3），内蒙古、新疆、青海、西藏、四川牧草地面积占西部的86.24%，但草原质量不高。如西藏有82051.9千公顷（包括林草兼用地）天然草地，占全国天然草地面积的20.9%，占全区土地总面积的68%，其中可利用面积70846.8千公顷，但大部分草场分布在海拔4000米以上的高原，产草量低。宜农土地仅为45.61万公顷，实际耕作36.8万公顷。[①]

　　西部地区总体上人地关系紧张。城镇化、工业化以及生态环境保护等不断占用耕地，如陕西省1998—2009年的13年，耕地总面积由7710.72万亩减少到5996.35万亩，净减少1714.37万亩，人均耕地由1996年的1.42亩下降到2009年的1.14亩，比全国平均水平还少0.24亩。滇西边境区、秦巴山区、滇桂黔石漠化区人均耕地为1—2亩[②]，而且土层浅薄，耕地质量较差。

表3-2　　　　　　全国有灌溉设施和无灌溉设施耕地面积分布

地区	有灌溉设施耕地		无灌溉设施耕地	
	面积（万公顷）	占耕地比重（%）	面积（万公顷）	占耕地比重（%）
全国	6107.6	45.1	7430.9	54.9
东部地区	1812.5	68.9	817.2	31.1
中部地区	1867.0	60.8	1204.4	39.2
西部地区	2004.3	39.7	3039.2	60.3
东北地区	423.8	15.2	2370.1	84.8

　　资料来源：《关于第二次全国土地调查主要数据成果的公报》，《经济日报》2013年12月31日第6版。

---

　　① 辛盛鹏主编：《西藏自治区农牧业调查研究》，中国农业大学出版社2013年版，第133页。

　　② 共济著：《全国连片贫困地区区域发展与扶贫攻坚规划研究》，人民出版社2013年版，第103—105页。

表 3 - 3　　　　　　　　　西部地区草原分布情况

	内蒙古	广西	重庆	四川	贵州	云南	西藏
草原总面积（千公顷）	78804.5	8698.3	2158.4	20380.4	4287.3	15308.4	82051.9
可利用草原面积（千公顷）	63591.1	6500.3	1867.2	17753.1	3759.7	11925.6	70846.8
	陕西	甘肃	青海	宁夏	新疆	全国	
草原总面积（千公顷）	5206.2	17904.2	36369.7	3014.1	57258.8	392832.7	
可利用草原面积（千公顷）	4349.2	16071.6	31530.7	2625.6	48006.8	330995.4	
西部草原总面积（千公顷）	331442.2		占全国比重（%）			84.3	
西部可利用草原面积（千公顷）	278827.7		占全国比重（%）			84.2	

资料来源：国家统计局编：《中国统计年鉴（2014）》，中国统计出版社 2014 年版。

（2）局部农业条件好，农业发展潜力较大。西部的关中地区、河套地区、河西走廊、四川盆地、新疆绿洲地区等区域农业生产条件较好，是西部农业最发达地区，也是西部主要农业生产基地。例如，关中地区是陕西省农业生产条件最好的地区和主要农产品产地。2013年，关中地区常用耕地面积有 149.06 万公顷，其中水浇地 80.7 万公顷，占全省水浇地的 84.2%；粮食产量 755.54 万吨，占全省的62.1%；水果产量 1121.2 万吨，占全省的 75.4%。[1] 另外，西部地区可开垦荒地资源较多，我国集中连片的后备耕地资源有 445.5 万公顷，主要集中在西部地区。[2] 随着技术进步、生态环境改善和农业投入加大，西部农业有较大发展潜力。

---

[1] 根据《陕西统计年鉴（2014）》整理计算。

[2] 国土资源部：《全国土地整治规划（2011—2015）》，http：//s. mlr. gov. cn/search/search，2015 年 2 月 7 日。

2. 气候条件具有复杂性

西部地区从南到北分布有热带、亚热带、暖温带、温带、寒带等不同气候类型。西北地区绝大部分属于中温带气候区，主要特点为干旱少雨、昼夜温差大、多风沙，是我国日照和太阳辐射最充足的地区之一。[①] 这些条件非常有利于光合物质的积累，瓜果含糖量高，为发展特色林果业提供了十分有利的条件。西南地区受西南季风和东南季风的影响，降雨量充沛，热量资源丰富，有利于农作物、牧草和林木生长。青藏高原是全国太阳辐射量最高的地区，但由于高寒气候，生长期短，农作物生长条件较差。

3. 水资源总量丰富，但时空分布极为不均

西部地区水资源人均占有量为全国平均水平的两倍，但水资源分布时空不均和结构性短缺。在时间上，降雨相对集中于 5—9 月。在空间上，西北与西南地区及其内部的水资源分布都很悬殊。西北地区总体上水资源严重短缺，平均每年水资源总量为 2566 亿立方米，仅占西部水资源总量的 16%，不足全国总量的 10%，成为制约西北农业发展的首要因素。但西北局部却又拥有丰富的水资源。全国共有冰川 4.3 万条，面积 5.9 万平方千米，储冰量 5.2 万亿立方米，其中，新疆、青海、甘肃的冰川占一半以上[②]，为农业提供了灌溉用水。西北的陕南地区水资源丰富，南水北调中线工程计划每年将向北方送水 95 亿立方米，其中 70% 以上来自陕南。西南地区地表水资源丰富，总量为 13353 亿立方米，占西部水资源总量的 84%，全国水资源总量的 47.4%。[③]

4. 生物资源具有多样性和独特性

西部地区是我国生物多样性最丰富的区域和主要农作物的起源地之一，特别是一些野生种和近源野生种含有抗病虫、抗旱、抗寒、高

① 张志斌、张小平：《西北内陆城镇密集区发展演化与空间整合》，科学出版社 2010 年版，第 2 页。

② 梁积江、吴艳珍编著：《西部生态区划与经济布局》，中央民族大学出版社 2008 年版，第 168—169 页。

③ 同上书，第 4—5 页。

产等优良基因，是农业可持续发展的重要资源。例如，青藏高原有植物 5766 种、动物 3045 种，其中有大量古老而特有的珍稀物种，"为我国独特的物种与遗传资源库"。① 云南省是我国草原类型最多、草资源最丰富的草业大省，有 11 个草原类 150 多个草原型，有草地植物 199 科 1404 属 4958 种，其中饲用植物 3200 多种。② 陕西省有野生植物 3300 多种，野生动物 740 多种，陕南秦巴地区发现并利用的中药材有 600 多种。③ 丰富的生物物种，构成了西部农业的多样性、复杂性。

（二）生态环境脆弱，局部生态环境恶化与改善并存

1. 生态环境脆弱

早期历史上的西北地区适宜人类生存。据历史地理学家史念海考证，西北地区曾是森林茂密、水草肥美、良田千畴的区域。④ 从秦朝起，历朝推行"移民实边"政策，为满足粮食需求，无节制地毁林毁草开荒、开垦陡坡地，再加上历代战争破坏等，引发水土流失和荒漠化，导致西北地区成为生态脆弱区。青海省因水蚀、风蚀和冻融等原因造成的水土流失面积约为 33.4 万平方千米，占全省土地面积的 46%。⑤ 甘肃省更是从"天下称富庶者无如陇右"变成"陇中苦瘠甲于天下"。2011 年，我国水土流失面积 360 多万平方千米，80% 分布在西部地区；全国荒漠化面积 260 多万平千米，每年新增荒漠化面积 2400 多平方千米，90% 以上分布在西部地区；全国 70% 以上的突发性地质灾害发生在西部地区。⑥ 贵州地处长江、珠江上游，石漠化面积、水土流失面积分别占该省国土面积的 17.2% 和 31.4%⑦，合计达

① 师守祥等：《民族区域非传统的现代化之路：青藏高原地区经济发展模式与产业选择》，经济管理出版社 2006 年版，第 13 页。

② 王明利等：《中国牧草产业经济 2011》，中国农业出版社 2012 年版，第 199 页。

③ 曹钢主编：《陕西经济发展模式研究》，陕西人民出版社 1996 年版，第 31—32 页。

④ 史念海：《河山集》（三集），人民出版社 1988 年版，第 60 页。

⑤ 马玉英、马维胜：《青藏高原城市化模式研究》，北京大学出版社 2013 年版，第 47 页。

⑥ 中华人民共和国水利部：《2011 中国水土保持公报》，水利部网站，http://www.mwr.gov.cn/zwzc/hygb/zgstbcgb/201302/t20130204_338245.html，2013 年 11 月 2 日。

⑦ 《贵州获准建设生态文明先行示范区》，《经济日报》2014 年 6 月 9 日第 13 版。

48.6%。西部草原退化严重。草地退化比例最高的是宁夏、甘肃，退化面积达 80% 以上，其次是新疆、内蒙古、青海，退化面积占 50% 左右。①

2. 西部局部地区生态环境逐步改善

国家在西部实施天然林保护工程、"三北"防护林建设工程、退耕还林还草工程、环京津地区防沙治沙工程、天然草原植被恢复建设与保护工程、野生动植物保护及自然保护区建设工程、水土保持重点防治工程七大重点生态工程，西部生态环境建设取得重大成就，水土流失和草原沙化得到有效控制，生态功能显著增强，流入黄河、长江等的泥沙量大幅下降。② 以我国土地沙化和荒漠化危害严重的省份之一的陕西省为例，1999 年秋冬，陕西省率先在全国实施退耕还林工程，生态环境建设取得了显著成效。该省榆林市林木覆盖率由新中国成立初的 0.9% 提高到 32%，生态状况由"整体恶化"向"整体好转、人进沙退、局部良性循环"转变。该市农业综合生产能力显著提高，是全国小杂粮生产样板区，全国马铃薯生产第三大市，马铃薯、玉米产量等创多项全国高产纪录，有望成为继关中之后陕西第二大"粮仓"。国家实施新疆塔里木河综合治理工程，使塔里木河干流上中游生态环境得到有效保护和恢复，下游生态环境得到初步改善。

（三）特殊的区位优势和政策优势

1. 丝绸之路经济带使西部成为对外开放的前沿

2013 年 9 月，习近平总书记提出"一带一路"③ 倡议。"一带一路"倡议是我国加快形成陆海统筹、东西互补的全方位对外开放和全面发展新格局的重大战略部署。在"丝绸之路经济带"战略中西部具有区位优势，是我国向西、向北和向南亚国家开放的门户地区，这使西部地区从对外开放的"末端"变为"前沿"，显示出极其特殊的区位优势，为西部发展带来了历史性机遇。

---

① 潘建伟等：《中国牧区经济社会发展研究》，中国经济出版社 2010 年版，第 176 页。
② 刘世庆、许英明、林彬：《高原牧区发展研究——长江上游川西北例证》，社会科学文献出版社 2012 年版，第 66 页。
③ "一带一路"是指"丝绸之路经济带"和"21 世纪海上丝绸之路"。

2. 多民族聚居地区的政策支持

西部地区是我国少数民族和民族自治最为集中的区域，有 5 个自治区、27 个自治州、83 个自治县（旗），面积近 600 万平方千米，占到西部国土面积的 86%。西藏、新疆、内蒙古、宁夏和广西五个自治区总面积占全国国土面积 1/3 以上，是以少数民族为主体的省区。另外，贵州、四川、云南、重庆有一些州或地区是少数民族聚集区。从全国看，少数民族自治地方 95% 以上在西部，少数民族 70% 以上生活在西部。[①]

少数民族集中地区往往自然条件较差，经济发展相对滞后，贫困问题突出。一方面，少数民族生产方式、生活习惯、文化传统、农村人口迁移成本过高、人口迁移黏性大等因素使西部民族地区推进城镇化、农业现代化难度较大。另一方面，我国十分重视少数民族地区发展，实行倾斜的支持政策。以西藏为例，仅在改革开放以来的 30 多年里，中央就召开了六次西藏工作座谈会，制定了一系列加快西藏发展的优惠政策。[②]

（四）人口要素的特殊性

1. 人口数量众多，分布很不均匀

西部人口数量众多，但各省差异较大。既有人口达 8107 万的四川省，也有只有 312 万人的西藏（见表 3-4）。各省（市、区）内人口分布也很不均衡。第六次人口普查资料显示，2010 年，西藏总人口中有 80% 以上分布在雅鲁藏布江流域及藏东三江流域，广大的藏北高原的那曲和阿里地区人口密度很低。青海在总面积不足 3% 的西宁地区和海东地区，分布了全省 64.07% 的人口。西南地区人口比较密集。云、贵、川、渝、桂五省（市、区）人口超过 2.4 亿，每平方千米人口为 176 人，人口密度是全国人口平均密度的 1.3 倍，地势平坦地区的人口密度更大。

---

① 郑长德、罗布江村等：《中国少数民族地区经济发展方式转变研究》，民族出版社 2010 年版，第 21 页。

② 《六次中央西藏工作座谈会都谈了什么?》，新华网，http://news.xinhuanet.com/politics/2015-08/26/c_ 128168342.htm，2016 年 2 月 1 日。

表 3 - 4　　　　　　　西部各个省（市、区）常住人口变化　　　　　单位：万

	内蒙古	广西	重庆	四川	贵州	云南	西藏	陕西	甘肃	青海	宁夏	新疆	西部合计	占全国比例(%)
2002 年	2384	4822	2814	8110	3837	4335	268	3662	2531	529	527	1905	35724	27.8
2013 年	2498	4719	2970	8107	3502	4687	312	3764	2582	578	654	2264	36637	26.9
增减人口	114	-103	156	-3	-335	352	44	102	51	49	127	359	913	

资料来源：国家统计局编：《中国统计年鉴（2014）》，中国统计出版社 2014 年版。

　　历史上，西部地区农业人口增长过快，普遍超过土地承载力，致使许多地区过度用水、耕作、放牧、砍伐，陷入"越穷越垦、越垦越穷"的恶性循环。1949 年，陕西省人口只有 1317 万，2013 年常住人口达到 3764 万。1949 年，三江源地区的果洛、玉树两州总人口只有 13 万，目前增长到 60 多万。[①] 1949 年，新疆、内蒙古耕地为 1814 万亩、6497 万亩[②]，2008 年分别增长到 6187.5 万亩、10720.5 万亩。[③] 土地的过度开发对像新疆和内蒙古这样以沙漠生态和草原生态为主的地区会造成严重生态破坏。刘燕华以水、海拔、地表起伏等指数建立中国人口分布模型，按照实际人口密度与模型计算的适宜人口密度之比，结果是宁夏（57.4）、贵州（12.76）、甘肃（7.66）、青海（5.77）、云南（4.53）、四川（3.88）、陕西（3.29），这七个省区严重超载[④]，特别是宁夏超载最严重，西部地区整体上是全国人口超载最严重的地区。

　　2. 人口红利逐渐收缩，人力资本有待提高

　　随着出生率下降，人口红利逐渐收缩。以陕西省为例，按照第

---

　　① 马玉英、马维胜：《青藏高原城市化模式研究》，北京大学出版社 2013 年版，第 103 页。

　　② 马汝珩、成崇德：《清代边疆开发》，山西人民出版社 1998 年版，第 367 页。

　　③ 中国省市经济发展年鉴编委会编：《2014 中国省市经济发展年鉴》，中国财政经济出版社 2015 年版。

　　④ 刘燕华：《中国适宜人口分布研究——从人口的相对分布看各省区可持续性》，《中国人口·资源与环境》2001 年第 1 期。

三、第四、第五、第六次人口普查推算，处于 15—29 岁年龄段的青年劳动力数量在 2011 年出现绝对减少，2010 年为 1009.98 万人，2011 年为 1007.83 万人，预测 2015 年将减少到 926 万人，到 2020 年青年劳动力只有 712 万人。从表 3－4 可以看出，2002—2013 年，广西、四川、贵州常住人口是绝对减少，西部人口占全国的比重下降了 0.9 个百分点，只有云南、新疆人口增加较多。

人力资本有待提高。第二次全国农业普查显示，西部农村劳动力文化程度在小学及以下的达到 51.7%，远远高于全国（39.5%）、东部（32.9%）、中部（36.5%）、东北（35.8%）（见表 3－5）。西部农业从业人员文化程度在小学及以下的达到 59.8%，高于东部（46.2%）、中部（45.9%）和东北（41.9%）（见表 3－6）。

表 3－5		我国农村劳动力资源总量及构成		单位:%	
	全国	东部地区	中部地区	西部地区	东北地区
文盲	6.8	4.6	6.7	10.7	2.6
小学	32.7	28.3	29.8	41.0	33.2
初中	49.5	53.9	52.0	39.7	56.7
高中	9.8	11.8	10.4	7.5	6.4
大专及以上	1.2	1.4	1.1	1.1	1.1

资料来源：国务院第二次全国农业普查领导小组办公室中华人民共和国国家统计局：《第二次全国农业普查主要数据公报（第五号）》，国家统计局网站，http：//www.stats.gov.cn/tjsj/tjgb/nypcgb/qgnypcgb/200802/t20080227_ 30465.html，2013 年 9 月 11 日。

表 3－6		农业从业人员文化程度构成		单位:%	
	全国	东部地区	中部地区	西部地区	东北地区
文盲	9.5	7.7	8.9	12.8	2.9
小学	41.1	38.5	37.0	47.0	39.0
初中	45.1	48.8	49.2	36.7	54.6
高中	4.1	4.8	4.7	3.3	3.2
大专及以上	0.2	0.2	0.2	0.2	0.3

资料来源：国务院第二次全国农业普查领导小组办公室中华人民共和国国家统计局：《第二次全国农业普查主要数据公报（第二号）》，国家统计局网站，http：//www.stats.gov.cn/tjsj/tjgb/nypcgb/qgnypcgb/200802/t20080227_ 30465.html，2013 年 9 月 11 日。

3. 农村多数青年劳动力外出务工

2013 年，我国 1980 年及以后出生的新生代农民工有 12528 万人，占同年龄段的 65.5%。他们的主要特点是：一是受教育程度普遍较高，其中，初中占 60.6%，高中占 20.5%，大专及以上文化程度占 12.8%；二是集中在东部地区及大中城市务工，8118 万人在东部地区务工，占新生代农民工的 64.8%，6872 万人在地级以上大中城市务工，占新生代农民工的 54.9%；三是八成以上农民工选择外出就业，在新生代农民工中，10061 万人选择外出就业，占 80.3%，2467 万人本地就业，只占 19.7%。[①]

二　基于西部城镇化和农业现代化相互协调发展条件类型分析

（一）西部城镇化和农业现代化相互协调发展条件的类型

为了有效地对西部城镇化和农业现代化相互协调发展进行研究，我们将西部城镇化条件和农业资源禀赋进行分类，赋予不同的分值，城镇化条件好为 3 分、较好为 2 分、一般为 1 分，农业资源禀赋优为 3 分、良好为 2 分、差为 1 分。综合打分后，其中，5—6 分为 A 类地区，4 分为 B 类地区，2—3 分为 C 类地区，每个大类又具体分为三种类型，以便进一步厘清不同类型地区的特征（见表 3-7）。

表 3-7　西部城镇化和农业现代化相互协调发展条件的类型分析

	好（3分）	4分B类地区	5分A类地区	6分A类地区
城镇化条件	较好（2分）	3分C类区	4分B类地区	5分A类地区
	一般（1分）	2分C类区	3分C类地区	4分B类地区
		差（1分）	良好（2分）	优（3分）
		农业资源禀赋		

（二）不同类型地区的特征分析

1. A 类地区，农业资源禀赋和城镇化条件整体优良地区，具体包括三种类型

（1）农业资源禀赋优、城镇化条件好的地区。这是农业资源禀赋

---

① 《2013 年全国农民工监测调查报告》，国家统计局，http：//www. stats. gov. cn/tjsj/zxfb/201405/t20140512_ 551585. html，2014 年 8 月 2 日。

优（3分）、城镇化条件好（3分）的6分地区。该地区内农牧业资源优势明显，地理条件适宜大规模城镇化发展，城镇化程度高，交通便利，在经济发展过程中形成了具有较强竞争优势的特色产业，是西部整体条件最好的地区。例如，陕西省的关中平原、四川省的成都平原等地区。但这类地区在西部地区所占比例很低。

（2）农业资源禀赋良、城镇化条件好的地区。这是农业资源禀赋良好（2分）、城镇化条件好（3分）的5分地区。该地区内拥有良好的农牧业资源，但资源优势不很突出；拥有较好的地理位置，交通便利，城镇化程度较高，经济发展过程中形成了一定的特色产业。例如，陕西省榆林市北部地区地势平坦，城镇化条件好；农业人均占有耕地5.6亩，居陕西省第一，农业生产具有蓝天、无公害、日照充足的特点，适宜发展土豆、玉米、小杂粮、蔬菜等特色农业，但存在水资源短缺的不足。

（3）农业资源禀赋优、城镇化条件较好的地区。这是农业资源禀赋优（3分）、城镇化条件较好（2分）的5分地区。该地区内农牧业资源优，潜力大，且资源优势明显，形成了一定规模的特色产业；但该区域城镇化水平不高，交通便利程度稍高。例如，以银川市为核心的宁夏沿黄经济区是连接西北、华北的重要通道和新亚欧大陆桥的重要交通枢纽，是宁夏城镇最集中地区。该区域农业资源禀赋好，引黄灌溉设施完善，土地肥沃，光热条件好，农产品品质高，粮食、特色果品优势明显，是我国西北地区重要的商品粮生产基地，号称"塞上江南"。

A类地区面积在西部所占比例较低，主要是四川盆地、关中平原、北部湾地区、宁夏沿黄地区、兰州—西宁地区、呼包鄂榆地区、天山北坡地区、滇中地区、黔中地区、藏中南地区等，这些是西部城镇化和农业现代化相互协调发展的优先发展地区。

2. B类地区，农业资源禀赋和城镇化条件整体一般地区，包括三种类型

（1）农业资源禀赋差、城镇化条件好的地区。这是农业资源禀赋差（1分）、城镇化条件好（3分）的4分地区。该地区内的农牧资

源状况较差，但该地区靠近中心城市或口岸，交通便利程度高。靠近口岸的地区可以通过开放带动城镇化，靠近中心城市的地区可以依托中心城市带动城镇化。例如，内蒙古自治区中南部的和林格尔县，全县总土地面积为 3436 平方千米，总人口 18 万人，地形地貌多样，素有"五丘三山二分川"之说。这个县自然资源十分贫乏，人称"地上没草，地下没宝"。但从交通区位上看，和林格尔与呼和浩特市区仅相距 45 千米，可以从政治、经济、文化等各个方面对和林格尔进行辐射。

（2）农业资源禀赋良好、城镇化条件较好的地区。这是农业资源禀赋良好（2分）、城镇化条件较好（2分）的 4 分地区。该地区城镇化和农业现代化协调发展的条件与 A 类地区相比有一定劣势，但综合条件较好，城镇化和农业现代化都有较好的发展条件，能够较好实现城镇化和农业现代化协调发展。例如，陕西省城固县地处陕西省汉中盆地，农业资源丰富，农业生产条件较好，是全国最大的元胡种植基地县、百万头生猪生产基地县；交通条件较好，西汉高速和十天高速公路、108 和 316 国道、阳安铁路穿境而过。该县毗邻汉中市主城区，2015 年该县城镇化率为 47.5%，农民人均纯收入 10430 元[①]，城乡收入比为 2.65∶1，城乡收入差距低于全国和西部平均水平。

（3）农业资源禀赋优、城镇化条件一般的地区。这是农业资源禀赋优（3分）、城镇化条件一般（1分）的 4 分地区。该地区农牧业资源优势明显，但既不靠近口岸也不靠近中心城市，交通条件较差。这种地区的农业特色产业对外部的产业链条的依存程度较低，主要依靠自身发展。例如，位于河西走廊的高台县有耕地 58 万亩，农业的棉花、葡萄、蔬菜、畜牧养殖等特色产业突出，是全国的商品粮基地县之一。2014 年总人口 15.85 万，国内生产总值为 48.3 亿元，三次产业比重为 33.5∶36.8∶29.7，城镇居民人均可支配收入 16426 元，

---

① 《县情概况》，城固县政府网站，http：//www.chenggu.gov.cn/info，2016 年 8 月 9 日。

农民人均纯收入9536元，城镇化率只有34.0%。① 该县农业相对发达，形成有一定影响的龙头企业和特色农业。但城镇非农产业不发达，支撑城镇化的能力较弱，城镇化水平低。

B类地区占西部的面积较大，主要有河西走廊地区、新疆绿洲地区、内蒙古草原、西南地区的河谷坝子地区等，这些是西部城镇化和农业现代化相互协调发展的潜力较大地区。

3. C类地区，农业资源禀赋和城镇化条件整体较差地区，包括三种类型

（1）农业资源禀赋差、城镇化条件较好的地区。这是农业资源禀赋差（1分）、城镇化条件较好（2分）的3分地区。该地区中的农牧资源的数量都非常有限，同时该地区交通便利程度较好，一般距离中心城市或口岸较近。例如，贵州省遵义市的正安县山高坡陡、沟壑纵横，农业生产条件较差。但该县的区位条件较好，是渝南、黔北经济文化的重要交汇地区，有"黔北门户"之称。

（2）农业资源禀赋良好、城镇化条件一般的地区。这是农业资源禀赋良好（2分）、城镇化条件一般（1分）的3分地区。该地区拥有一定的农牧业资源优势，但所处的地理位置较差，远离中心城市，不靠近口岸，交通不便，各种资源的运输受到很大的制约。例如，重庆市巫溪县地形以山地为主，特殊的地理和气候条件共同作用，使巫溪拥有农业资源比较优势，特别是中药材量大质优、农副土特产品绿色无污染等。但在交通区位上劣势明显，巫溪地处渝、陕、鄂三省市交界处，远离大江、大路、大城市，是无铁路、无国道、无航空的"三无"国家重点扶贫开发县。

（3）农业资源禀赋差、城镇化条件一般的地区。这是农业资源禀赋差（1分）、城镇化条件一般（1分）的2分地区。该地区中的农牧资源非常有限，同时，远离中心城市或口岸，交通不便，难以接受大中城市的辐射。西部这类地区的面积很大，如位于宁夏回族自治区

① 《县情综述》，高台县政府网站，http://www.gaotai.gov.cn/zjgt/gtgk/xqzs/2014/02/20/1618167632.html，2016年7月2日。

南部的西海固地区十年九旱，生态环境脆弱，自然灾害频发，曾被联合国世界粮食计划署列为世界"最不适宜人类生存"的地区之一。

C类地区是西部的主要地区，主要有青藏高原绝大部分地区、新疆戈壁地区、滇西地区、黄土高原地区、贵州、广西、云南的喀斯特地区等，这些是西部城镇化和农业现代化相互协调发展的难点地区。

三　西部城镇化和农业现代化相互协调发展面临的国内国际环境分析

（一）国内宏观经济环境有利于西部发展

1. 我国经济进入"新常态"，要求西部地区转型发展

习近平总书记2014年提出我国经济进入"新常态"。其主要特点：一是经济从高速增长转变为中高速增长；二是经济结构不断优化升级，第三产业比重上升、消费需求增加，城乡区域差距逐步缩小，居民收入占经济总量的比重上升，更广大民众分享发展成果；三是经济增长动力从要素、投资驱动为主转变为创新驱动为主。新常态给我国发展带来新的机遇：第一，经济增速虽然放缓，但绝对增量依然很大；第二，经济增长更趋平稳，增长动力更为多元，经济更多依赖国内消费需求拉动，避免依赖出口的外部风险；第三，经济结构优化升级，发展前景更加稳定；第四，政府简政放权，进一步激发市场活力。① 在新的宏观经济环境下，对西部地区既是机遇，也面临转型发展的挑战。

2. 国家优先支持西部大开发战略，助力西部加快发展

从历史来看，国家政策对西部发展产生重大影响。1949年，西部经济落后，人口占全国的22.2%，而工业产值仅占全国的11.2%。② 国家在"一五""二五"计划时期重点支持内地和西部发展，西部的基建投资分别占全国的18.52%、20.9%，1963—1965年时期占24.0%。③ 1965年和"三五"时期，国家对西部建设投资达560亿

---

① 习近平：《谋求持久发展共筑亚太梦想》，《经济日报》2014年11月10日第2版。
② 陈栋生等：《西部经济的崛起之路》，上海远东出版社1996年版，第3页。
③ 同上书，第6页。

元，占全国基建投资的 48.5%，"四五""五五"时期投入资金 1500 亿元，占同期全国投资的 36.4%。[①] 经过计划经济时期的超常规建设，奠定了西部现代工业基础，大大加快了西部现代化进程。

1999 年，我国开始实施西部大开发战略，西部面临历史性发展机遇，西部交通等基础设施建设取得突破性进展。以地处西南腹地经济发展相对滞后的贵州省为例，西部大开发之前，贵州公路通车里程只有 3.4 万千米，"九五"时期，贵州交通固定资产投资 159.61 亿元。西部大开发战略实施后，"十五""十一五"时期，贵州交通固定资产投资分别完成 479.90 亿元、1248.30 亿元，是"九五"时期投资的 3.0 倍、7.8 倍。至 2010 年年底，全省公路总里程达到 15.16 万千米，其中高速公路 1507 千米。[②] 2014 年年底，全省高速公路通车里程突破 4000 千米，形成 10 条高速公路出省通道，2015 年年底，全省实现县县通高速公路。贵广高速铁路的建成使贵州省黔东南苗族侗族自治州与广州的交通距离由 1376 千米缩短到 800 千米，交通时间由 20 个小时减少到 3 小时左右，一下子把一个偏远、贫穷、闭塞的地区转化为珠三角的辐射区，地区开发价值大大提升。

3. 实施"一带一路"倡议，加快和扩大西部开放

"一带一路"倡议实施使西部地区成为新时期对外开放的前沿，有利于发挥比较优势，充分利用国际、国内两个市场、两种资源，特别是加强与欧亚市场的经贸往来，深度参与国际经济合作与竞争，提高开发开放水平。按照国家规划，西北地区的新疆发挥向西开放重要窗口的独特区位优势，构建丝绸之路经济带上重要的交通枢纽、商贸物流和文化科教中心，打造成为丝绸之路经济带核心区。陕西省西安市打造成为内陆型改革开放新高地。西南地区发挥广西与东盟国家陆海相连的独特优势，建设面向东盟地区的国际通道，建设成为 21 世纪海上丝绸之路与丝绸之路经济带有机衔接的重要交通枢纽和经济

---

① 陆世宏：《中国农业现代化道路的探索》，社会科学文献出版社 2006 年版，第 168 页。

② 《贵州省公路水路交通运输"十二五"发展规划》。

区。云南省建设成为面向南亚、东南亚的辐射中心。①

（二）农业面临激烈的国内、国际市场竞争

1. 国内市场化程度不断加深，市场机制逐步起决定性作用

经过改革开放 30 多年的发展，我国和西部农产品数量供给实现了由短缺到总量平衡、丰年有余的历史性转变。市场需求对农业发展的约束日益凸显，农产品在品种、安全性、质量、供应时间等方面存在不能满足消费需求的结构性矛盾，农产品竞争日益激烈，简单的农产品数量增加不再是农民增收的有效途径，农业发展的约束由过去单一的资源约束改变为资源与市场双重约束，且市场约束的重要性不断提高。

对西部地区而言，在市场经济条件下，要以相对落后的经济基础与东部地区在同一市场上进行竞争，这无疑是个巨大的挑战。如何充分利用自身资源优势和政策倾斜优势推进农业现代化，是西部地区需要研究的一个重要课题。

2. 农产品市场不断扩大对外开放，国际竞争加剧

我国成为世界贸易组织成员后，农业领域逐步放开，参与国际市场竞争。随着我国劳动力、土地、环境保护等成本不断提高，我国大宗农产品国内外价差不断扩大。到 2013 年，我国大宗农产品国内价格已全面高于国际价格。2014 年前 5 个月，大米、小麦、玉米、大豆、棉花、食糖每吨国内价格比国际价格分别高 318 元、451 元、924元、1484 元、7078 元、2766 元。② 受价差驱动，我国主要农产品进口激增，这对西部农业发展带来巨大的竞争压力，需要西部着力提高农业现代化水平，发展特色现代农业，提升竞争力。

另外，我国和西部农业对外开放有助于吸引外资、农业先进技术和管理等，发挥西部农业比较优势，优化资源配置，提升配置效率，为西部农业创造更广阔的发展空间。

---

① 国家发展改革委、外交部、商务部：《推动共建丝绸之路经济带和 21 世纪海上丝绸之路的愿景与行动》，《经济日报》2015 年 3 月 29 日第 4 版。

② 万宝瑞：《守住农业安全底线》，《人民日报》2015 年 2 月 26 日第 16 版。

（三）农业面临供给侧结构性改革

1. 城镇对农产品需求大幅增长

农产品需求的增长速度是由两个变量和一个参数决定的，两个变量分别是人口增长率、消费者人均真实收入增长率，一个参数是需求的收入弹性。随着人口数量增长、城镇人口比重上升、收入水平提高带来农产品消费结构升级和农产品工业用途拓展，同时大量农民进城务工，由农产品的生产者转变成为农产品的消费者，农产品需求呈刚性增长态势。1993—2013 年，我国总人口从 118517 万增加到 136072 万，增加了 17555 万；城镇人口从 33173 万增加到 73111 万，增加了 39938 万人。同期，我国植物油消费量从 763 万吨增长到 3081.4 万吨，增长了 303.8%；人均年消费量从 6.4 千克上升到 22.8 千克，超过世界人均 20 千克的水平。我国食用植物油自给率只有约 40%，60% 以上依赖进口，油料已成为我国对国际市场依存度最大的大宗农产品。[①] 未来我国粮食消费量将持续快速增长。到 2022 年，预计全国粮食总消费量为 69708 万吨，比 2011 年增加 9660 万吨，增长 16%。[②] 部分农产品结构性短缺已成常态，实现粮食供需平衡的困难和压力不断增大。在这样的背景下，越是推进城镇化，越要推进农业现代化。

2. 对农产品种类、层次要求更加多元化

农产品质量要求更高。城镇化带来人们收入水平的提高，对生态、绿色农产品需求日趋增加。随着城市居民越来越重视均衡营养，青睐粗粮食品，小杂粮逐渐热销且价格一路走高。

食品消费的内部结构发生变化。以陕西省为例，从表 3 - 8 可以看出，城镇和农村居民对农产品消费的数量差别非常大，城镇居民的口粮消费比农村居民低，但其他农产品的消费明显高于农民，其中蔬菜高出 111%、食用油高出 28%、水果类高出 505%、肉类高出 98%、禽蛋高出 175%、奶和奶制品高出 305%。随着城镇消费者对

---

① 胡其峰：《拿什么守住中国人的"油瓶"》，《光明日报》2014 年 6 月 10 日第 5 版。
② 秦中春：《中国未来十年农产品消费增长预测》，《农业工程技术农产品加工业》2013 年第 7 期。

农产品需求的增长，农业发展的市场空间将不断扩大，特别是蔬菜、水果及花卉等具有较大弹性的农产品将有更大的发展空间。城镇市场需求的变化要求农业生产结构进行相应的调整。

表 3 – 8　　　　　　2011 年陕西农村居民和城镇居民主要
农产品实物消费量比较　　　单位：千克/人

	粮食	油脂类	蔬菜及菜制品	水果及水果制品	肉禽及其制品	蛋类及蛋制品	奶和奶制品
城镇	43.72	9.26	111.22	63.55	18.68	9.64	23.09
农村	153.4	7.2	52.7	10.5	9.4	3.5	5.7

注：城镇居民粮食实物消费只统计大米和面粉消费量。

资料来源：根据《陕西统计年鉴（2012）》整理、计算。

第二节　西部城镇化和农业现代化相互协调发展阶段分析

本节主要阐释西部处于典型的城乡二元结构、城镇化和农业现代化快速发展的历史阶段，总结西部城镇化和农业现代化协调发展特征。

一　西部处于城镇化和农业现代化快速发展的历史阶段

（一）西部处于城镇化快速发展的历史阶段

1. 城镇化进程明显加快，城镇体系初步形成

城镇化进程明显加快。2013 年，西部城镇化率为 44.8%[①]，从表 3 – 9 可以看出，除西藏城镇化水平较低外，其余 11 个省（市、区）城镇化率在 35%—60%。根据世界城镇化发展一般规律，城镇化率在 30%—70% 时，城镇化处在快速推进时期，特别是在 50% 前后的一段

[①] 《国家新型城镇化规划（2014—2020 年）》，人民出版社 2014 年版，第 5 页。

时期发展最快。因此，西部正处在城镇化加快发展的时期。在 2005—2013 年 8 年间，西部的内蒙古、广西、重庆、四川、贵州、云南、陕西城镇化速度超过全国平均水平，内蒙古、重庆城镇化率已高于全国平均水平。

表 3 - 9 西部各省城镇化数据

	内蒙古	广西	重庆	四川	贵州	云南	西藏
2005 年城镇化率（%）	47.20	33.62	45.2	33.00	26.87	29.50	20.85
2013 年城镇化率（%）	58.71	44.81	58.34	44.90	37.83	40.48	23.71
提高百分点	11.51	11.19	13.14	11.90	10.96	10.98	2.86
2013 年城市（个）	20	21	1	32	13	20	2
2013 年建制镇（个）	493	722	611	1853	782	652	140
2013 年人均 GDP（元）	67498	30588	42795	32454	22922	25083	26068
	陕西	甘肃	青海	宁夏	新疆	全国	
2005 年城镇化率（%）	37.23	30.02	39.25	42.28	37.15	42.99	
2013 年城镇化率（%）	51.31	40.13	48.51	52.01	44.47	53.73	
提高百分点	14.08	10.11	9.26	9.73	7.32	10.74	
2013 年城市（个）	13	16	5	5	24	676	
2013 年建制镇（个）	1142	478	137	101	276	20117	
2013 年人均 GDP（元）	42692	24296	36510	39420	37181	41908	

资料来源：国家统计局编：《中国统计年鉴（2014）》，中国统计出版社 2014 年版。

城镇体系日益完善。西部大中小城市和小城镇已经形成了"172 + 7387（城市 + 建制镇）"的框架体系。初步形成了两个大规模城市群：以重庆—成都为核心的成渝城市群、以西安为核心的关中城市群；正在形成的城市群有：以南宁为核心的北部湾城市群、呼包鄂榆城市群、以贵阳为核心的黔中城市群、以昆明为核心的滇中城市群、以拉萨为核心的藏中南城市群、以兰州—西宁为核心的城市群、以银川—吴忠为核心的宁夏沿黄城市群、以乌鲁木齐—昌吉为核心的天山北坡城市群 8 个城市群。

2. 以省会城市为主的中心城市"增长极"效应明显

以重庆、西安、成都为代表的西部中心城市取得了历史性发展（见表3-10）。一是人口集中度高。西部省会城市是本区域的中心城市，2013年，除呼和浩特外（但接近10%），其余省会城市人口占本省域人口的比例都超过10%，西安、银川超过20%，西宁接近40%。二是成为区域经济中心。省会城市不仅是行政中心，而且是区域经济发展的增长极。以地区生产总值为标志的省会城市经济总量占本省域经济总量的比例最低的呼和浩特为16.1%，最高的是银川达50.2%（重庆市为直辖市），其中，占20%—30%的有4个，占30%—40%的有3个。

表3-10　　　　　2013年西部中心城市经济社会基本情况

	呼和浩特	南宁	重庆	成都	贵阳	昆明
年末总人口（万人）	234	724	3358	1188	379	547
占全省比例（%）	9.36	15.01	100	14.65	10.82	11.67
GDP（亿元）	2710.4	2803.5	12656.7	9108.9	2085.4	3415.3
占本省比例（%）	16.1	19.5	100	34.6	26.0	29.1
公共财政收入（亿元）	182.0	256.2	1693.2	898.5	277.2	450.7
社会消费品零售总额（亿元）	1142.3	1450.8	4599.7	3752.8	785.6	1702.2
货物进出口总额（亿美元）	15.98	44.21	687.04	505.84	63.18	17.42
	拉萨	西安	兰州	西宁	银川	乌鲁木齐
年末总人口（万人）	60	807	369	227	173	263
占全省比例（%）	19.23	21.43	14.29	39.27	26.45	11.61
GDP（亿元）	304.9	4884.1	1776.3	978.5	1289.0	2202.9
占本省比例（%）	37.6	30.4	28.3	46.5	50.2	26.3
公共财政收入（亿元）	50.1	501.9	124.4	67.1	134.5	301.9
社会消费品零售总额（亿元）	144.1	2548.0	843.8	317.4	348.0	970.0
货物进出口总额（亿美元）	3.20	179.82	40.56	12.41	24.10	77.97

资料来源：根据国家统计局编《中国统计年鉴（2014）》整理计算。

（二）西部农业现代化总体处于成长阶段，是传统农业向现代农业转变的关键时期

改革开放30多年来，西部农业现代化取得了巨大的成就，正处

于由传统农业向现代农业转型升级的成长阶段。2013 年，西部所有省份的农业增加值占 GDP 的比重均低于 20%，内蒙古、重庆、陕西、青海、宁夏已低于 10%；但农业从业人员比重远高于产值比重，且差异较大，其中贵州、广西、云南超过 50%，内蒙古、四川、西藏、甘肃、宁夏、新疆超过 40%，只有重庆、陕西、青海处在 30%—40%。对比表 3-11，西部农业现代化总体进入成长阶段，但总体上小农经济规模还较大。以西部典型省份陕西省为例，我们选择了农业产值比重、农业从业人员比重、农产品商品率、农业劳动生产率、农业机械化率和农业科技进步贡献率 6 项指标，进一步全面判断陕西农业现代化发展阶段。① 根据 2011 年主要指标值综合判断，陕西的农业现代化处在成长阶段。具体分析总结西部农业现代化发展情况，可以概括为以下四个方面：

表 3-11　我国农业现代化不同阶段主要指标的标志值与陕西省比较

主要指标	传统农业阶段	农业现代化实现阶段			后农业现代化阶段	陕西省 2011 年数据
		起步期	成长期	成熟期		
农业产值比重	>50%	20%—50%	10%—20%	5%—10%	<5%	9.8%
农业从业人员比重	>80%	50%—80%	20%—50%	6%—20%	<6%	40%
农产品商品率	<30%	30%—60%	60%—90%	90%—95%	>95%	40%
劳动生产率(万元/人)	<0.54	0.54—1.28	1.28—2.16	2.16—3.60	>3.60	1.49
农业机械化率	<5%	5%—30%	30%—60%	60%—80%	>80%	52%
农业科技进步贡献率	<5%	5%—30%	30%—60%	60%—80%	>80%	52%

资料来源：农业产值比重、农业产业人员比重、劳动生产率来源于《陕西统计年鉴 (2012)》，农业机械化率、农业科技进步贡献率为《陕西省现代农业发展规划（2011—2017 年）》中 2010 年数据。农产品商品率以种植业产品商品率代替。

1. 发挥比较优势，农业生产能力大幅提高，基本保障了城镇化的需要

西部地区在国家强农惠农富农政策支持下，重要农产品生产取得

————————

① 宋洪远、赵海：《我国同步推进工业化、城镇化和农业现代化面临的挑战与选择》，《经济社会体制比较》2012 年第 2 期。

很大成绩，粮食等主要农产品基本实现自给，有效支撑了城镇化。2013 年西部粮食总产量达到 15987.3 万吨，占全国总量的 26.5%，人均 436.3 千克，接近全国平均水平（443 千克）。但是，内部粮食安全差异较大。从人均粮食产量看，只有内蒙古、宁夏、新疆超过全国平均水平，四川、甘肃接近全国平均水平，最多的内蒙古达 1112 千克/人，是全国平均水平的 2.51 倍，最少的青海只有 178 千克/人，仅为全国平均水平的 40%，内蒙古是青海的 6.24 倍（见表 3-12）。

表 3-12　　　　　2013 年西部地区粮食生产及粮食安全情况

地区	农作物总播种面积（1000 公顷）	有效灌溉面积（1000 公顷）	粮食播种面积（1000 公顷）	单位面积产量（千克/公顷）	总产量（万吨）	人均粮食产量（千克/人）	人均粮食产量占全国平均水平比重（%）
全国总计	150104	63473.3	111951.4	5376.8	60193.5	443	100
内蒙古	7211.0	2957.8	5617.3	4936.5	2773.0	1112	251
广西	6137.2	1586.6	3076.0	4947.3	1521.8	324	73
重庆	3515.9	675.2	2253.9	5093.8	1148.1	388	87
四川	9682.8	2616.5	6469.9	5235.2	3387.1	419	94
贵州	5390.1	926.9	3118.4	3302.9	1030.0	295	66
云南	7148.2	1660.3	4499.4	4053.9	1824.0	390	88
西藏	248.6	239.3	171.6	5583.4	96.2	310	70
陕西	4269.0	1209.9	3105.1	3915.5	1215.8	323	73
甘肃	4155.9	1284.1	2858.7	3983.8	1138.9	441	100
青海	555.8	186.9	280.0	3656.5	102.4	178	40
宁夏	1264.7	498.5	801.6	4658.2	373.4	574	129
新疆	5212.3	4769.9	2234.8	6161.4	1377.0	612	138
西部	54791.5	18611.8	34486.7	4635.7	15987.3	436.3	98
西部占全国比重（%）	36.5	29.3	30.8	86.2	26.5	98	

资料来源：根据《中国统计年鉴（2014）》整理计算。

　　着力发展本地特色农产品，特色农业突出。新疆是全国最主要的商品棉、啤酒花、番茄酱生产基地和全国重要的畜产品、甜菜及特色瓜果生产基地。2014 年棉花总产量 451.0 万吨，占全国总产量的73.0%，肉类总产量达到 149.1 万吨，牛肉、羊肉总产量分别居全国第 8 位、第 2 位。① 广西是甘蔗主产区。根据广西糖业协会统计，广西全区有 30 家制糖企业，2012/2013 年榨季合计生产食糖 795.16 万吨，占全国总产糖量 1306.8 万吨的 60.85%。陕西省 2013 年浓缩苹果汁出口 29.52 万吨，出口额 4.55 亿美元，分别占全国的 49.1% 和50.2%。② 内蒙古在畜产品方面优势突出，2013 年牛肉、羊肉、奶类总产量分别为 51.8 万吨、88.8 万吨、778.6 万吨，分别居全国第 4位、第 1 位、第 1 位。四川是西部地区的农牧渔业大省，粮食、肉类总产量均居西部第一。

2. 农业比重呈下降趋势

在工业化和城镇化过程中，农业占经济总量的比重逐渐下降，这是经济发展的基本规律。西部农业比重的下降主要表现为两方面：农业产值比重下降和农业就业比重下降。2000 年西部除青海外，其余省份农业产值的比重都高于全国平均水平，到 2013 年西部已有内蒙古、重庆、陕西、青海、宁夏农业产值比重低于全国平均水平；这期间，除云南、甘肃、青海、新疆外，其余省份农业产值比重下降幅度高于全国平均水平，说明这些省份的非农产业发展较快。2013 年西部农业生产总值 15700.8 亿元，占地区经济总量的 12.46%，只比全国高2.46 个百分点。从就业份额看，2000 年西部所有省份的农业就业比重均高于全国平均水平，最高的西藏超过 23.3 个百分点，最低的内蒙古也超过 4.5 个百分点（见表 3 - 13）。2013 年西部所有省份的农业就业份额仍高于全国平均水平，但四川、青海、西藏的下降幅度已超过全国平均水平。

西部农业比重的下降，说明非农产业发展速度更快。结合农业就业比重看，西部农业现代化水平整体上与全国平均水平有较大差距。

---

① 新疆统计局编：《新疆统计年鉴（2015）》，中国统计出版社 2015 年版。
② 陕西省统计局：《2013 年陕西省果业发展统计公报》，《陕西日报》2014 年 4 月 9日第 3 版。

表 3 - 13　　　西部各省农业产值比重和农业就业比重数据

		内蒙古	广西	重庆	四川	贵州	云南	西藏
农业产值比重	2000 年（%）	25.04	26.27	17.81	23.58	27.27	21.47	30.92
	2013 年（%）	9.50	16.29	8.03	13.04	12.86	16.04*	10.74
	下降百分点	15.54	9.98	9.78	10.54	14.41	5.43	20.18
农业就业比重	2000 年（%）	54.5	61.2	56.5	59.6	67.3	60.4	73.3
	2013 年（%）	41.25	53.1	34.5	40.60	63.2	56.8*	45.2
	下降百分点	13.25	8.1	12.0	19.0	4.1	3.6	28.1

		陕西	甘肃	青海	宁夏	新疆	全国	
农业产值比重	2000 年（%）	16.80	19.66	14.61	17.30	21.12	15.9	
	2013 年（%）	9.51	14.03	9.87	8.69	17.55	10.0	
	下降百分点	7.29	5.63	4.74	8.61	3.57	5.9	
农业就业比重	2000 年（%）	55.7	59.7	60.9	57.6	57.7	50.0	
	2013 年（%）	37.8	45.1	37.1	47.6	46.17	31.4	
	下降百分点	17.9	14.6	23.8	10.0	11.53	18.6	

注：＊云南省是 2012 年数据。

资料来源：根据《中国统计年鉴（2014）》和《中国统计年鉴（2001）》，以及相关省份的统计年鉴整理计算。

3. 农业现代化加快推进

（1）农业规模化、专业化生产趋势明显。随着城镇化推进，农业从业人员人均耕地面积逐步提高。例如，陕西省农业从业人员人均耕地面积 2005 年、2010 年和 2013 年分别为 0.29 公顷、0.33 公顷和 0.36 公顷[1]，为种植业规模化生产创造了条件。通过土地流转，农地正在经历从"耕者有其田"到"善耕者善用其田"的转变[2]，种植大户、家庭农场、农业公司等农业新型经营主体不断增多，他们的规模经营、机械化耕作、现代化管理等推动了农业现代化。

农业向区域化布局、专业化生产、社会化服务的现代农业方向发展。以陕西省为例，2007 年实施"一村一品、千村示范万村推进"

---

[1]　根据《陕西统计年鉴（2014）》计算。

[2]　樊平等：《农地政策与农民权益》，社会科学文献出版社 2012 年版，第 274 页。

工程，2009年推动"一村一品"向"多村一品""一乡一业""一县一业"转型升级，形成了周至、眉县猕猴桃，大荔、阎良、高陵设施瓜菜，西乡、紫阳、平利茶叶，岚皋、勉县魔芋，韩城、合阳、凤县花椒等特色农业区，提升了农业生产规模化水平。2013年年底，全省创建了11个"一县一业"示范县区，这些县农民年人均纯收入8151元，4年增长110%；省级"一村一品"示范村农民年人均纯收入8020元，比全省平均水平高23%。[①]

（2）现代生产要素投入加大，提升了农业生产效率。以陕西省为例，1978—2012年，该省单位耕地的农业机械总动力提高了6.4倍、化肥施用量提高12.5倍（见表3-14）。随着农业新技术、新装备、新品种的不断应用，粮食、油料、棉花等主要农产品单产分别提高了123%、358%和231%，都翻了一番以上。西部比较发达地区的农业播种、田间管理、收割、粮油加工等环节基本上实现了机械化。农业现代化水平的提升释放出更多农业剩余劳动力，城镇化水平也不断提高。

表3-14　　　　改革开放以来陕西农业现代化水平发展状况

年份	1978	2000	2005	2010	2012
每公顷耕地农业机械总动力（千瓦）	1.01	3.36	5.04	6.60	7.49
每公顷耕地化肥施用量（千克）	62	421	527	688	837
粮食产量单产（千克/公顷）	1785	2850	3300	3687	3981
油料单产（千克/公顷）	435	1290	1638	1861	1996
棉花单产（千克/公顷）	420	989	1107	1361	1391
蔬菜单产（千克/公顷）		24334	26227	31172	31977

资料来源：根据《陕西统计年鉴》（2012、2013）计算、整理。

（3）新型农业经营主体数量增多和经营模式不断创新。随着土地经营规模扩大和现代农业生产工具应用，专业大户、家庭农场、农民

---

① 《我省新增16个一村一品"国字号"村镇》，《陕西日报》2015年1月11日第1版。

合作社等新型农业经营主体在各地大量涌现。以四川省为例，2012 年 30 亩以上规模化种粮大户有 10732 户，家庭农场发展到 5513 个，龙头企业有 8236 家；有 27241 家农民合作社依法登记，其中各级示范社占 12%；合作社市场竞争力增强，有 2742 个合作社拥有注册商标，有 2174 个合作社开展标准化生产；农民合作社入社成员 224 万户，带动农户 475 万户。① 总体上看，四川及西部地区小农生产方式的状况没有根本改变。

4. 城镇反哺农业，加快了农业现代化进程

（1）财政对西部农业的投入不断增加。首先，中央财政对西部农牧业的投入逐步增加，政策不断完善。2004 年以来，国家实施了以"种粮直补、农资综合补贴、农机具购置补贴、良种补贴"四大补贴为主的强农惠农政策。以陕西省为例，中央财政对该省的农机补贴由 2004 年的 200 万元增长到 2014 年的 6.9 亿元，累计达 34.2 亿元，补贴各类农机具超过 164.5 万台，带动农民投入 100 亿元。2014 年全省农机总动力达到 2550 万千瓦，比 2004 年增长了 92.5%。大马力、多功能、高性能农机具大幅度增长，大中型拖拉机、联合收割机保有量分别超过 14 万台和 5.5 万台，是 2004 年的 6 倍和 4 倍。开始装备深松机械、保鲜储藏设备、秸秆综合利用机械等新型农业机械②，极大地提高了陕西省农业机械化水平。中央财政还对西部农业给予特别支持。2009 年 2 月，国务院通过了《西藏生态安全屏障保护与建设规划（2008—2030 年）》，在西藏试点实施"草原生态保护补助奖励机制"，进一步加大了西藏草原生态保护和建设力度。2010 年 10 月 12 日，国务院常务会议决定建立草原生态保护补助奖励机制，实施禁牧补助、草畜平衡奖励、生产性补贴等政策，将农牧业生产与生态环境保护相结合。

其次，地方政府对农业现代化的支持力度逐步加大。2014 年，陕西省财政在上一年投入 5000 万元的基础上再增加 5000 万元财政专项

---

① 任永昌：《加快培育新型农业经营主体》，《光明日报》2013 年 9 月 18 日第 13 版。

② 《我省农机补贴十年累计达 34.2 亿》，《陕西日报》2015 年 4 月 13 日第 1 版。

资金，汉中、安康市也各自整合 1 亿元专项资金用于扶持陕南茶产业发展。[①] 2008 年，陕西省榆林市出台了《关于加快现代特色农业发展的意见》，该市每年把新增财力的 30% 用于农业农村建设。[②] 课题组在陕西省永寿县调研农业补贴显示，2005 年，全县农民享受各类补贴共计只有 88.8 万元，2014 年增加到 15116 万元，带动农民人均增收达 240 元。

（2）市场机制推动城镇经济要素进入农业。随着城镇经济的发展和城镇化推进，一些城镇经济要素外溢到农业，推动了农业现代化。例如，精准绿色农业生产信息系统应用于现代农业生产，通过在农田设置土壤元素、温度、湿度等传感器，农业技术服务主体根据采集来的数据进行分析，有针对性地制定肥料配比、虫害防治、温度控制等方案，精确地为农作物定时定点定量地浇水、施肥，节约水资源，促进农作物对肥料的高效吸收。[③] 通过手机、电脑、广播电视等现代通信工具及时指导农民生产。利用互联网技术，农产品生产者与消费者直接联系，减少中间流通环节，农产品销售更加便捷。同时，还实现农产品的可追溯性，满足消费者对食品安全的要求。城镇经济要素进入农业还带来工业化理念、市场营销理念等新的经营理念。

二 西部地区二元结构测度

发展中国家二元结构突出地表现在，传统农业部门劳动生产率远远低于以现代工业为代表的非农产业劳动生产率。我们采用比较劳动生产率、二元对比系数和二元反差系数[④]，测度西部地区二元结构。

1. 比较劳动生产率方法测度西部地区二元结构

比较劳动生产率是某个部门的产值比重与在此部门就业的劳动力比重的比率。即：

---

① 元莉华、张玲玲：《陕茶能够崛起的六大理由》，《陕西日报》2013 年 12 月 26 日第 1 版。

② 周婷婷、宋红梅：《榆林：沙漠边缘新"粮仓"——榆林市大力发展现代特色农业》，《陕西日报》2012 年 11 月 9 日第 11 版。

③ 厉以宁主编：《中国道路与新城镇化》，商务印书馆 2012 年版，第 163 页。

④ 黄坤明：《城乡一体化路径演变研究》，科学出版社 2009 年版，第 89—90 页。

比较劳动生产率 = 部门产值比重/本部门就业的劳动力比重

该指标反映了一个部门劳动生产率的高低,一个部门的产值比重越高,劳动力比重越低,比较劳动生产率就越高。工业部门和农业部门的比较劳动生产率差距越大,经济结构的二元性就越明显。通常在二元结构加剧阶段,农业部门和工业部门的比较劳动生产率差距拉大;在二元结构减弱阶段,两部门的比较劳动生产率差距缩小。为了便于计算,我们将用第二产业的数据替代工业部门的数据(下同)。

从表3－15可以得出:西部各省份第二产业和农业比较劳动生产率的差距与全国平均水平相比,2000年、2013年所有省份均超过全国平均水平,反映出西部二元结构超过全国平均水平。从发展看,2000—2013年全国的第二产业和农业比较劳动生产率的差距缩小,反映出全国二元结构减弱;西部内部二元结构差别较大,内蒙古、重庆、宁夏、新疆第二产业和农业比较劳动生产率的差距扩大,反映出这几个省份的二元结构在扩大,而其他主要省份的差距缩小。从2000—2013年第二产业、农业比较劳动生产率的变化看,除青海、新疆外,其余省份农业比较劳动生产率递减,说明这段时间西部农业整体上与非农产业发展差距在扩大;从第二产业比较劳动生产率看,2000年和2013年西部所有省份均超过全国平均水平,说明西部第二产业劳动生产率较高,这与西部第二产业以资源类产业和重工业为主有直接关系,这也强化了西部二元结构。

2. 二元对比系数方法测度西部地区二元结构

二元对比系数是指二元结构中农业部门和工业部门之间比较劳动生产率的比率。即:

二元对比系数 = 农业部门比较劳动生产率/工业部门比较劳动生产率

为了便于计算,我们将工业部门比较劳动生产率用第二产业比较劳动生产率替代。对比农业与第二产业的比较劳动生产率能很好地反映区域经济的二元结构程度。二元对比系数与二元结构的强度成反向变动,该数值越小,二元结构就越明显。该系数在理论上处于0—1,当系数为0时,表明农业比较劳动生产率为0,二元结构最显著;

表3—15　西部各省（市、区）比较劳动生产率、二元对比系数和二元反差系数

		内蒙古	广西	重庆	四川	贵州	云南	西藏	陕西	甘肃	青海	宁夏	新疆	全国
农业比较劳动生产率	2000年	0.46	0.42	0.31	0.39	0.40	0.35	0.42	0.30	0.33	0.24	0.30	0.36	0.32
	2013年	0.23	0.30	0.23	0.32	0.20	0.28*	0.23	0.25	0.31	0.26	0.18	0.38	0.31
	2013年减2000年	-0.23	-0.12	-0.09	-0.07	-0.20	-0.07	-0.19	-0.05	-0.01	0.02	-0.12	0.02	-0.01
第二产业产值比重	2000年（%）	39.7	36.5	41.4	42.4	39.0	41.4	23.2	44.1	44.7	43.2	45.2	43.0	45.9
	2013年（%）	54.0	47.7	50.5	51.7	40.5	42.8*	36.3	55.4*	45.0	57.3	49.3	45.0	43.9
第二产业就业比重	2000年（%）	16.5	10.2	15.3	14.5	9.3	12.6	5.8	16.5	13.8	13.4	18.1	13.8	22.5
	2013年（%）	18.8	19.0	16.8	26.0	14.1	13.5*	14.1	28.4*	15.6	23.2	17.2	16.3	30.1
第二产业比较劳动生产率	2000年	2.40	3.57	2.70	2.92	4.19	3.28	4.00	2.67	3.24	3.22	2.50	3.12	2.04
	2013年	2.87	2.51	3.00	1.99	2.87*	3.17*	2.57	1.95	2.88	2.47	2.86	3.54	1.46
	2013年减2000年	0.47	-1.06	0.30	-0.93	-1.32	-0.09	-1.43	-0.72	-0.36	-0.75	0.36	0.38	-0.58
比较劳动生产率差（第二产业减农业）	2000年	1.94	3.15	2.39	2.53	3.79	2.93	3.58	2.37	2.91	2.98	2.20	2.76	1.72
	2013年	2.64	2.21	2.77	1.67	2.67	2.89	2.34	1.70	2.57	2.21	2.58	3.16	1.15
二元对比系数	2000年	0.19	0.12	0.11	0.13	0.09	0.10	0.11	0.11	0.10	0.07	0.12	0.12	0.16
	2013年	0.08	0.12	0.07	0.16	0.07	0.09*	0.09	0.13	0.09	0.11	0.06	0.11	0.21
二元反差系数	2000年	26.33	31.11	32.40	31.96	34.87	33.86	29.89	33.25	35.47	38.00	33.70	32.92	23.75
	2013年	33.47	32.75	30.08	26.63	38.37	35.03*	28.33	28.6*	30.23	30.66	40.50	28.66	17.60

注：陕西省2012年后就业统计制度变化，这里我们选择2011年的数据。*云南是2012年数据。

资料来源：根据《中国统计年鉴》（2014、2001）相关省份的统计年鉴整理、计算。

等于 1 时，农业和工业的比较劳动生产率相同，二元经济完全转变成了一元经济。发达国家的该系数一般为 0.52—0.86。[①]

西部二元经济结构非常突出。从表 3 – 15 可以看出，2000 年西部二元结构整体超过全国，只有内蒙古低于全国平均水平。而 2013 年西部全部省份二元结构超过全国。从发展看，2000—2013 年，全国二元对比系数由 0.16 上升到 0.21，二元结构在减弱。西部除广西、四川、陕西、青海外，其余省份二元结构强化，也反映出这些省份处在工业化的上升期。

3. 二元反差系数测度西部地区二元结构

二元反差系数是指农业部门和工业部门产值比重与就业比重之差的绝对数的平均值。即：

二元反差系数 = （｜农业部门产值比重 – 就业比重｜ + ｜工业部门产值比重 – 就业比重｜）/2

二元反差系数在 0—1。系数越大，农业和工业的发展差距越大，二元结构越明显；当系数为 0 时，二元结构转变为一元经济。

由表 3 – 15 可以得出：西部地区 2000—2013 年二元反差系数都超过全国平均水平，反映出西部城乡二元结构超过全国平均水平，而且超过的幅度还很大，2013 年，贵州、宁夏是全国的一倍以上。从发展看，全国二元反差系数在缩小，说明全国二元结构在减弱；而内蒙古、广西、贵州、云南、宁夏的城乡发展差距还在拉大。

通过以上计算说明，西部处于典型的城乡二元结构的历史阶段，而且内部发展差异较大，对我们研究提出较高的要求。

三　西部城镇化和农业现代化相互协调发展的特征分析

通过以上的分析，我们可以看出，西部城镇化和农业现代化相互协调发展具有自身的特征。

1. 经济社会发展相对滞后带来西部城镇化和农业现代化相互协调发展的艰巨性

基础设施相对滞后。2013 年，山东、上海、河南、重庆、江苏等

---

① 黄坤明：《城乡一体化路径演变研究》，科学出版社 2009 年版，第 89—90 页。

省市公路网密度已高于 140 千米/百平方千米，接近西欧水平，而西藏和青海是其 1/10。京、津、沪三个直辖市的铁路网密度已超过 5 千米/百平方千米，与欧盟水平相当。而新疆、青海、西藏三地区铁路网密度每百平方千米仅分别为 0.29 千米、0.26 千米和 0.04 千米。

经济发展相对滞后。从人均地区生产总值来看，2013 年，全国、东部、中部、东北、西部分别是 41908 元、62405 元、35357 元、49606 元、34491 元①，西部是四个经济区最低的，只有全国的 82.3%、东部的 55.2%。西部地区贫困人口多，贫困面广，城乡二元结构突出。

2. 西部内部情况的复杂性要求采取因地制宜的对策

内部地理环境的复杂性。西部既有城镇化和农业生产条件良好的四川盆地和关中平原等，但更多的是地理条件较差、农业资源短缺地区。

内部经济发展的不平衡性。西部经济不仅与全国发达地区有较大差距，还存在内部各省份之间、省份内部各县市之间巨大的差距。比如从经济总量看，2013 年四川省的生产总值是 26260 亿元，差不多等于陕西（16045 亿元）、甘肃（6268 亿元）、青海（2101 亿元）、宁夏（2565 亿元）四省份的总和。从人均生产总值看，最高的是内蒙古（67498 元），最低的是贵州（22922 元），相差 1.94 倍。

各地经济发展潜力不同。一些区域是城镇化和农业现代化重点开发区域，如四川盆地、关中平原、北部湾地区、黔中地区、滇中地区、藏中南地区、兰州—西宁地区、宁夏沿黄地区、天山北坡地区等。一些区域农业资源开发潜力大，截至 2013 年陕西省连续 13 年实现耕地占补平衡。② 其中，2011—2013 年，共实现耕地占补平衡 59.7 万亩，3 年新增粮食产量超过 4 亿千克。陕北新增耕地采用生土熟化等现代技术，加上适宜的气候，土豆平均亩产达到 4000—6000 千克，玉米亩产达到 1 吨。《陕西省黄土高原地区沟道造地工程规划

---

① 国家统计局编：《中国统计年鉴（2014）》，中国统计出版社 2014 年版。
② 《我省连续 13 年实现耕地占补平衡》，《陕西日报》2014 年 2 月 24 日第 1 版。

（2011—2020 年）》提出，2011—2020 年，计划造地 402.9 万亩。

3. 城镇化、农业现代化过程中要特别注意与生态环境和谐发展

西部多数区域生态系统脆弱，自然环境承载能力有限，不宜聚集过多的人口和产业，需要根据实际情况，处理好人口、经济和农业发展与资源环境的关系，因地制宜、适度开发、有序利用，实现城镇化、农业发展与各制约条件的整体协调和可持续发展。如青海三江源地区地处青藏高原腹地，平均海拔 4200 米，是世界上海拔最高、面积最大的高原生物多样性富集区，素有"中华水塔"之称，是我国极为重要的生态安全屏障；陕西南部地区是南水北调中线工程的水源区，这些区域要求生态保护优先。通过城镇发展来聚集区域人口，可以适度减少人口对脆弱生态环境的压力，促进环境保护。

4. 西部城镇化和农业现代化相互协调发展具有特别意义

保障国家粮食安全。目前，我国东部长三角、珠三角等地区的城镇化快速推进过程中，耕地大量减少，由国家粮食主产区变为国家粮食主销区。西部在农业现代化过程中除了保障自身的粮食安全，还要在保障国家粮食安全方面发挥更大作用。

西部全面建成小康社会的重要基础。我国贫困人口主要集中在西部，是全面建成小康社会的主要"短板"，农业现代化、城镇化是提高农民收入、贫困人口脱贫的重要途径。

第四章　西部城镇化和农业现代化
发展不协调分析

本章主要阐释西部城镇化和农业现代化发展不协调的具体表现，对西部城镇化和农业现代化相互协调发展进行定量分析，并分析问题产生的原因。

第一节　西部城镇化和农业现代化
发展不协调的表现

2013 年 12 月，中央农村工作会议指出，"农业是'四化同步'的短腿"。和我国整体水平及东部发达地区相比，西部城镇化水平低，农业现代化程度更低，城镇化与农业现代化发展不协调更突出。

一　西部农业现代化相对滞后

1. 农业就业比重远高于农业产值比重

从表 4 - 1 可以看出，2012 年西部各省份农业就业比重都高于农业增加值比重，说明单个劳动力在农业创造的价值低于非农产业。西部各省份农业就业结构与产值结构偏差值都超过全国平均水平，特别是内蒙古、广西、贵州、云南、西藏、宁夏、甘肃、新疆等省份就业结构与产值结构偏差值较大，远超全国平均水平，说明这些省份农业和非农产业发展差距较大，也反映出城镇化与农业现代化发展不协调更加突出、城乡二元结构明显。西部农业就业结构与产值结构偏差值过大，农业中大量剩余劳动力不能转移，农业规模化生产水平难以提高，制约了西部农业现代化的进程。从国际比较看，2008 年，我国农业劳动生产率约为世界平均值的 47%，约为高收入国家平均值的 2%，约为美国和日本的 1%。①

2. 西部农业现代化程度不高

第一，农业机械化水平较低。由表 4-2 可见，2013 年，西部农业机械化水平与全国相比，单位农作物播种面积拥有的农用机械动力只有西藏、青海、宁夏 3 个少数民族集中的省区超过全国平均水平，但它们占西部的耕地面积和农用机械总量的比例很低。其余 9 个省份均低于全国平均水平，特别是重庆、四川、贵州、云南、新疆等只有全国平均水平的 2/3 左右。每千公顷化肥施用量只有广西、陕西、新疆超过全国平均水平，贵州、青海只有全国平均水平的 1/2 左右，内蒙古、重庆、四川、西藏、甘肃只有全国平均水平的 2/3 左右。西部使用简单工具、靠手工劳动和畜力为主的小农生产在山区还大量存在。

第二，农业单位产出不高。西部粮食的单位面积产量与全国相比有一定的差距，只是全国平均水平的 86.2%，只有新疆、西藏高于全国平均水平，其余省份均低于全国平均水平，特别是贵州、云南、陕西、甘肃、青海远低于全国平均水平，贵州只有全国平均水平的 61.4%。因此，西部粮食播种面积占全国的 30.8%，但产出只占全国的 26.5%。参见第三章第二节表 3-12。

第三，农业生产效率整体不高。西部大多数省份在劳均粮食产量、劳均蔬菜产量等方面生产效率低于全国平均水平，特别是广西、贵州、云南、西藏、青海劳均粮食产量不到全国平均水平的 50%（见表 4-3）。但内蒙古、宁夏、新疆的劳均粮食产量、劳均蔬菜产量超过全国平均水平，这与这些省份人均耕地面积大，粮食、蔬菜生产规模效应明显有关，但粮食主产区四川、重庆、陕西等均低于全国平均水平。这也反映出耕地规模化生产、农业基础设施状况等在农业现代化中的重要性。

---

① 何传启主编：《中国现代化报告 2012——农业现代化研究》，北京大学出版社 2012 年版，第 ix 页。

表 4 – 1　　2012 年第一产业就业结构与产值结构的偏差值

	内蒙古	广西	重庆	四川	贵州	云南	西藏	陕西	甘肃	青海	宁夏	新疆	全国
全省（市、区）就业人员（万人）	1304.9	2768	1633.1	4798.3	1825.8	2881.9	202.0	2061	1491.59	310.9	344.5	1010.4	76704
第一产业就业人员（万人）	583.4	1481	592.6	1991.3	1189.04	1636.57	93.6	797	697.6	115.1	167.1	492.3	25773
第一产业就业比重（%）	44.7	53.5	36.3	41.5	65.1	56.8	46.3	38.6	46.8	37.0	48.5	48.7	33.6
第一产业产值比重（%）	9.1	16.7	8.2	13.8	13.0	16.0	11.5	9.5	13.8	9.3	8.5	17.2	10.1
就业结构与产值结构偏差值	35.6	36.8	28.1	27.7	52.1	40.8	34.8	29.1	33.0	27.7	40.0	31.5	23.5

资料来源：根据《中国统计年鉴（2013）》、西部各省份 2013 年统计年鉴整理计算。

表 4 – 2　　2013 年西部农业现代化水平与全国比较

	内蒙古	广西	重庆	四川	贵州	云南	西藏	陕西	甘肃	青海	宁夏	新疆	全国
农作物总播种面积（千公顷）	7211.2	6137.2	3515.9	9682.9	5390.1	7148.2	248.6	4269.0	4155.9	555.8	1264.7	5212.3	164627
农业机械总动力（万千瓦）	3430.6	3383.0	1198.9	3953.1	2240.8	3070.3	517.3	2452.7	2418.5	410.6	802.0	2165.9	103906.8
每千公顷拥有的机械动力（千瓦）	4756	5512	3408	4082	4155	4294	20846	5743	5819	7387	6344	4153	6311
化肥施用量（万吨）	202.4	255.7	96.5	251.1	97.4	219.0	5.7	241.7	94.7	9.8	40.4	203.2	5911.9
每千公顷施用化肥（吨）	280	416	274	259	180	306	229	566	227	176	319	389	359

资料来源：根据《中国统计年鉴（2014）》整理计算。

　　第四，农产品商品化程度低。西部农村居民人均粮食出售量只有内蒙古、新疆高于全国平均水平，四川、贵州、西藏、青海平均不到100千克，远低于全国平均水平（见表4-4）。其他农产品因为各地资源不同，商品化程度差异较大。西部是我国牧区主要地区，在草原畜牧产品生产有优势。如2012年农村居民人均羊肉出售量较大的西部省份内蒙古45.52千克、青海10.72千克、宁夏11.13千克、新疆22.54千克，远高于全国3.32千克的平均水平；西藏农村居民人均牛肉出售量12.09千克，远高于全国3.34千克的平均水平。但总体上西部主要农产品商品化程度低。

　　3. 农业产业化程度低

　　第一，农业产业化龙头企业发展不足且带动作用不强。从表4-5可以得出，2013年，西部乡镇规模农产品加工企业数、营业收入、利润总额、上缴税金分别只占全国总量的11.18%、8.80%、9.31%、8.52%，而西部农业占全国总量的20.0%，反映出西部农产品加工程度只是全国平均水平的一半左右，西部尽管农牧产品丰富，但农牧产品加工转化增值能力较低。

　　第二，西部农业经营主体的总体素质、技术水平不高，市场意识和管理能力都相对不足。农业从业人员老龄化、低文化，家庭农场刚刚起步，数量不多。2015年，陕西省家庭农场只有2.3万家。①农民专业合作社主要集中在种植、养殖生产环节，多数合作社难以规范运作，不能有效发挥合作组织应有作用。一些农民合作组织不能有效开拓农产品市场，农产品销售主要是农民直接到市场销售和坐等客商收购，农户只能被动接受市场价格，无法形成稳定的农产品价格预期，难以解决"小生产"和"大市场"之间矛盾。一些农民创办合作社的目的仅仅是套取国家补助资金，获得税收优惠。

　　第三，农业产业链条短，农产品品牌建设滞后，缺少有较大市场影响力的品牌。西部地区多数农业没有形成现代农业产业链，农户还是以单打独斗的生产方式为主，农业专业化水平不高。农产品加工特

---

　　① 《"十二五"陕西农业上交优秀"答卷"》，《陕西日报》2015年12月8日第2版。

表4－3

2012年西部各省份主要农产品生产率比较

	内蒙古	广西	重庆	四川	贵州	云南	西藏	陕西	甘肃	青海	宁夏	新疆	全国
劳均粮食产量（千克/人）	4617.51	954.79	1912.07	1595.99	938.97	1071.28	1031.69	1545.17	1570.63	871.06	3068.59	3097.02	2167.99
劳均油料产量（千克/人）	264.94	35.03	84.16	138.54	76.01	38.49	68.83	74.87	94.83	302.29	147.56	143.64	126.38
劳均水果产量（千克/人）	517.72	851.99	489.03	395.57	128.49	355.92	14.75	2102.03	799.67	31.58	2050.13	2973.18	884.61
劳均蔬菜产量（千克/人）	2695.99	1515.36	2534.80	1812.51	1196.54	901.96	713.13	1893.29	2067.03	1362.36	3855.02	4028.86	2606.49

资料来源：根据国家统计局数据，http：//data.stats.gov.cn/easyquery.htm? cn = E0103 计算。

表4－4

2012年西部各省份农村居民家庭平均每人出售农产品比较

	内蒙古	广西	重庆	四川	贵州	云南	西藏	陕西	甘肃	青海	宁夏	新疆	全国
农村居民人均粮食出售量（千克）	1128.76	136.61	111.58	97.64	49.38	104.84	74.15	276.02	285.66	84.39	496.02	1009.94	529.75
农村居民人均蔬菜出售量（千克）	240.21	149.15	171.23	131.45	63.81	276.27	1.27	92.09	192.28	61.28	299.20	297.66	164.13
农村居民人均猪肉出售量（千克）	12.59	26.03	37.37	51.97	21.90	37.43	1.04	16.20	10.33	2.18	14.17	4.76	30.74
农村居民人均牛羊奶出售量（千克）	149.48	—	0.01	0.13	—	17.79	5.79	14.16	1.42	8.65	93.95	10.96	9.32
农村居民人均蛋类出售量（千克）	5.38	1.78	24.06	2.27	0.59	2.58	0.29	15.46	6.04	—	2.96	9.33	10.13

资料来源：国家统计局数据，http：//data.stats.gov.cn/easyquery.htm? cn = E0103。

别是精深加工严重不足，农民难以分享加工流通过程中的增值收益。西部在实施农产品标准化生产、商标注册、品牌建设等方面还处于起步阶段，产品销售还主要以"原"字号为主，营销能力不强，农产品生产者和消费者之间缺乏值得信赖的品牌纽带。不少特色产品不为消费者所知，产品优势难以转化为经济优势。

二　西部城镇化和农业现代化相互协调发展程度定量分析

如何定量测度城镇化和农业现代化协调发展程度是本书研究的一个难点，我们参考李志萌等的研究方法①，定量测量西部城镇化和农业现代化相互协调发展的程度。

（一）劳动生产率比较法分析

劳动生产率是衡量产业现代化水平的综合性指标，劳动生产率越高，产业现代化水平也越高，这是经济学的基本原理和普遍规律。李志萌等通过分别计算第一、第二、第三产业的劳动生产率来定量测算城镇化和农业现代化协调发展程度。我们认为，城镇产业是非农产业，非农产业也主要集中在城镇，可以直接计算农业和非农产业的劳动生产率来定量确定城镇化和农业现代化协调发展程度。

劳动生产率计算公式为：

$$LE = V_i/P_i \qquad\qquad (4-1)$$

式中，LE 为劳动生产率；V_i 为农业、非农产业增加值；P_i 为农业、非农产业就业人数。

根据农业和非农产业劳动生产率的比值，可以进行定量打分评分，定量评价农业现代化和城镇化相互协调发展程度。比值越大，协调发展的分值越低，农业现代化和城镇化就越不协调。先设定评分标准，如采用 10 分制评分，可进行以下设定：比值 1 = 10 分；比值 1.1—1.9 = 9 分；比值 2—2.9 = 8 分；比值 3—3.9 = 7 分；比值 4—4.9 = 6 分；比值 5—5.9 = 5 分；比值 6—6.9 = 4 分；比值 7—7.9 = 3

---

① 李志萌、杨志诚：《工业化、城镇化、农业现代化同步发展定量测定方法和实证分析》，载尹成杰主编《三化同步发展——在工业化、城镇化深入发展中同步推进农业现代化》，中国农业出版社 2012 年版，第 145—156 页。

表4-5 2013年西部和全国乡镇规模农产品加工企业比较

	内蒙古	广西	重庆	四川	贵州	云南	西藏	陕西	甘肃	青海	宁夏	新疆	西部合计	全国	西部占全国的比重（%）
企业个数（个）	965	1215	852	3640	—	773	—	1141	627	20	380	573	10186	91064	11.18
营业收入（万元）	8196659	17217428	5802778	54092112	—	7364593	—	13106330	2813496	91273	3559820	4550141	116794630	1327095672	8.80
利润总额（万元）	744788	1368651	281858	4389637	—	447030	—	414182	181844	3173	70835	532772	8434770	90597744	9.31
上缴税金（万元）	335692	351973	225157	1645056	—	220172	—	53295	74596	1035	76160	95692	3078828	36100564	8.52

资料来源：根据《中国农业统计资料（2013）》整理计算（贵州、西藏的数据在统计资料中没有统计）。

表4-6 2012年西部各省份和全国城镇化与农业现代化协调度比较

	内蒙古	广西	重庆	四川	贵州	云南	西藏	陕西	甘肃	青海	宁夏	新疆	全国
GDP（亿元）	15880.58	13035.10	11409.60	23872.80	6852.20	10309.47	701.03	14453.68	5650.20	1893.54	2341.29	7505.31	534123.0
人均GDP（元）	63886	27952	38914	29608	19710	22195	22936	38564	21978	29522	36394	33796	39544
人均GDP占全国比例（%）	161.5	70.6	98.4	74.8	49.8	56.1	58.0	97.5	55.5	74.6	92.0	85.4	
非农产业增加值（亿元）	14432	10862.73	10469.59	20575.59	5960.29	8654.92	620.65	13083.52	4869.7	1716.63	2141.89	6184.74	483230.3
非农产业从业人员（万人）	721.5	1287	1040.5	2807.0	636.76	1245.33	108.4	1264	893.99	195.8	177.4	518.1	50931
非农产业劳动生产率（元/人）	200027	84403	100620	73300	93603	69499	57255	103508	54471	87672	120737	119182	94879
农业增加值（亿元）	1448.58	2172.37	940.01	3297.21	891.91	1654.55	80.38	1370.16	780.50	176.91	199.40	1320.57	50892.7
第一产业从业人员（万人）	583.4	1481	592.6	1991.3	1189.04	1636.57	93.6	797	697.6	115.1	167.1	492.3	25773.0
农业劳动生产率（元/人）	24829	14668	15862	16560	7501	10109	8587	17191	11188	15370	11932	26824	19746
非农产业劳动生产率/农业劳动生产率	8.0	5.7	6.3	4.4	12.4	6.8	6.6	6.0	4.8	5.7	10.1	4.4	4.8
农业现代化和城镇化的协调度	2	5	4	6	0	4	4	4	6	5	0	6	6
城镇化率（%）	57.74	43.53	56.98	43.53	36.41	39.31	22.75	50.02	38.75	47.44	50.67	43.98	52.57

资料来源：根据《中国统计年鉴（2013）》，西部各省（市、区）2013年《统计年鉴》整理计算。其中，非农产业增加值是第二、第三产业增加值之和，非农产业从业人员是第二、第三产业从业人员之和。

分；比值 8—8.9 = 2 分；比值 9—9.9 = 1 分；比值 10 以上为 0 分。若更精确一些，评分时采用内插至小数点一位，如农业和非农产业劳动生产率比值为 2.5，则评为 8.5 分。如采用百分制评分，可放大 10 倍。

通过表 4－6 可以得出以下结论：

（1）西部经济发展整体滞后于全国平均水平，支撑城镇化和农业现代化协调发展的经济基础较弱。2012 年，人均经济总量只有内蒙古超过全国平均水平，重庆、陕西接近全国平均水平；广西、四川、贵州、云南、西藏、甘肃、青海远低于全国平均水平，分别只有全国平均水平的 70.6%、74.8%、49.8%、56.1%、58.0%、55.5%、74.6%，贵州甚至不到全国的一半。

（2）从劳动生产率看，西部内部差异很大。①内蒙古、新疆的非农产业劳动生产率和农业劳动生产率均高于全国平均水平，内蒙古非农产业更为发达，劳动生产率远高于全国平均水平，是全国平均水平的 2.02 倍。这与内蒙古的产业结构有关，内蒙古大规模现代化的煤炭开采大幅度提升了非农产业劳动生产率；而内蒙古、新疆人均拥有农业资源较多也使农业更容易实现规模化、机械化生产，新疆、内蒙古农业劳动生产率分别超过全国平均水平 59%、32%，居西部第一、第二位。②从非农产业劳动生产率看，广西、四川、贵州、云南、西藏、甘肃、青海低于全国平均水平，反映出这些省份城镇非农产业发展不足，城镇经济基础较弱，城镇吸纳就业能力不强，这些省份的城镇化水平也不高，都与全国城镇化水平有较大差距。③从农业产业劳动生产率看，只有内蒙古、新疆超过全国水平，贵州、云南、西藏、甘肃、宁夏与全国有较大差距，反映出这些省份农业现代化水平较低，这也与这些省份的农业生产条件较差有一定关系。如贵州是我国地貌类型最复杂的省份之一，山地面积占了全省土地总面积的 87%，河谷盆地和山间盆地（贵州俗称坝子）仅占 3%，是全国唯一缺乏平原支撑的省份，而且全省70%以上的地区为岩溶地貌①，气候的地域差异也很大。这极大地影响了贵州农业现代化和经济社会发展。

（3）从经济发展水平、产业发展水平（劳动生产率）和城镇化的关系看，经济发展水平决定城镇化水平。①人均经济总量高的省份，城镇化水平也高，如内蒙古、重庆、陕西人均经济总量处于西部前三位，城镇化率内蒙古、重庆处于前两位，陕西处于第四位。而贵州、甘肃、云南、西藏人均经济总量较低，城镇化水平也不高，处于西部后四位。②非农产业发展与城镇化高度相关，内蒙古、重庆、宁夏、陕西非农产业劳动生产率高，非农产业相对发达，城镇化水平就高，处于西部前四位。③农业现代化支撑城镇化，农业现代化水平高的省份，城镇化水平一般也较高，如内蒙古、陕西、重庆；反之亦然，农业劳动生产率处于后四位的贵州、西藏、云南、甘肃的城镇化也处于后四位。

（4）从农业现代化和城镇化的协调度看，四川、甘肃、新疆与全国平均水平相当，其余均低于全国平均水平，其中内蒙古、贵州、宁夏与全国平均水平差距较大，特别是贵州、宁夏是最低的。但是仔细分析要更复杂一些，可以具体分为以下几种情况：①与全国平均水平相当的省份可分为两种情况：第一，非农产业和农业劳动生产率都较高，发展相对协调，但城镇化水平相对不高，如新疆；第二，城镇化、农业现代化的水平都比较低，是低水平的协调，如四川省、甘肃省。②城镇化和农业现代化发展不协调的省份可分为四种情况：第一，非农产业和农业现代化、城镇化都发展较好，但由于非农产业生产效率更高，城镇化和农业现代化发展不协调表现明显，如内蒙古，这是相对高水平的不协调；第二，非农产业和农业现代化、城镇化发展都不好导致的不协调，是经济发展低水平的不协调，如云南、西藏、青海等省份；第三，城镇非农产业和农业现代化发展差距偏大导致的不协调，如陕西、广西；第四，城镇非农产业和农业发展差距过

① 杨斌：《地理环境与贵州经济发展》，《贵州师范大学学报》（社会科学版）2004年第5期。

大，而农业现代化程度过低，城镇化和农业现代化协调发展程度最突出，如贵州、宁夏。这些都反映出西部内部的复杂性，推进西部城镇化和农业现代化相互协调发展难度较大，在推进过程中要因地施策，不能"一刀切"。

（二）城乡居民收入水平比较分析

通过对城乡居民收入水平比较分析，可以在一定程度上反映出城镇化和农业现代化发展的协调程度。这是因为农业是农民经营性收入的主要来源，农业现代化程度高，则农民经营性收入高。如果农业现代化程度与非农产业相当，那么，农民的收入应与城镇居民收入相当。从表4－7和表4－8可以得出以下结论：

表4－7　　　　　　　　2013年四大经济区域居民收入比较

	东部地区	中部地区	西部地区	东北地区	全国
城镇居民人均可支配收入（元/人）	32472.0	22736.1	22710.1	22874.6	26955.1
农村居民人均纯收入（元/人）	12052.1	8376.5	6833.6	9909.2	8895.9
城乡收入水平对比	2.69	2.71	3.32	2.30	3.03

资料来源：国家统计局编：《中国统计年鉴（2014）》，中国统计出版社2014年版。

第一，从总体看，西部城乡居民收入水平相对都较低，城乡收入差距普遍较大。西部城乡居民收入在四大经济区域都是最低的，2013年，西部没有一个省份超过全国平均水平。特别是农民人均纯收入差距更大，2013年，西部城镇居民人均可支配收入22710.1元，比全国平均水平低4245元，低15.7%；西部农民人均纯收入6833.6元，比全国平均水平低2062.3元，低23.1%。西部的城乡收入差距是最大的，2013年，西部城乡收入绝对差距为15876.5元，城乡收入比是3.32倍。四大经济区中西部城乡收入差距最大，说明西部城镇化与农业现代化发展不协调程度超过全国平均水平和其他区域。

第二，内部收入差距很大。从绝对值看，2013年，西部城镇居民人均可支配收入最高的内蒙古（25496.7元）比最低的甘肃（18964.8元）高出34.4%，农村居民人均纯收入最高的内蒙古（8595.7元）

表4-8　西部各省份和全国城乡收入和城镇化水平比较

		内蒙古	广西	重庆	四川	贵州	云南	西藏	陕西	甘肃	青海	宁夏	新疆	全国
2000年	城镇居民人均可支配收入（元）	5129.1	5834.4	6276.0	5894.3	5122.2	6324.6	7426.3	5124.2	4916.3	5170.0	4912.4	5644.9	6280.0
	农民人均纯收入（元）	2038.2	1864.5	1892.4	1903.6	1374.2	1478.6	1330.8	1443.9	1428.7	1490.5	1724.3	1618.1	2253.4
	城镇居民收入/农民收入	2.51	3.12	3.31	3.10	3.72	4.28	5.58	3.48	3.44	3.47	2.85	3.49	2.79
	城镇化率（%）	42.68	28.15	33.09	26.69	23.87	23.36	18.93	32.26	24.01	34.76	32.43	33.82	36.22
2005年	城镇居民人均可支配收入（元）	9136.8	9286.7	10243.5	8386.0	8151.1	9265.9	9431.2	8272.0	8086.8	8057.9	8093.6	7990.2	10493.0
	农民人均纯收入（元）	2988.9	2494.7	2809.3	2802.8	1877.0	2041.8	2077.9	2052.6	1979.9	2151.5	2508.9	2482.2	3254.9
	城镇居民收入/农民收入	3.05	3.72	4.90	2.99	4.34	4.54	4.54	4.03	4.08	3.74	3.23	3.22	3.22
	城镇化率（%）	47.20	33.62	45.20	33.00	26.87	29.50	20.85	37.23	30.02	39.25	42.28	37.15	42.99
2010年	城镇居民人均可支配收入（元）	17698.2	17063.9	17532.4	15461.2	14142.7	16064.5	14980.5	15695.2	13188.6	13855	15344.5	13643.8	19109.4
	农民人均纯收入（元）	5529.6	4543.4	5276.7	5086.9	3471.9	3952.0	4138.7	4105.0	3424.7	3862.7	4674.9	4642.7	5919.0
	城镇居民收入/农民收入	3.20	3.75	3.32	3.04	4.07	4.06	3.62	3.82	3.85	3.59	3.28	2.94	3.23
	城镇化率（%）	55.50	40.00	53.02	40.18	33.81	34.70	22.67	45.76	36.12	44.72	47.90	43.01	49.95
2013年	城镇居民人均可支配收入（元）	25496.7	23305.4	25216.1	22367.6	20667.1	23235.5	20023.4	22858.4	18964.8	19498.5	21833.3	19873.8	26955.1
	农民人均纯收入（元）	8595.7	6790.9	8332.0	7895.3	5434.0	6141.3	6578.2	6502.6	5107.8	6196.4	6931.0	7296.5	8895.9
	城镇居民收入/农民收入	2.96	3.43	3.02	2.83	3.80	3.78	3.04	3.51	3.71	3.15	3.15	2.72	3.03
	城镇化率（%）	58.71	44.81	58.34	44.90	37.83	40.48	23.71	51.31	40.13	48.51	52.01	44.47	53.73

资料来源：根据国家统计局编《中国统计年鉴》（2001、2006、2011、2014）整理计算。

比最低的甘肃（5107.8 元）高出 68.3%，反映出西部内部各区域农业现代化差距更大。从收入比看，2013 年城乡收入差距最大的是贵州省，达到 3.80 倍，最低的是新疆，是 2.72 倍，相差 39.7%。

第三，从发展过程看，西部省份城乡收入差距缩小比较明显，说明农业现代化速度相对更快。2000 年，西部只有内蒙古城乡居民收入比低于全国平均水平，城镇化高于全国平均水平，而且贵州、云南、西藏、陕西、甘肃、青海、新疆的城乡收入差距远高于全国平均水平，特别是云南、西藏城乡收入差距很大，反映出这两个省份城镇化与农业现代化发展非常不平衡；四川、贵州、云南、西藏、甘肃的城镇化水平比全国平均水平低 10 个百分点以上，基本上处于城镇化的起步阶段（25% 左右）。到 2013 年已有内蒙古、重庆、四川、新疆 4 个省份城乡收入差距低于全国平均水平。特别是西藏的成就最大，2000 年，西藏城乡收入比是 5.58，是西部最高，但到 2013 年，这个数据下降到 3.04，非常接近全国平均水平。但是，也有城乡收入差距进一步拉大的省份，如内蒙古、广西、贵州、陕西、甘肃、宁夏等省份。2013 年，西部城镇化水平总体仍然较低，只有内蒙古、重庆的城镇化水平高于全国平均水平，陕西、宁夏接近全国平均水平，西藏、贵州、云南、甘肃仍然比全国平均水平低 10 个百分点以上。

第四，从城乡收入发展阶段看，随着城镇化、农业现代化水平的提高，西部城乡居民收入差距多数省份经历了由先扩大到后缩小的过程。增长极理论、非均衡发展理论以及社会发展都表明，在工业化和城镇化过程中，城乡差距的变化过程是先逐步扩大，然后缩小。从西部各省份发展过程看，2000—2013 年，除四川、西藏、新疆外，其余省份均经历了城乡收入差距扩大的过程，2005—2010 年差距达到最大，然后开始缩小，全国同样经历了这一过程。反映出这一时期我国进入城镇反哺农业阶段后，促进农业现代化和提高农民收入的效果逐步显现。

第二节　西部城镇化和农业现代化
发展不协调原因分析

前面我们定性和定量探讨了西部城镇化和农业现代化发展不协调的具体表现，这里我们分析产生这一问题的原因。

一　西部城镇化水平相对较低，带动农业现代化能力弱

（一）西部总体经济实力弱

表4-9显示，2013年，东部地区的单位面积土地的经济产出和人均生产总值都要远远高于西部地区，分别是西部的19.2倍、1.8倍。西部各省份人均经济总量超过全国平均水平的只有内蒙古、重庆、陕西，其余均低于全国平均水平。而内蒙古、陕西是以资源型产业为主的省份，2013年煤炭产量分别为9.9亿吨、4.9亿吨，居全国第一、第三位。陕西省原油产量3688万吨，居全国第二位，陕西省的能源化工产业增加值占全部工业增加值的56%，能源化工产业的快速增长支撑了内蒙古、陕西省经济高速发展。各省份比较，2013年内蒙古人均GDP最高，达67498元，而贵州仅为22922元人民币（见第三章第二节表3-9），相差1.94倍。西部人口密度很低，只有53人/平方千米，西藏、青海、新疆的人口密度只有2.6人/平方千米、8.0人/平方千米、13.6人/平方千米，在多数地区难以形成城镇的人口集聚效应。

西部整体上处在欠发达状态，是贫困人口集中的地区。即使人均GDP达到全国平均水平的陕西省，仍然有秦巴山区、吕梁山区、六盘山区3个国家连片特困地区，2013年，107个县级行政区中有50个属于国家扶贫开发工作重点县。2014年年底，省级扶贫标准下的贫困人口还有460万人，贫困发生率达17.65%。[1]少数民族地区贫困问

---

[1]　《5年减贫570万人，陕西扶贫史上树丰碑》，《陕西日报》2015年12月11日第3版。（陕西省贫困标准比全国略高，按照2010年不变价，国家标准是2300元，陕西省是2500元）

题更突出，2011年年末，新疆南疆三地州总人口673.21万，其中少数民族人口占94.1%，贫困人口有266万，占该区域农村人口的55%，贫困人口占全疆的81%。[①]

表4－9 2013年四大经济区域社会经济主要指标比较

	年末人口（万）	占全国比例（%）	GDP（亿元）	占全国比例（%）	土地面积（万平方千米）	占全国比例（%）	人口密度（人/平方千米）	人均GDP（元/人）	地均GDP（万元/平方千米）
东部地区	51818.9	38.2	322258.9	51.2	91.6	9.5	565	62405	3518
中部地区	36084.7	26.6	127305.6	20.2	102.8	10.7	351	35357	1238
西部地区	36636.9	27.0	126002.8	20.0	686.7	71.5	53	34491	183
东北地区	10976.3	8.1	54442.3	8.6	78.8	8.2	139	49606	690
全国总计	136072.0	—	568845.2	—	960.0	—	141	41908	592

资料来源：根据《中国统计年鉴（2014）》整理计算。

（二）西部城镇带动农业现代化能力弱

1. 西部城镇化水平相对偏低

与全国和东部相比，西部城镇化水平相对较低。为更好地反映西部地区城镇化与全国城镇化水平的差距，我们采用全国城镇化水平（Urbanization Level of China，ULC）与西部城镇化水平（Urbanization Level of Western China，ULWC）的差值，来表示西部城镇化相对于全国城镇化水平的滞后程度（Urbanization Level Difference，ULD），其计

[①] 裴品姬：《对新疆南疆三地州扶贫攻坚的几点思考及建议》，《市场论坛》2012年第12期。

算公式为：

$$ULD_i = ULC_i - ULWC_{ij} \qquad\qquad (4-2)$$

式中，ULD_i 为 i 年全国城镇化水平与西部城镇化水平的差值，ULC_i 为 i 年全国城镇化水平，$ULWC_{ij}$ 为西部 i 年 j 省份或整个西部地区的城镇化水平。[①]

表 4 – 10 显示，2013 年，除内蒙古、重庆的城镇化水平高于全国平均水平外（因为内蒙古工业化、农业现代化水平高，重庆是西部唯一的直辖市），其余省份均低于全国平均水平。特别是西藏、甘肃、贵州、云南、新疆、四川、广西等省份差距较大，而这些省份集中了西部主要人口。2013 年，西部城镇化水平比全国低 8.93 个百分点，比东部地区低了 17.4 个百分点，差距更大。西部内部的西南地区城镇化水平总体低于西北地区。但是，差距大也意味着西部未来城镇化的发展空间也很大。

表 4 – 10　　　　　　　　2013 年西部与全国城镇化水平比较

	内蒙古	广西	重庆	四川	贵州	云南	西藏	陕西	甘肃	青海	宁夏	新疆	西部	全国
城镇化率（%）	58.71	44.81	58.34	44.90	37.83	40.48	23.71	51.31	40.13	48.51	52.01	44.47	44.8	53.73
ULD_i	-4.98	8.92	-4.61	8.83	15.9	13.25	30.04	2.42	13.60	5.22	1.72	9.26	8.93	

资料来源：根据《中国统计年鉴（2014）》整理计算。

2. 多数城镇经济实力弱，辐射带动性不强，难以发挥增长极的功能

第一，和全国相比，西部大城市数量较少，经济实力相对较弱，辐射带动性不强。表 4 – 11 显示，以省会城市为主的西部经济中心城市除重庆、成都、西安经济实力较强外，其他省会城市经济实力较弱，辐射带动性不强。西部省会城市的地区生产总值除成都、重庆外，其余都排在全国 20 位以后，西宁、银川、拉萨更是排在 100 位

---

① 姚成胜：《城市化进程中的粮食安全变化研究》，社会科学文献出版社 2014 年版，第 183 页。

表4-11　　2013年西部省会城市经济总量及位次

	呼和浩特	南宁	重庆	成都	贵阳	昆明	拉萨	西安	兰州	西宁	银川	乌鲁木齐	全国	杭州
GDP（亿元）	2705	2803	12656	9108	2085	3415	304	4884	1776	978	1289	2202	568845	8343
位次	59	57	—	4	78	39	275	24	92	194	140	72		6
常住人口（万人）	300.1	685.4	2970	1429.8	452.2	657.9	59.5	858.8	364.2	226.8	204.6*	346.0	136072	884.4
位次	166	46	—	1	104	49	267	19	134	212	—	143		16
户籍人口（万人）	234.0	724.4	3358.4	1188.0	379.1	546.8	59.5	806.9	321.4	200.3	204.6	262.9		706.6
常住人口－户籍人口（万人）	66.1	-39	-388.4	241.8	73.1	111.1	0	51.9	42.8	26.5	0	83.1		177.8
人均GDP（元）	90941	38994	42795	63977	46479	52094	51663	56988	48852	43346	62437	64695	41908	94566
位次	24	145	—	53	110	87	90	75	98	126	56	50		17

注：银川是2012年数据，重庆是直辖市，不参与排位。

资料来源：中国省市经济发展年鉴编委会：《2014中国省市经济发展年鉴》（下册），中国财政经济出版社2015年版。

以后。人均地区生产总值除呼和浩特位次靠前外（24 位），其余都在 50 位以后，南宁甚至低于全国平均水平，居 145 位。贵阳、兰州、西宁等城市人均 GDP 刚超过全国平均水平，不到 5 万元，不及杭州市的一半。人口集聚能力较低。作为区域中心城市，除重庆、成都、西安外，其余城市人口集聚能力低，制约了辐射带动能力和范围。从城镇常住人口与户籍人口的差额也可反映这一点，只有成都、昆明吸引户籍以外的常住人口超过 100 万，拉萨、银川几乎没有净流入人口，南宁、重庆甚至是人口净流出城市。目前，西部中心城市以人口和产业的集聚为主，对外辐射能力比较弱。

第二，西部地区城镇反哺农业的能力不强。由于城镇化水平不高，城镇经济实力不强，城镇反哺农业的能力较弱。2013—2015 年，陕西省粮食综合直补每亩补贴标准为关中 81 元、陕南 72 元、陕北 56 元，仅相当于 25—35 千克粮食的销售收入，不及一个小工的日工资①，基本上只有国家补贴。东部苏州市等地除中央财政补贴外，地方财政对粮食生产补贴较高，以江苏省太仓市为例，每亩耕地农业种粮补贴有近 600 元，其中，国家各项补贴有 100 多元，市级生态补贴 300 元，镇上补贴 200 元，反哺水平远超西部地区。

3. 西部城镇产业结构不利于辐射带动农业现代化

西部城镇产业大多以资源类产业和重工业为主、产业结构单一，城镇经济发展受市场变化和政府宏观政策影响较大，经济运行比较脆弱。

第一，西部大中城市的现代产业基础是计划经济时期形成的，主要是以重工业为主的产业结构。计划经济时期，在西部传统农业的基础上，国家在西部大中城市布局了机械制造、电子、纺织等大中型工业企业，带动了大中城市发展。例如，在"一五"时期全国 156 项重点工程中，有 24 项布局在西安及其周围，建成以西安和咸阳为中心的飞机、兵器、输变电设备和仪器仪表等工业研制基地。② 重庆市在计划经济时期形成了以兵器、船舶、电子、航天、核工业等国防工业

① 《我省土地流转面临新问题需关注》，《陕西日报》2014 年 10 月 20 日第 2 版。
② 曹钢主编：《陕西经济发展模式研究》，陕西人民出版社 1996 年版，第 130 页。

企业和资本密集型的重工业为主导的产业结构，优先发展重工业导致西部地区产业结构和扩大就业相矛盾。[①] 这些非农产业与西部农业资源优势相脱节，难以带动农业发展，总体上也不利于农业剩余劳动力进城就业和城镇化的快速推进。

第二，西部相当一部分中小城市和小城镇是资源型城镇。自然资源丰富是西部地区最大的优势，矿产资源和能源资源的开发与加工逐渐形成了众多的资源性重工业型城镇。尤其是西北地区，中小城市经济以资源型居多，工业产品以低附加值的初级加工产品为主，限制了城市经济的总量和产业结构水平。特别是资源枯竭型城镇，产业发展和转型滞后，产业结构不合理，吸纳就业能力更加有限。

第三，西部小城镇经济实力弱，城市经济特征不足。2013 年，西部地区有建制镇 7387 个，但其集聚能力非常有限。县城是县域经济政治中心，集中了全县主要的非农业人口和非农产业，城镇经济特征较为明显。但县城以外的建制镇多数是农村经济型城镇，以农业经济或以农村农业为服务对象的传统服务业为主导，小城镇的功能主要是镇政府的办公地和周围农村地区的集贸中心，更多行使行政职能，现代非农产业发展和市政设施建设滞后。同时受传统的自然经济观念影响大，开放程度也不高。[②] 据对四川 31 个镇、村调查表明，多数小城镇产业基础薄弱，人口聚集功能有限，更多的农民选择流向大中城市，而非小城镇。[③]

从农民工在各地从事的行业可以反映出西部的经济结构特点（见表 4 - 12），农民工在东部地区就业以制造业为主，43.1% 的农民工从事制造业。在中部地区就业以建筑业与制造业并重，在西部地区就业以建筑业为主。反映出西部工业化程度相对较低，基础设施建设投资比重大，制造业发展滞后，使城镇化的最重要的推动力不足。

---

① 刘艳：《重庆城市化发展与产业结构变动分析》，《重庆工商大学学报》（西部论坛）2008 年第 4 期。

② 张沛主编：《中国城镇化的理论与实践》，东南大学出版社 2009 年版，第 71 页。

③ 李富田、李戈：《进城还是进镇：西部农民城镇化路径选择——对四川省 31 个镇、村调查》，《农村经济》2010 年第 4 期。

表 4 - 12 　　　　2013 年分地区、分行业的农民工人数构成　　　　单位:%

指标	东部地区	中部地区	西部地区
制造业	43.1	20.1	13.2
建筑业	17.5	28.5	30.0
批发和零售业	10.2	12.9	13.2
交通运输、仓储和邮政业	5.3	7.3	8.2
住宿和餐饮业	5.0	6.2	8.1
居民服务、修理和其他服务业	9.9	11.1	12.2
其他行业	9.0	13.9	15.1

资料来源:《2013 年全国农民工监测调查报告》,http://www.stats.gov.cn/tjsj/zxfb/201405/t20140512_ 551585. html。

(三) 西部城镇化质量不高

1. "半城镇化"现象突出

所谓"半城镇化",是指农民进城务工,但难以在城镇长期安居,若年龄过大(如超过 45 岁),体力精力下降,难以在城镇寻找合适工作,就回到农村,重新从事农业生产。主要表现在:

(1) 城镇常住人口中农村户籍比例高。2013 年我国常住人口城镇化率为 53.73%,户籍人口城镇化率只有 36.1%。西部面临同样问题,而且内部差异较大。内蒙古、重庆、陕西、青海、宁夏、新疆户籍城镇化率超过全国平均水平,但陕西、青海、宁夏、新疆常住人口城镇化率低于全国平均水平。广西、贵州、西藏户籍城镇化率远低于全国平均水平,分别只有 19.42%、16.35%、17.35%,都低于20%,广西、贵州常住人口城镇化率和户籍人口城镇化率甚至相差25.39 个、21.48 个百分点,广西在城镇中的农村户籍人口甚至超过了城镇户籍人口。大量农民工无法享受城镇户籍居民同等的公共服务,使他们长期处于一种不稳定状态,不利于社会和谐稳定。[1] 差距较小的新疆、西藏、青海分别只相差 1.89 个、6.36 个、6.38 个百分点(见表 4 -13),但也说明新疆、西藏、青海城镇外来人口少,城镇经济不活跃。

_____

① 中国城市与小城镇改革发展中心课题组:《中国城镇化战略选择政策研究》,人民出版社 2013 年版,第 4 页。

表 4 - 13　　**2013 年西部与全国城镇常住人口与户籍人口比较**

	内蒙古	广西	重庆	四川	贵州	云南	西藏	陕西	甘肃	青海	宁夏	新疆	全国
城镇常住人口（万人）	1466	2115	1733	3640	1325	1897	74	1931	1036	280	340	1007	73111
城镇常住人口城镇化率（%）	58.71	44.81	58.34	44.90	37.83	40.48	23.71	51.31	40.13	48.51	52.01	44.47	53.73
城镇户籍人口（万人）	1017.79	1053.64	1344.05	2632.41	701.98	1254.16	55.04	1505.32	751.63	241.72	266.18	965.44	49124.66
户籍人口城镇化率（%）	41.24	19.42	40.02	28.82	16.35	27.23	17.35	38.00	27.54	42.13	39.82	42.58	36.10
城镇化率差额（%）	17.47	25.39	18.32	16.08	21.48	13.25	6.36	13.31	12.59	6.38	12.19	1.89	17.63
城镇常住人口与户籍人口差额（万人）	448.21	1061.36	388.95	1007.59	623.02	642.84	18.96	425.68	284.37	38.28	73.82	41.56	23986.34

资料来源：根据中国省市经济发展年鉴编委会主编《2014 中国省市经济发展年鉴》整理计算。

（2）西部"城中村"、工矿棚户区和小城镇衰落等方面的问题突出。例如，西安市碑林区、新城区、莲湖区、雁塔区、未央区、灞桥区、长安区、临潼区、阎良区和高新技术产业开发区、经济技术开发区、曲江新区、浐灞生态区人均耕地 0.02 公顷以下"城中村"有326 个，人口达 46 万①，占西安市户籍人口的 5.7%。

2. 城镇规模结构体系不合理

（1）西部大、中、小城市结构不合理，城镇结构失衡。西部地区城镇体系中，大城市相对发达，小城镇数量众多，中等城市发展不足。2013 年，西部大城市②以上的城市比重偏低，西部只占全国大城市总数的 26.3%（见表 4 - 14）。西部内部各省份情况差异较大，内蒙古缺乏 200 万人以上的核心大城市，四川、陕西、云南、青海、宁夏、新疆等省份大城市首位度③普遍偏高，首位度均大于 2，表明城市人口规模呈现出极大的不平衡。2013 年，关中城市群的西安市首位度达到 4.5，中间层次城市缺乏，第二大城市宝鸡市市区生产总值仅为 865.8 亿元，只有西安市的 17.7%。形成这个问题的一个重要原因是，我国现行的城镇管理体制是按行政等级划分的。行政等级越高的城市对用地指标、财政资金配置等经济资源的分配能力越强。因此，

---

① 洪增林：《城中村改造模式及效益研究——以西安市城中村改造为例》，《西安建筑科技大学学报》（自然科学版）2010 年第 3 期。

② 2014 年 11 月 20 日，国务院发布《关于调整城市规划分类标准的通知》，正式调整我国城市规划分类标准。城区常住人口 50 万以下的城市为小城市，其中 20 万以上 50 万以下的城市为 I 型小城市，20 万以下的城市为 II 型小城市；城区常住人口 50 万以上 100 万以下的城市为中等城市；城区常住人口 100 万以上 500 万以下的城市为大城市，其中 300 万以上 500 万以下的城市为 I 型大城市，100 万以上 300 万以下的城市为 II 型大城市；城区常住人口 500 万以上 1000 万以下的城市为特大城市；城区常住人口 1000 万以上的城市为超大城市。截至 2013 年全国城区人口超过 1000 万的有 7 个城市，分别是北京、上海、天津、重庆、广州、深圳、武汉；城区人口达到 500 万—1000 万的有 11 个城市，分别是成都、南京、佛山、东莞、西安、沈阳、杭州、苏州、汕头、哈尔滨和香港特区。

③ 城市首位度：也称首位城市指数，是指一个国家或地区最大城市人口数与第二大城市人口数之间的比值，它通常用来反映该国或地区的城市规模结构和人口集中程度。一般认为，城市首位度小于 2，表明结构正常、集中适当；大于 2，则存在结构失衡、过度集中的趋势。

公共资源投入过度偏向于行政等级高的城市。[1] 大城市利用这些体制优势完善基础设施，提升公共服务，招商引资，集聚发展优势产业，使越来越多的人愿意向大城市转移集中[2]，导致经济资源过度集中于中心城市，极化差异明显。

（2）西部城市群发展刚刚起步。由于西部地域广大，城镇空间多以点状分散布局，单个城镇服务覆盖范围偏大，城镇之间联系不密切，区域内城镇关联性弱于东部地区，城镇群内部资源共享、功能整合难度大，对周边地区带动能力有限。2010 年，地级以上城市密度是：东部地区 0.90 个/万平方千米、东北地区 0.43 个/万平方千米、中部地区 0.79 个/万平方千米、西部地区只有 0.09 个/万平方千米；建制镇密度是，东部地区 61.61 个/万平方千米、东北地区 18.69 个/万平方千米、中部地区 49.29 个/万平方千米、西部地区只有 8.43 个/万平方千米。[3] 人口和城镇地区分布非常不均衡。西北五省份的面积占全国陆地面积的 31.7%，人口却只占全国人口的 7%，新疆和青藏高原城镇密度最低，每万平方千米不到一座。从乌鲁木齐市到新疆区内各城市的平均距离为 540 多千米，这个情况在西部比较普遍，难以发挥城市间的整体效应，制约了城市群的发展。但也有个别区域城镇密集，如四川盆地城镇密度甚至比中部地区的平均密度还要高。

二　西部自身推进农业现代化能力弱

西部农业发展的自然条件差、农民资本积累水平低等使农业自我发展的能力弱。

（一）西部农业现代化的条件整体较差

根据第三章的论述，西部农业生产条件除少数区域较好外，无论是土壤、气候、水利等方面与东部、中部相比差距较大，多数地区的农民基本上是靠天吃饭。

---

[1]　中国城市与小城镇改革发展中心课题组：《中国城镇化战略选择政策研究》，人民出版社 2013 年版，第 7 页。

[2]　马晓河：《城市化战略与我国增长动力机制选择》，《中国投资》2012 年第 1 期。

[3]　中国城市与小城镇改革发展中心课题组：《中国城镇化战略选择政策研究》，人民出版社 2013 年版，第 55 页。

1. 耕地数量有限，质量不高

西部地区耕地中低产田占 75% 左右，粮食单产较低。例如，重庆市地处我国西南，山地和丘陵约占其总面积的 90%，平坝不足 10%。根据 2009 年土地利用现状变更调查，重庆人均耕地面积仅为 1.02亩。在城镇化水平较低的情况下，这样的人均耕地规模难以适应农业生产规模化、品种专业化的要求，推进农业现代化难度大。

2. 农业基础设施建设滞后

西部现有农田水利设施大多建于 20 世纪六七十年代。长期以来，由于原来建设标准低、缺乏持续维护等原因，造成水利设施老化、部分功能丧失、更新改造缓慢、田间水利设施严重不足，农业抵御自然灾害的能力下降，多数地区处于靠天吃饭的局面。例如，陕西省水浇地的面积甚至呈减少的趋势，从 1978 年的 1047.93 千公顷下降到2011 年的 934.44 千公顷。农业交通运输以及信息网络等现代农业需要的基础设施条件也相对滞后。

另外，西部地区农业生产面临水资源、气候变化等资源环境约束进一步增强。

（二）农业资本积累少，农业要素流出严重

1. 农民收入低，缺乏资本积累，投资能力弱

2013 年西部农村居民人均纯收入是四大经济区最低的，只有东部的 56.6%，全国的 76.8%（见表 4-7）。由表 4-15 可见，2000—2013 年，西部所有省份农民人均纯收入均低于全国平均水平；从绝对增加额看，西部所有省份农民人均纯收入增加额均低于全国平均水平。但由于西部省份农民人均纯收入基数较低，有内蒙古、重庆、四川、贵州、云南、西藏、陕西、青海、宁夏、新疆农民收入增长速度高于全国平均水平，只有广西、甘肃低于全国平均水平。因此，2013年，内蒙古、重庆的农民人均纯收入已经接近全国平均水平。由于收入低、资金积累少，西部农民普遍感到生产资金缺乏，对设施农业、经济作物和养殖业等资金投入较大的农业不愿也无力投资。而且近年来农业生产成本不断上升，农民依靠种植业增收的空间非常有限。

表4—14　2013年西部省份地级城市结构

	内蒙古	广西	重庆	四川	贵州	云南	西藏	陕西	甘肃	青海	宁夏	新疆	西部	全国
全部地级及以上城市数（个）	9	14	1	18	6	8	1	10	12	2	5	2	88	290
城市市辖区年末总人口为400万以上的地级及以上城市数（个）	—	—	1	1	—	—	—	1	—	—	—	—	3	14
城市市辖区年末总人口为200万—400万的地级及以上城市数（个）	—	1	—	—	1	1	—	—	1	1	—	1	5	33
城市市辖区年末总人口为100万—200万的地级及以上城市数（个）	3	6	—	11	1	—	—	2	2	1	1	—	27	86
城市市辖区年末总人口为50万—100万的地级及以上城市数（个）	3	4	—	6	2	3	—	6	3	—	—	—	27	103
城市市辖区年末总人口为20万—50万的地级及以上城市数（个）	3	3	1	—	2	3	1	1	6	1	4	1	25	52
城市市辖区年末总人口为20万以下的地级及以上城市数（个）	—	—	1	—	—	1	1	—	—	—	—	—	1	2

资料来源：根据国家统计局网站（http：//data. stats. gov. cn/easyquery. htm？cn＝E0103）整理计算。

表4—15　西部省份与全国农民人均纯收入比较

单位：元

	内蒙古	广西	重庆	四川	贵州	云南	西藏	陕西	甘肃	青海	宁夏	新疆	全国
2000年	2038.2	1864.5	1892.4	1903.6	1374.2	1478.6	1330.8	1443.9	1428.7	1490.5	1724.3	1618.1	2253.4
2013年	8595.7	6790.9	8332.0	7895.3	5434.0	6141.3	6578.2	6502.6	5107.8	6196.2	6931.0	7296.5	8895.9
2013年比2000年增加	6557.5	4926.4	6439.6	5991.7	4059.8	4662.7	5247.4	5058.7	3679.1	4705.7	5206.7	5678.4	6642.5
增长率（%）	321.7	264.2	340.3	314.8	295.4	315.4	394.5	350.3	246.9	315.8	301.9	350.9	294.8

资料来源：根据院院华主编《中国农业统计资料（2013）》（《中国农业出版社2014年版》）整理计算。

2. 农业要素流出明显

改革开放以来，随着市场机制完善和城镇要素回报高等原因，西部农业的劳动力、资金、土地等要素更多流向城镇，削弱了农业和农村的可持续发展能力。

（1）青壮年、高素质农民多数流向城镇。西部农村具有较高素质的劳动力大量流向城镇，农村人口结构发生重大变化，以老人、妇女、儿童为主已成为西部普遍现象，有文化、懂农业技术的农业劳动力短缺，而且农业劳动力在农忙时季节性短缺问题也日益突出，农业副业化、兼业化问题严重，已经成为制约农业现代化的重要因素。

（2）农业资金、土地要素流出。为了推进农业现代化，政府财政资金对农业的投资力度不断加大，但农村居民储蓄等资金却通过金融机构和私人投资不断地流向城镇非农产业，2007—2013年，仅通过农村信用社和邮政储蓄从农村流出的资金就超过2万亿元。① 同时，城镇化、工业化不断占用城镇周边的优质农业用地。

（三）农业规模化生产程度相对更低

和东部地区相比，西部农业土地集约化、规模化水平还不够高。新型经营主体希望长期稳定的土地流转和承包户惜租之间的矛盾不断凸显，特别是农业生产条件较好的区域更明显。以陕西省为例，2014年年底，农村耕地流转总面积753.8万亩，只占全省家庭承包地总面积的15.6%，其中，流向合作社、企业等各类新型经营主体298.3万亩，占流转面积的39.6%。② 而江苏省2012年农地流转比例达到48.23%，苏南地区更是高达64.74%。③ 农业生产规模小带来的问题是：第一，不利于农业新技术应用推广。小规模的农户经济实力弱、拥有的耕地少，大型农业机械难以运用；农民科技文化素质低，难以掌握和应用现代农业科技。第二，制约农业产业化发展。小规模生产的农户在单一品种上难以进行标准化生产，不能形成规模优势。第

---

① 付霖炜等：《新时期我国农村资金流失与回流机制研究》，《科技广场》2015年第5期。

② 《我省近四成流转土地流向新型经营主体》，《陕西日报》2015年5月30日第2版。

③ 张兰等：《农地流转区域差异及其成因分析》，《中国土地科学》2014年第5期。

三，市场竞争力弱。小规模农业农产品成本较高、农产品质量不高。

三　体制机制性问题加剧城镇化和农业现代化发展不协调

除前面探讨的城镇、农业自身的原因外，还存在政府政策影响、市场功能难以发挥等外部原因。

1. 政府对"三农"投入强度远低于城镇

由于农业是弱质产业，又要保证粮食安全，使其经济效益低，但农业现代化必须有大量的资金投入。但在现行财政体制下，西部县乡财政十分困难，自身没有能力对农业基础设施进行建设，农业投入基本上是依靠财政转移支付。小型水利工程、中低产田的改造、生态农业建设和污染治理等项目主要靠上级政府特别是中央政府的资金支持，国家农业综合开发项目投入一直是西部地区农业发展重要资金来源。尽管目前中央政府对农业有"四项"补贴，但与农业生产的需求相比，财政支农投入力度不够，投入增长稳定性较差，远不能满足农业发展的需要。

2. 户籍等制度不利于农民进城

农业现代化需要把农业剩余劳动力向城镇转移，以实现农业规模化经营和提高劳动生产率。农村剩余劳动力的转移是城镇化和农业现代化相互协调发展的重要条件，但一些制度性障碍制约农民转移。

第一，户籍制度制约农民转移进城。具体参见第七章第三节有关内容。

第二，就业制度障碍。目前，外出农民工未被完全纳入城镇的就业计划和劳动保障管理，得不到平等的就业服务，特别是对一些技术要求高的工种难以享有城镇公共就业服务机构提供的技能训练，制约了农民工在城镇的就业能力。此外，农民工在就业机会、劳动报酬、劳动保护等方面不能与城镇劳动者享有平等待遇。

第三，农村土地制度障碍。农村家庭承包责任制赋予农村集体成员的承包权，这种制度下，土地不具有财产性质的可转让性，村集体成员要彻底迁移进入城镇，就要无偿放弃土地承包权，但多数外出农民不愿意放弃这项权利，这也是造成农民工不向城镇彻底迁移的重要原因。

3. 西部地区市场化进程相对缓慢

改革开放以来，东部地区较早参与国际竞争，市场化水平更高，较快地消除了城镇与农村的行政分割，基本形成区域一体化市场。而西部地区由于计划经济力量更为强大，行政力量在经济运行中作用更大。特别是西部相当一部分的资源型、重工业型城镇是国家计划布局，并非经济发展中市场竞争的结果，因此市场化进程更为迟缓，不善于运用市场机制调节城镇与农业农村之间的各类关系问题，在实际工作中资源分配倾向于城镇，更加剧了城镇与农业发展的不协调。

第五章　基于西部城镇化协调发展视角的西部农业现代化战略

本章主要论述基于西部农业现代化现实条件和城镇化协调发展视角的西部农业现代化战略，基本思路是：以西部农业比较优势为基础，以小城镇为依托、大中城市为引领，将西部农业打造成产业链完整、市场竞争力强、可持续发展的具有西部特色的现代农业。

第一节　基于城镇化协调发展的西部农业现代化战略思路

本节主要论述基于城镇化协调发展的西部农业现代化战略的基本思路和九个具体战略，以及建立与城镇化相适应的西部现代农业产业体系。

一　城镇化背景下西部农业现代化比较优势和战略思路

（一）城镇化背景下西部农业现代化的比较优势

在城镇化背景下，未来农业至少有两个基本发展方向：第一，用于解决城镇巨大的农产品需求的规模化现代农业，这是农业现代化的基本方向。第二，随着城镇居民收入水平的提高和分化，中高端收入人群对农产品质量要求更高，产生一个对有机、绿色等优质农产品需求的高端细分市场。

城镇化背景下西部农业现代化的比较优势主要有：一是农业文化资源优势。如陕西省是我国传统精耕农业的发祥地。二是农业自然资源优势。西部地区具有独特的气候、地理、无污染等农业资源优势。

《关于促进西部地区特色优势产业发展的意见》（国西办经〔2006〕15号）将特色农牧业及加工业列为西部地区六大特色产业之一。三是农业劳动力资源优势。发展畜产品、蔬菜、水果、花卉园艺等劳动密集型产品具有相对优势。

（二）基于城镇化协调发展的西部农业现代化战略思路

基本思路是：在立足西部农业发展的现实条件，加强现代农业供给侧结构性改革①，确保"谷物基本自给、口粮绝对安全"的前提下，发挥西部各地农业的比较优势，以现代科学技术、物质装备、产业体系等为支撑，以小城镇为依托、大中城市为引领，着力推进"一乡（村）一品""一县一业"，大力发展特色优质农产品，优化农业生产布局，将西部农业打造成产业链完整、市场竞争力强、可持续发展的西部现代特色农业，为西部城镇化提供物质支撑。具体战略是：

1. 实施优质粮食战略，确保西部粮食安全

保障国家和西部粮食安全是西部农业现代化的首要任务。根据粮食需求预测，结合西部粮食生产条件，制定优质粮食生产规划。将关中平原、四川盆地、河西走廊、河套地区、银川平原等高质量耕地集中区作为粮食生产重点区域，实施支持政策，确保优质粮食的种植面积和产量。

2. 实施不平衡推进战略，条件好的区域率先实现农业现代化

西部地区内部各省份农业发展条件差异较大，农业现代化发展不平衡，平原地区、灌区和大中城市郊区等农业生产条件好的区域可以率先实现农业现代化。这些区域的优点是：①多数农民买得起、用得起现代农业生产资料和服务；农业生产条件较好，便于农业机械化作业。②非农产业更发达，有利于推进农业现代化。一是大量剩余农业劳动力已经转移出去，土地流转程度高，便于农业规模化生产；二是劳动力相对短缺，农业劳动力成本上升，产生了用农业机械化替代劳

---

① 《中共中央国务院关于落实发展新理念加快农业现代化 实现全面小康目标的若干意见》，农业部网站，http：//www. moa. gov. cn/ztzl/2016zyyhwj/2016zyyhwj/201601/t20160129_ 5002063. htm，2016 年 3 月 2 日。

动力的需求。① 特别是西部大中城市郊区农业具有特殊优势，更应该而且能够率先实现农业现代化。一是经济社会发展水平高，是农村经济发展的先行区；二是现代农业要素的集聚区；三是多功能农业开发的优势区，2012 年 2 月国务院发布了《全国现代农业发展规划》，把大中城市郊区多功能农业区列为农业现代化率先实现的区域；四是更接近农产品的主要消费市场——城镇。

3. 实施生态、节水、绿色农业战略，实现农业可持续发展

西部地区整体生态环境脆弱，农业现代化必须以不破坏生态环境为前提，运用生态学和生态经济学原理指导农业生产，合理地利用本地的农业资源。同时利用现代科技，发展无污染农业，达到生态效益与经济效益"双赢"的目标。

西部农业现代化的重要内容是发展节水农业。西部是我国主要的旱作农业地区，干旱缺水是制约西部农业发展、生态环境恶化的重要因素。要积极发展适合西部的田间蓄水、抗旱保水、全膜覆盖、喷灌、滴灌和微灌技术，以及土壤培肥和水肥一体化等旱作节水技术②，大力发展节水型特色农业。

西部地区农业资源的突出优点是天然和无污染，具有打造"绿色"农产品品牌的特殊优势。绿色食品消费是世界食品消费的大趋势，从国内市场看，绿色食品售价高出普通食品50%甚至1倍以上，消费需求规模也日趋扩大。西部农产品具有这方面优势，如青藏高原的牛羊肉属天然饲养的绿色产品，地处高寒缺氧的特殊环境，生物活性成分及营养成分较高，在国内外享有盛誉。③

4. 实施多功能性农业战略，提高农业综合效能

现代农业的多功能性主要体现在以下四个方面：一是经济功能。农业为城乡居民提供粮食及农副产品，保障人民基本生活需求；为工

---

① 牛若峰：《要全面理解和正确把握农业现代化》，《农业经济问题》1999 年第 10 期。

② 都茂庭：《关于进一步加快我国西部农业发展的思考》，《经济研究参考》2011 年第 67 期。

③ 马玉英、马维胜：《青藏高原城市化模式研究》，北京大学出版社 2013 年版，第 186—187 页。

业提供生产原材料。经济功能是农业多功能的基础与核心。二是生态功能。即农业对自然界中水、土、光、气及动植物资源的优化与维护，保护农民生活环境；形成农业景观，为城镇居民提供休闲空间；保持生物多样性等。三是社会功能。即农业具有农村失业保障、替代社会保障等功能。西部农业人口众多，向非农部门转移将是一个长期的过程，农业为农民提供就业机会是保持社会稳定的重要渠道。四是文化功能。即农业具有保护文化的多样性；提供教育、审美等功能。

现代农业与传统农业的一大区别就在于对农业多功能挖掘的广度和深度上，传统农业更多关注农业经济功能，而现代农业不断拓展农业的多重功能，这也推动了农业的现代化。

5. 实施多样化战略，提高资源利用效率

（1）现代农业经营主体多样化。农民家庭是农业生产的基本经营主体，在此基础上，发展现代农业还有培育家庭农场、合作社、龙头企业等新型主体，以农业产业链为纽带，推进各类农业经营主体融合发展。

（2）经营模式多样化。一是在大中城市周边等耕地紧张区域，推进以土地的小规模家庭经营为基础的精细密集农业①，发展现代都市农业和休闲农业，提高产出，增加就业。二是在远离城镇区域推行"特色农业带动型"模式，就是发挥本地农业资源优势，生产市场竞争力强、具有绿色或无公害的特色农业产品。三是生态脆弱区要发展生态型农业。就是在保护和改善生态环境的前提下，发展生态型农业。

（3）农产品经营差异化。农业生产的特殊性使农产品上市集中，对农产品销售带来极大压力，容易出现"增产不增收"的情况，这就要求农业经营应该差异化。一是品种的差异化，不同地区立足自身资源条件，生产不同种类的特色农产品。二是上市时间的差异化，即使是同种农产品，也要选择不同的上市时机，尽量实现农产品相对均衡

---

① 王征兵：《中国农业发展方式应转向精细密集农业》，《农业经济与管理》2011 年第 1 期。

上市。例如，陕西省富平县地处渭北塬区，是全国 55 个苹果生产重点县之一。近年来，该县重点发展早中熟嘎啦优系和极晚熟粉红女士等具有独特优势的苹果，是全国最大的早中熟、极晚熟苹果和中华玉梨生产基地，逐步形成明显区别于其他地区的上市时差和独有品种。

6. 实施适度规模化、品牌化战略，提升市场竞争力

（1）因地制宜，发展形式多样的农业适度规模经营。选择适合本地条件的农业适度规模经营路径。一是对经济比较发达、农业剩余劳动力充分转移的地区，鼓励土地流转，向家庭农场等新型农业经营主体集中，发展规模农业。二是经济基础薄弱、农业剩余劳动力转移不充分、农业规模化程度不高的区域，发展农业专业合作社等各类农业组织，为农民生产提供社会化服务，提高农业专业化生产水平。三是高效设施农业发展较好的地区可采取土地规模经营和农民专业合作适度规模经营并重的办法。

要注意把握好现代农业规模经营的"度"。衡量是否适度的标准是：在一定的农业装备和生产技术条件下，能保证农民主要生产指标和经济收入达到或适度高于当地农民的平均水平时所需的土地数量。从我国资源禀赋和当前工农就业收益看，一年两熟地区和一年一熟地区户均分别耕种 50—60 亩、100—120 亩就与外出务工的收入基本相当。发展适度规模家庭经营，既要避免土地撂荒和经营规模过小，又要防止土地过度集中，加大就业压力和社会不公。[①] 同时要注意，农业规模化经营只是农业现代化的手段而不是目的。

（2）实施现代农业品牌化战略，提升市场竞争力。随着农业现代化水平提高，农产品市场竞争日益加剧，农产品要在市场竞争中胜出，就要实施农业品牌化战略。重点是推进"一域一品"建设，就是在一定地域范围内（"域"可以是一个村、一个乡镇、一个县、一条河川流域等）专业化生产某种农产品，具有明显的区域性、专业性和

---

① 韩俊、叶兴庆：《以改革创新加快推进农业现代化》，《人民日报》2014 年 3 月 22 日第 6 版。

商品性。这种模式的主要优点是：①具有规模效应。集中布局和生产一定规模的农产品。②有利于技术扩散，促进生产技术的不断提高。③易于信息共享。相关农业信息迅速传播到整个区域。① 例如，西安市阎良区发挥其紧邻西安城区的区位优势，做大做强菜、果特色农业。2012 年全区种植早春蔬菜 6.5 万亩，总产量达到 31.84 万吨，产值 5.1 亿元，是国家级无公害蔬菜生产基地和西安市最大蔬菜供应基地。种植早春甜瓜 6.2 万亩，总产量 20.36 万吨，辐射带动周边临潼、富平甜瓜种植面积 4 万亩以上，形成全国最大的早春优质甜瓜生产基地，被中国果品质量流通协会授予"中国甜瓜之乡"荣誉称号。②

在特色农产品生产区，政府、企业、农民共同努力，充分发挥政府在组织、宣传、推动上的主导作用，打造无污染、特色农产品地域品牌。

7. 实施农民组织化战略，提升农民市场主体地位

西部多数地区人多耕地少的情况决定了整体上单个农户生产的规模较小。在市场经济条件下，以家庭为单位的分散经营难以适应国际国内统一的大市场竞争，难以规避自然和市场双重风险。世界各国的实践证明，发展农民合作社是解决这些问题、保护农民利益的一种有效方式。一些地方通过农民专业合作组织，把分散的种养殖农户组织起来，实行统一管理（包括统一优良品种、统一疫病防控、统一机械化作业、统一生产技术标准、统一市场营销等），提升市场竞争力。

8. 实施现代农业产业链发展战略，转变农业发展方式

农业进入到产业链发展时代。现代农业产业链是产业链在农业领域的具体应用，是指农业企业通过纵向一体化发展，打通农产品研发、生产、加工、流通、销售等多个环节，各个环节都担负着价值创造的功能，从而提升农产品附加值，实现第一、第二、第三产业融合

---

① 李尧林：《富县论：县域经济科学发展前沿问题探索》，中国时代经济出版社 2008 年版，第 52—53 页。

② 课题组调研资料。

发展，从根本上改变了农业发展方式。表现在，第一，通过产业链龙头企业统一组织销售，解决了农业生产与市场需求的衔接问题，降低农户市场风险。第二，农业产业链内部建立农民专业合作社等农业组织，有效提高了农户组织化程度，还为农业生产提供社会化服务，提高了农业生产的专业化水平，降低了农业生产过程中总成本。第三，龙头企业统一组织农户生产，可以有效保证农产品品质，防止产业链中某个环节出现质量问题引发产品的市场危机。第四，现代农业产业链的纵向延伸可以帮助农业参与者获得链条中的整体利润，从而提升农产品价值。第五，现代农业产业链实现了第一、第二、第三产业融合发展，有利于城镇工商资本、技术、人才、管理进入农业，为发展现代农业提供了新的生产要素，促进农业发展方式转变。

9. 实施农业科技支撑战略，提升农业生产效率

目前，农业科技已经成为我国农业现代化的决定性力量，中共十七届三中全会提出"农业发展的根本出路在于科技进步"。第一，加大西部农业科技投入，深化改革农业科技体制，为科研人员创造良好的研究环境。第二，针对西部农业的实际需要研发农业技术和装备，如农业环保技术、优良品种及栽培技术、现代旱作农业技术、农产品精深加工技术、生物工程技术、中小型农机等。第三，建立公益性和市场化相结合的农业科研和推广转化机制。围绕农业生产需要，在加强、完善政府为主的公益性农技推广队伍基础上，建立健全由科研机构、高等院校、专家教授、科技企业、合作社、农业科技市场、农业科技园、科技示范户等多个主体共同打造的多元化农业科技推广网络体系。

二 建立与城镇化相适应的西部现代农业产业体系

基本思路是：基于西部农业比较优势和市场需求，优化农业区域布局，着力打造优势突出的特色农业集聚区，以此为基础发展产业链完整的农业产业体系。

（一）发挥比较优势，支持西部优势特色农业发展

1. 重点支持西部粮食生产

西部一些区域具有粮食生产的优势条件，如关中平原、河套灌

区、河西走廊、新疆绿洲区等是优质专用小麦和专用玉米生产区；六盘山、吕梁山等区域的马铃薯、小杂粮质量高；四川盆地、云南贵州坝地、银川平原等是优质水稻生产区。为保证种粮积极性，对粮食生产者实施倾斜的政策支持，保证西部商品粮基地的粮食生产。

对粮食生产不具有优势的农业区域，应优化种植业内部结构，扩大饲料作物及人工牧草种植面积，推进种植业由粮、经二元结构向粮、经、饲三元结构转型。

2. 提高经济作物优势生产区的现代化水平

西部有很多农业经济作物的优势生产区。如广西、贵州等是甘蔗优势生产区；新疆是优质棉花生产区；特色林果业优生区更多，"丝绸之路经济带"上的新疆、甘肃、陕西的苹果、大枣，四川的柑橘，云南、广西的热带水果，云南的鲜花，各省的特色蔬菜等。这些农产品需求收入弹性较大，随着城镇化和人民收入水平的提高，市场潜力巨大。

3. 草原畜牧业生态化、高端化发展

草原畜牧业是西部草原牧区的优势农业。充分发挥西部草原"无污染""原生态"优势，适度控制载畜量，生产高质量的畜产品，占领高端畜牧产品市场。青藏高原重点发展肉用型牛羊产业、内蒙古草原重点发展高端乳产品、新疆草原重点发展具有优势的现代细毛羊及羊肉产业等。

4. 西部沙产业发展潜力巨大

"沙产业"是著名科学家钱学森在 1984 年 5 月提出的。沙产业是指以改善生态环境为前提，充分利用并发挥沙漠和沙漠化地区土、光、热等资源优势，运用先进技术，采用系统工程的理念和方法，发展沙漠生态农业。[①] 西北地区沙漠面积大，沙漠地区无污染、气候干燥、昼夜温差大、光照充足、病虫害少，生产的农产品是理想的绿色食品，具有独特的竞争优势。主要有以下沙产业：

---

① 史振业、冯起主编：《21 世纪战略新兴产业——沙产业》，科学出版社 2012 年版，第 51 页。

（1）沙区中药材产业。在治沙的基础上生产高质量的肉苁蓉、甘草、锁阳、麻黄、枸杞、苦豆子等中药材，其中肉苁蓉被称作"沙漠人参"，具有很高的经济价值。

（2）沙区瓜果业。利用沙区光照强、温差大的特点，生产西瓜、葡萄、哈密瓜、枸杞等优质瓜果产品，还可以利用现代科技加工成各类营养保健品、生物药品等。

（3）沙区设施农业。在条件适宜的沙区发展高效设施农业，生产品质优良的蔬菜、瓜果、花卉以及牛羊等设施农产品。

（4）沙产业可以兼顾产业发展和治沙。从实践看，沙产业经过30多年的理论探讨和实践，在甘肃河西走廊、内蒙古鄂尔多斯、新疆和宁夏等地得到较快发展。特别是在沙漠和沙地面积占总面积48%的内蒙古鄂尔多斯等地形成了龙头企业带动、农民参与、基地建设、技术培训与推广、品牌创建及市场营销的产供销一体化的沙产业发展模式。在防沙治沙的过程中，初步形成了以人造板、生物质发电、饲料、饮料食品、药品和生态旅游等为主的林沙产业体系，2014年，人造板年生产规模达23万立方米，饲料年生产规模达1万吨，杏仁露、沙棘饮料等生产规模达15万吨，带动9万农牧民增收。①

（二）以优势农产品生产为基础，拉长农业产业链

西部地区在加强优质农产品生产的基础上，对特色农产品进行深加工，延长农业产业链。

1. 发挥龙头企业在产业链的核心作用

（1）进一步做大做强龙头企业。2014年全国各类农业产业化组织33万个，其中龙头企业12万多家，实现年销售收入7.9万亿元；辐射带动农户1.2亿户，农户参与产业化经营年均增收3000多元。②第一，龙头企业采取扩大资本金、贷款、发行债券、融资租赁等多种途径筹集资金，实现企业规模化发展。第二，龙头企业要建立现代企

---

① 刘慧：《沙里淘金建起生态产业链》，《经济日报》2015年9月18日第15版。
② 《推进龙头企业加快转型升级　构建新型农业经营体系》，农业部网站，http://www.moa.gov.cn/zwllm/zwdt/201411/t20141102_4123729.htm，2015年3月18日。

业制度，提高企业科学决策和规范化管理水平。第三，龙头企业要广泛吸纳各类专业人才，提高企业经营管理水平。第四，加强农业多功能性开发，创新产品供给。

（2）龙头企业不断向上下游拓展，完善现代农业产业链，在产业链中居核心和主导地位。第一，负责优质农产品品种的选育、标准化体系的建立和投入品的统一供应，农产品的仓储、加工、物流、销售推广及技术创新，打造具有影响力的品牌，纵向拉长产业链，提升农产品的附加值。第二，不断拓展农业多功能性，横向拉长产业链，在现代农业基础上发展农业旅游业、农业教育、创意产业等。第三，纵向和横向同时扩展，既促进现代农业进一步发展，又带动旅游业等相关产业发展。

2. 发挥中介组织在产业链中利益协调作用

现代农业产业链上的龙头企业、农户以及中介组织之间只有建立起符合价值规律的利益联结机制，经营利益在各参与主体之间进行合理分配，才能真正构建农业产业链。具体有三个途径：一是借鉴发达国家农业龙头企业绝大多数都是由农民合作社投资兴办的经验，引导和支持农业专业合作社投资兴办农产品加工、流通企业等龙头企业，形成了合作社对农产品生产、加工、营销的农业全产业链的控制，建立紧密的利益共同体，从机制上确保农业生产者能分享加工利润。二是农业龙头企业和农户联合建立合作社，或者合作社参股龙头企业，使加入合作社的农户能够与龙头企业形成产权联合和产销联合的利益共享机制。三是鼓励龙头企业采用利润返还、股份分红等多种方式构建产业链内在利益连接机制。

3. 发挥现代农业园区作为农业产业链载体作用

农业园区是现代农业产业链的载体。现代农业产业链包括农产品研发、加工、种植、养殖等现代农业的完整环节，这需要农业园区承载、集聚。现代农业园区还有生产示范、加工物流、生态旅游、教育培训等功能。例如，陕西省丹凤县华茂牧业现代农业园区面积共达3000 多亩，支撑了龙头企业肉鸡产业链的研发、现代化养殖和加工。

现代农业园区引领农业现代化。把现代农业园区建设作为西部农业现代化的突破口和典型示范，引领农业现代化。首先，现代农业园区为现代农业科技集成转化、示范应用提供了重要平台，是农业科研成果推广的"第一车间"。其次，现代农业园区是龙头企业推广新技术的依托，实现农产品标准化生产，保证农产品品质。

在园区的经营上，应实行"大园区、小业主"模式。一是现代农业园区应具有一定的规模才能具有带动作用。二是城镇工商资本在农业经营的规模不应过大，重点是示范。课题组在实际调研中也发现，由于农业生产的特殊性，城镇工商资本直接组织农业生产的方式使农民无法参与农业的经营管理和剩余分配，生产的积极性、主动性和创造性不高，这样工商资本也面临较大经营风险。效果较好的做法是，在现代农业园区内，由众多新型职业农民、专业大户、家庭农场、合作社等新型经营主体独立生产。龙头企业、园区提供配套服务，龙头企业、园区与生产者建立合理的利益联结机制，充分调动各方面的积极性，实际效果更好。

（三）农产品深加工与城镇相互促进发展

农产品加工业既有力带动农业发展，增强农产品市场竞争力，又是城镇工业的重要组成部分，推动城镇化。发达国家农产品加工业产值大都是农业产值的 3 倍以上，从事农产品加工业的劳动力已远远超过直接从事农业生产的劳动力，加工食品占食物消费总量的比重已达到80%。[1] 如日本食品工业的销售额占总制造业的10%，从业人员占11%，因此，在制造业中称其为"一成（10%）产业"（欧美发达国家食品工业比重也多在10%左右）。[2] 2005—2010 年西部地区农牧产品加工业的就业弹性系数为 0.51，即农牧产品加工业总产值增长 1 个百分点带动就业增加 0.51 个百分点，超过其全部工业 0.44 的平均水平，农牧产品加工业是西部地区工业中吸纳就业的重要行业。[3]

推动农产品加工企业在城镇特别是小城镇集中，既可以在小城镇

① 冯海发：《世界农工业发展的基本趋势》，《世界农业》2001 年第 7 期。
② 杨万江：《工业化城市化进程中的农业农村发展》，科学出版社 2009 年版，第 69页。
③ 申兵：《西部地区发展实证研究》，中国市场出版社 2012 年版，第 284—298 页。

形成优势突出和特色鲜明的产业集聚区，提升城镇经济功能，改善城镇基础设施，增强城镇带动农业的能力；又能够充分利用城镇基础设施支撑农产品加工业发展，城镇和农业、农产品加工业相互促进，共同发展。

第二节　推进西部农业经营机制创新，加快农业发展方式变革

本节主要论述基于城镇化和农业现代化相互协调发展条件下，推进西部农业经营机制创新思路，加快农业发展方式转变。

一　推进西部农业经营机制创新的原则与思路

（一）推进西部农业经营机制创新的原则

1. 推进西部农业经营机制创新必须与农业生产力水平相适应

目前，西部地区农业生产条件相对较差、生产力水平整体不高。推进西部农业经营机制创新要注意结合西部生产力水平，针对各地条件，积极稳妥推进。

2. 推进西部农业经营机制创新必须与城镇化水平相协调

在耕地面积不变的情况下，城镇化水平决定了农业规模化水平。2012 年我国有 2.68 亿农户，户均耕地不足 7.5 亩。如果使户均耕地规模达到 100 亩，那么全国只需要 1800 万农户，其余数以亿计的农民就要转移出农业，这将是一个长期渐进的过程。西部有 7833 万农户，户均耕地约 9.6 亩，尽管超过全国平均水平，但要达到户均 100 亩，只需目前 1/10 农户从事农业，即使考虑西部可利用草原面积 41.8 亿亩，仍然要大量的农民进城和从事非农产业。目前，西部农业实现规模化经营的障碍，不仅在于农户经营的能力不高，也在于城镇化水平不够高，特别是存在着"半城镇化"的现象，进城农民没有成为真正的市民，他们还有太多的后顾之忧，不愿意流转农地，农业的生产规模就不能人为扩大。

3. 推进西部农业经营机制创新必须尊重和保护农民合法权益

推进农业经营机制创新要尊重和保护农民的土地承包权等合法权益，充分发挥农民的积极性、创造性。土地流转主体是农户，流转中要充分尊重农民意愿，保障农民利益和公平流转，既讲效率，又兼顾公平。

（二）西部农业经营机制创新基本思路

在西部农业现代化发展过程中，农业生产主体和要素投入结构不断变化，需要对农业的经营机制进行不断创新。① 基于西部城镇化和农业现代化相互协调发展的农业经营机制创新思路是，在稳定家庭承包经营基础上，加快发展家庭农场、农民合作社、龙头企业等新型经营主体；构建以家庭经营为基础，以适度规模的家庭农场为骨干，合作经营、企业经营等现代经营形式共同发展；鼓励和引导城镇资本到农村投资适合企业化经营的现代种养业和农业生产性服务业，形成以大中城市为中心、小城镇为节点、乡村为基地，与农业专业化经营相适应的现代农业社会化服务体系，打造"产业市场化、主体法人化、经营规模化、生产标准化、服务社会化"的新型农业经营机制。

二　构建与西部城镇化相适应的现代农业经营机制

（一）坚持农村基本经营制度，发展多种形式的农业适度规模经营

1. 农村基本经营制度和家庭经营的基础性地位不动摇

首先，家庭承包经营为基础、统分结合的双层经营体制是党的农村政策的基石②，也是西部推进农业现代化的基础。基本内容是：一是坚持农村土地农民集体所有制。二是稳定土地承包关系，保障农户的土地承包权。2002 年《农村土地承包法》明确规定"国家实行农村土地承包经营制度"。历次"中央一号文件"都将"坚持和完善以家庭承包经营为基础、统分结合的双层经营体制"作为农村基本经营制度。

其次，家庭经营决策的高度灵活性满足了农业生产复杂多变的特

---

① 蔡昉、王德文、都阳：《中国农村改革与变迁：30 年历程和经验分析》，格致出版社 2008 年版，第 243 页。

② 国务院发展研究中心农村经济研究部课题组：《稳定与完善农村基本经营制度研究》，中国发展出版社 2013 年版，第 11—12 页。

点。有学者从农产品的自身属性、农产品生产过程的整体性、家庭的社会经济属性等角度论证了家庭经营是农业生产的最佳形式（罗必良，2000；郑梦熊，2013；刘奇，2013）。国内外实践也证明，家庭经营是调动农民积极性和保护农民基本权益的有效形式，即使是实现了农业现代化的国家，家庭农场仍然是农业的基本经营主体。

2. 因地制宜发展多种形式的农业适度规模经营

在城镇化背景下，农业经营规模不断提高。在不损害农民利益的前提下，充分考虑西部各地农地资源禀赋、农业剩余劳动力转移程度、农业机械化和农业社会化服务水平、农民收入水平等因素，确定本地区适度规模经营的标准。适度规模经营形式可以多样化，第一，通过土地入股、土地托管、土地互换等多种形式的土地流转，土地等农业资源逐步向种田大户、家庭农场等种田能手集中，形成土地的规模化经营。这种形式以大田种植业为主。第二，通过设施农业实现农业的规模化生产，这种农业生产方式的每个农民占用土地不多，但集约化、专业化生产程度很高。第三，通过社会化专业服务实现农业的规模化、专业化生产。

（二）培育新型农业经营主体是构建现代农业经营体系的关键

"农业生产经营组织创新是推进现代农业建设的核心和基础。"[1]新型农业经营主体是相对于我国原来农业生产规模小、商品率低的家庭经营提出的，是具有相对较大的经营规模、现代的农业装备和较高的经营管理能力，劳动生产率和农产品商品化程度较高的农业经营组织。

1. 新型农业经营主体主要形式及比较

新型农业经营主体主要有六种形式：新型职业农民、农业专业大户、家庭农场、农民专业合作社、龙头企业、农业服务组织。[2] 它们各有特点，在农业现代化过程中起着不同的作用（见表 5－1）。它们之间的关系是：新型职业农民是农业现代化的人力资源基础；农业专

---

[1] 《中共中央国务院关于加快发展现代农业，进一步增强农村发展活力的若干意见》，《经济日报》2013 年 2 月 1 日第 12 版。

[2] 刘奇：《家庭经营是新型农业经营体系的主体》，《农民日报》2013 年 6 月 1 日第 3 版。

业大户、家庭农场是现代农业生产主体，发挥着对传统农户的示范作
用；农民专业合作社具有组织带动农户、对接企业和市场、维护社员
利益的功能；龙头企业组织资本、技术、人才等生产要素，为农户提
供产前、产中、产后的各类生产性服务，带动农户进行专业化、标准
化、集约化生产，开拓农产品市场，是连接农户和大市场之间的桥梁
和构建新型农业经营体系的中坚力量；新型农业社会化服务组织可以
为农业生产者提供生产性服务。

表 5 – 1　　　　　　　　六种新型农业经营主体比较

	组织规模	特点	作用	生产规模	农民收入水平	可能的问题
新型职业农民	农民个人	有文化、懂技术、会经营、善管理	农业直接生产者	不大	较高	市场风险较大
农业专业大户	农民家庭；一定的资金、技术实力	农业专业化生产	农业直接生产者	较大	高	市场风险大
家庭农场	农民家庭；一定的资金、技术实力	集约化程度更高	农业直接生产者	较大	高	市场风险大
农民专业合作社	若干农民；一定规模的资金	专业化生产的组织者	组织农民、市场中介、分散风险、服务农民	大	较高	经济实力弱小、服务能力不强、合作机制不够规范
龙头企业	大规模的人员和资金规模	引领作用大、抗风险能力强	农业产业链的核心；开拓市场；引入新生产要素	很大	—	公司和农户的利益矛盾。资金过大
新型农业社会化服务组织	一定规模的人员和资金	掌握现代农业科技、装备	提供专业化生产的服务	大	—	服务对象的有效需求不足

需要注意的是，各类新型农业经营主体并不存在绝对的优劣之分，它们在农业生产中定位不同，起不同的作用。要发挥各个主体的优势，相互协作，共同发展。

2. 加快培育和发展西部新型农业经营主体

西部新型农业经营主体在发展中面临较多困难，主要有：①土地流转比例低，流转不规范，流转稳定性差。②经营主体素质不高。尤其是家庭农场主培育不足，农民合作社管理水平低。③合作社利益连接不紧密，社员从合作社获益少，农户参与合作社经营的积极性不高。④人才匮乏。由于农业工作条件较为艰苦、待遇较低，很难留住高素质人才。⑤一些龙头企业没有建立现代企业制度，内部制度还不健全，企业运行不规范，与农户的生产和利益联结不紧密等。针对这些问题，应采取以下对策：

（1）政府加强政策引导。第一，加强农民培训，提高农业经营者的素质和能力。第二，培育家庭农场。应尽快明确家庭农场标准、登记注册办法，使家庭农场成为具有法人资格的市场主体；制定专门的税收、金融、保险等优惠政策，降低家庭农场的经营成本和风险。第三，发扬基层首创精神，鼓励各地新型农业经营主体创新发展。第四，政府加强组织领导，做好协调工作，及时提供信息和制定发展规划。

（2）对新型农业经营主体给予更多扶持。一是农业基础设施投资向新型农业经营主体倾斜。土地整理和土壤改良、高标准农田建设、农田水利设施建设、机耕道路和电力设施建设等项目要向新型经营主体倾斜，创造农业规模化生产条件。二是对规模化的农业项目直接补贴。例如，土地流转需要大量租金，可以在一段时间内对新型农业经营主体、土地转出户等给予适当补贴，扶持新型农业经营主体。三是新增农业补贴向新型经营主体倾斜，增强补贴政策的导向作用。落实好中央关于各类补贴向家庭农场、专业大户倾斜的要求。西部农业、农村发展相对滞后，农业人才、资金、技术相对缺乏，政府的扶持更加重要。四是鼓励土地向新型农业经营主体流转，让不愿意种地的进城农民愿意长期稳定地流转土地承包经营权。

3. 培育新型农业经营主体需要处理好几个关系

第一，处理好新型农业经营主体和传统农户的关系。西部经济社会发展相对滞后，一方面大量的传统农户会长期存在，而且对大部分中老年农民来说，农业生产成为其生活的一部分。我们应该允许这种形式存在，在支持新型农业经营主体的同时，也要大力扶持传统农户，使其发展成为新型经营主体。另一方面，两者可以相互促进。龙头企业、合作社等新型经营主体的发展，可以对传统农户提供生产服务，推动他们转变农业发展方式。传统农户也可以为龙头企业提供原料，成为其第一车间，进入现代农业产业链。

第二，处理好培育新型农业经营主体和农业剩余劳动力城镇化的关系。新型经营主体使用现代农业机械来替代农民的体力劳动，不断把更多的农业劳动力从土地上解放出来，这需要城镇化的持续推进，不断吸纳农业剩余劳动力，实现农业现代化与城镇化相互协调发展，这是一个长期发展过程。

第三，处理好推进适度规模经营和发展社会化服务的关系。农业现代化过程是农业分工不断深化、农业社会化服务不断细化的发展过程。农业新型经营主体对农业信息、市场营销、统防统治、金融保险等农业生产性服务需求强烈。同时，新型经营主体也参与提供社会化服务，为自己和其他农业经营主体提供高质量农业服务。适度规模经营和农业社会化服务可以相互促进，共同发展。

（三）创新农业经营模式

1. 创新粮食生产模式："订单农业 + 质押贷款 + 农业保险"模式

陕西省富平县是全国 21 个农业改革与建设试点示范区，2014 年该县探索粮食生产的"订单农业 + 质押贷款 + 农业保险"① 模式。

（1）主要做法。通过土地流转，培育规模化生产优质小麦的合作社、家庭农场和种粮大户等新型种粮主体，构建"龙头企业 + 农民专业合作社 + 农户"组织形式。龙头企业与新型种粮主体签订收购订单，种粮主体凭借手中的"粮食订单"，从县邮储银行获得农业贷款

---

① 杜飞：《富平探索农业经营新模式》，《当代陕西》2014 年第 8 期。

来组织粮食生产。相关主体间签订《金融合作协议》等一系列合同，对各方的权利和义务进行约束。富平县政府从农业改革与建设试点补助资金中拿出 500 万元作为担保基金，如果银行贷款出现不良达到 30 天，根据《金融合作协议》，县邮储银行从担保基金专户扣除违约金额，管理部门则对违约主体的资产或土地经营权予以转让，偿还担保基金。因此，农业订单质押的实质是土地经营权的质押。

（2）相关主体利益分析。种粮主体收益：在实际操作时，每个小麦种植户流转耕地面积 200 亩左右，年收入可达 50 余万元，扣去土地承包费、生产成本、技术指导、农资配送等费用，一个职业农民年净收入可以达到 15 万元，比起一般农民的收入高出近 10 倍。

土地流转后"失地"农民收益：一是土地租金收益，每亩土地流转费 1000 元；二是劳动报酬收益，如果在合作社打工，一天有 80 元到 150 元不等的劳动报酬；三是补贴收益，国家发的粮补等补贴归原承包户。

种粮合作社收益：一是可以通过统一组织粮食生产、收购，获得流通收益；二是提供生产服务获得收入。

龙头企业收益：可以获得稳定优质的生产原料。

（3）可能出现的问题。第一，大规模、成片土地流转涉及农民数量多，利益协调难。第二，家庭农场和种粮大户规模偏大，收入远高于当地农民平均收入，与流出土地的农民可能产生利益冲突。第三，土地流转费用相对于粮食生产而言偏高，若没有政府扶持，难以持续发展。

2. 创新土地经营方式："土地托管经营"模式

由于种植业效益低，一些兼业和进城农民不精心种地。针对这一问题，山东省汶上县推行"土地托管经营"[①] 模式。

（1）主要做法。由农民（委托方）、县供销社和受群众信任的本村村民代表三方共同签署土地托管协议，县供销社向委托方提供托管

---

① 《种地打工两不误——记山东汶上县土地托管经营》，《经济日报》2013 年 5 月 28 日第 13 版。

服务，将托管土地实行统一耕种、管理、收获和分配。

土地托管分为"全托"和"半托"两种。全托管服务是对耕种、管理、收获等农业生产全过程托管，包括：包农产品产量，产量不足由县供销社补足，超产归农户所有；包服务费用，以低于当年市场价格 10% 的标准，确定农资及劳务费用；全程监督，种管收全过程都由村委会和村民代表监督。土地半托管服务是根据农户需求，由县供销社提供所要求的服务。

（2）各方利益分析。委托方农民好处有：一是农业收入有保证；二是农忙时可以继续打工，不用再担心农业生产；三是保证了农民的土地承包权和收益权。

受托方供销社收入来源优点是：一是打破了户与户承包地的界线，实行统一生产，增加了有效种植面积和粮食产量；二是从厂家直接采购化肥、农药等农资，可获得一定差价收益。缺点是农机、农资、人工等投入较大，对资金、技术实力要求较高。

村集体的利益：县供销社在有偿服务收益中给村集体提成 30%，增加了村集体资产。

这种模式是一种不流转土地也能实现农业规模化、专业化经营，同时相关各方都能获得相应的利益，在土地流转意愿较低的地区是一种较好的模式。但是，要求受托方具有较强的资金、技术、农业装备实力。

3. 统分结合，构建经营共同体："农民专业合作社 + 基地 + 农户"模式

这是课题组在陕西省安康市汉滨区忠诚蔬菜农民专业合作社调研时总结的一种模式。

（1）主要做法。第一，由合作社集中流转土地，提高土地质量。2009 年合作社把 162 户社员及其他农民共计 1200 亩分散耕地统一流转到合作社，由合作社负责项目规划，统一建设农业设施。首先，进行土地整理，依据地形地貌，修建成台阶式的水平耕地；其次，进行土壤改良，把整理好的土地增施有机肥，提高土壤肥力；最后，建设钢管结构蔬菜棚 1000 亩、连栋温室育苗 4 栋，购置了农机具 10 台

套。这样使得原来分散、瘠薄的土地变成高标准的蔬菜种植农田，达到规模化、设施化生产要求。

第二，合作社引领，统分结合，构建利益共同体。按照"农民专业合作社＋基地＋农户"的模式，实行"合作社统一组织管理，农民分户经营，统分结合，利益双赢"的运行机制。一是合作社统一组织生产经营，包括：统一提供种苗和技术指导，产品统一回收加工、储藏保鲜、品牌销售。合作社注册"月河口"蔬菜商标，获得陕西省无公害蔬菜产品认证，提升产品市场竞争力。二是农民分户经营。农民获得种植蔬菜的土地有两种方式：一是引领方式：农户可以经营原流转时的承包地；二是租赁方式：有些种植大户可以在合作社租赁耕地。

（2）效果分析。这种模式运行效果较好。第一，通过农民合作社集中流转土地解决承包地块细碎化问题，有利于土地资源的优化整合，实现适度规模经营。第二，改良的土地在合作社内部流转，能够维护农民权利，也不会改变土地的用途和减少农业的生产能力，是实现农业规模化经营的较好思路。第三，通过合作社引领，有利于保障农民长期稳定的收益。

但是，这种模式对合作社在资金、技术、经营管理、农产品市场开拓等方面的要求比较高。

4. "农业共营制"现代农业模式

该模式在四川省崇州市运行得较为成功。该市地处成都市远郊，是四川的农业大县和粮食主产区。2012 年全市人口 67 万，其中农村劳动力 36.95 万人，但外出务工人员高达 73.4%。农业面临"谁来种田""种怎样的田"和"怎样种田"的难题，该市探索创新"农业共营制"现代农业模式。①② 该模式是"土地股份合作社＋农业职业经理人＋现代农业服务体系"的一种新型农业经营模式。

（1）主要做法。第一，按照"入社自愿、退社自由和利益共享、

---

① 江宜航：《"农业共营制"促进了崇州现代农业发展》，《中国经济时报》2015 年 2 月 6 日第 7 版。

② 四川省社会科学院课题组：《农业现代化需要新型农业经营体系——四川省崇州市"1＋4"新型农业经营体系建设的实践与启示》，《光明日报》2013 年 9 月 18 日第 13 版。

风险共担"原则,农户用土地承包经营权入股,成立土地股份合作社,解决农业"谁来经营"问题。第二,公开竞聘农业职业经理人。合作社理事会代表社员决策"种什么",职业经理人负责"怎样种""如何种"。第三,保障农民利益,按股分红。一般把经营纯收入按照1:2:7进行分配(10%为公积金、20%为农业职业经理人佣金、70%为社员土地入股分红)。第四,政府完善保障制度。及时完成土地承包经营权登记确权颁证;建立农业职业经理人培训、评定、考核制度;构建农业科技、品牌、金融和社会化"四大服务"体系等。

(2) 运行效果好。一是有效推进农业专业化生产,提高了农民收入。2014年,全市土地股份合作社入股耕地面积达21.33万亩,占全市耕地的44%,其中60%的耕地实现适度规模经营;入社农户9.46万户,占全市农户的52%。农民组织化率达69%。通过土地集中、现代要素聚集和能者参与经营,极大地提升了农业经济效益。2013年,全市土地股份合作社水稻平均亩产568千克,比农户入社前水稻每亩高出58千克;全市农民人均纯收入11780元。二是生产的规模化有利于农业科技成果的推广和应用,实现农业生产由分散经营向规模经营、集约经营转变。

(3) 借鉴意义。该模式是现代农业经营模式的创新,有较高的借鉴价值。第一,这是一种低成本快速实现土地规模经营的方法,职业经理人不用支付土地流转费用和前期农资投入就能经营几百亩土地。第二,这是一条培育新型职业农民的新思路,解决了"谁来种田"的问题。第三,构建了农业社会化服务的有效供需载体。政府与科研院所合作建立公益性和经营性综合服务平台,降低科技和社会化服务成本,解决了"怎样种田"的难题。第四,提供了一条农民进城不影响农业生产和农民权利的可行道路,农民在土地流转中能够随着农业发展分享增值收益,实现城镇化与农业现代化协调发展。

需要注意的是,合作社在流转土地时要尊重农户的意愿,维护承包户土地流转的利益,确保不因发展土地股份合作社导致农民失地。在坚持家庭承包经营基础上创新农业经营模式关键要把握三点:一是提高农户的组织化程度,增强其话语权;二是利用基地、示范园、养殖小区等平台，完善利益联结关系，推动龙头企业与专业合作社、农户深度融合，构建完整的产业链；三是具体选择哪种规模经营模式要从本地实际情况出发，尊重农民意愿和选择、因地制宜来确定。

5. 畜牧业的"华茂模式"

课题组在陕西省丹凤县调研的一种现代畜牧养殖模式。模式特点是：第一，产业链完整。该产业链以华茂牧业公司为龙头，构建了饲料加工、种鸡孵化、肉鸡养殖、肉鸡屠宰、熟食加工、冷冻贮藏、物流配送、有机肥生产、技术研发等肉鸡养殖全产业链，实现肉鸡产品最大化增值，也减少了环境污染。第二，龙头企业采取"公司＋合作社＋基地＋农户"模式和养殖户形成利益共同体。在养殖环节，龙头企业向养殖户赊销鸡苗和饲料，保证养殖户交售的每只鸡净赚 1 元钱。养殖户建设一个 1 亩地大小的二代养鸡大棚每年可以养 5 茬鸡，每茬 1 万只，年纯收入可达 5 万元，带动了当地 3000 多户农民致富。龙头企业对养殖户推行"八统一"管理办法（统一设计鸡舍、供应鸡苗、供应饲料、程序免疫、技术标准、保利回收产品、加工销售、合作方式），降低养殖户的养殖风险，使养殖户和龙头企业形成利益共同体。

（四）构建以城镇为依托的现代农产品流通体系

农产品市场具有自身的特性：①农产品生产分布在农村，而消费地相对集中在城镇，农产品的流动基本方向是由农村到城镇；②农产品的生产和上市的季节性强，而消费比较均衡，所以农产品产销在时间、季节上的矛盾突出；③农产品流通费用高，产销差价大。①

1. 培育和发展多元农产品流通主体

一是积极培育农产品流通型的龙头企业。除进一步发挥国有粮食企业、商业企业和供销合作社等国有和合作组织的主渠道作用外，还要大力发展农民合作社、农产品运销企业、农产品批发市场、物流配送、食品连锁超市等，为其提供良好的发展环境，使其数量不断增加，规模不断扩大。二是扶持农产品经纪人和代理商。西部大规模流

---

① 陈勇勤：《当代中国的农业问题》，《南京社会科学》2007 年第 7 期。

通企业发展相对滞后，农产品经纪人和代理商把农户与市场、龙头企业衔接起来，特别是在市场化程度高的蔬菜、水果等经济作物销售中发挥着重要作用。政府应加强对他们进行专业化培训，提高能力。

2. 构建完整的农产品物流体系

加快建设覆盖城乡的完善的农产品流通网络。第一，推进特色农产品生产区中心市场建设，扩大辐射范围。例如，2011 年 10 月、2012 年 12 月，陕西省和农业部分别在苹果优生区的洛川县建设国家级苹果批发市场和猕猴桃优生区的眉县建设国家级猕猴桃批发市场。①以农产品优生区为依托建设农产品物流中心，使物流中心既有优质农产品的支撑，又可以带动优质农产品的生产。第二，逐步建立一批规范的物流园区、交易市场、配送中心和农产品超市。

3. 引进农产品现代销售手段和营销模式

（1）发展电子商务等现代农产品销售手段。农产品电子商务发展潜力巨大。第一，发展农产品电子商务具有较好的网民基础。截至2013 年 12 月，农村网民规模达到 1.77 亿人，占网民总数的 28.6%。自 2012 年以来，农村网民的增速超越了城镇网民，城乡网民规模差距缩小。② 第二，消费者的消费习惯正在变化，越来越多的消费者接受在网上购买生鲜农产品。第三，冷链物流、仓储、交通等物流基础设施逐步改善，能够及时完成生鲜农产品配送。

农产品电子商务迅速发展。阿里研究院发布的《农产品电子商务白皮书（2013）》显示，2013 年，阿里平台上经营农产品的卖家数量为 39.4 万个，其中淘宝网（含天猫）卖家为 37.79 万个。生鲜类目销售额高速增长，同比增长 194.58%。近几年陕西省武功县发挥地处"丝绸之路"经济带的区位优势，积极构建"买西北、卖全国"的电商模式，农产品电子商务发展取得很大成就。全县有网店 300 余家，

---

① 程伟：《我省出台政策支持国家级农产品市场建设》，《陕西日报》2013 年 9 月 1 日第 8 版。

② 《2013 年中国农村互联网发展调查报告》，中国互联网络信息中心，http://www.cnnic.cn/hlwfzyj/hlwxzbg/ncbg/201406/t20140611_ 47216. htm，2015 年 5 月 7 日。

快递公司 10 余家，日发单量超过 1 万单，日交易额达 80 余万元。[①]
2014 年该县被陕西省商务厅确定为"陕西省电子商务示范县"。

（2）创新营销模式。为满足城镇居民对食物便利性、及时性的需要，应减少流通环节，提高流通效率，建立"从田头到餐桌"的农产品供应体系，提高农产品的销售能力。一是"大型超市＋专业合作组织""大型超市＋大型生产基地"的"农超对接"模式。二是发展农产品连锁经营、产销直挂、网上交易和定点配送服务等现代营销方式，引导优质、有品牌的农产品直接进入市场。三是龙头企业对学校、机关等集团用户直接销售农产品的产销一体化。

（五）构建以城镇为依托的现代农业服务体系

1. 现代农业服务的特殊性

第一，现代农业服务对象众多。农业服务对象是成千上万农民，如何及时有效进行服务是一个难题。

第二，农民对市场化农业服务的购买能力差别很大。一部分"先富"起来的农民，从现代农业服务中受益，愿意也有能力支付服务成本；有一些农民很难承担或者不愿意支付现代农业服务成本。

第三，很多的农业服务要深入田间地头，工作环境艰苦，工作条件相对较差，对技术人员吸引力不强。第四，现代农业服务具有公益性质，政府应承担更多的责任。

2. 大力培育现代农业服务主体

第一，完善公益性农业服务主体。农业公共服务机构是最基础、最主要的服务主体，主要承担市场和社会提供不了或不愿意提供的农业服务。一是由政府财政买单，完善农产品质量监管、动植物疫病防控、农业科技研发推广等公益性公共机构。二是发展村级集体经济组织。村集体经济组织是农民的重要组织者，在土地流转、土地整理、土地征用和农田水利设施建设、农业园区化发展、农业技术推广等方面发挥着不可替代的组织作用。

---

① 《陕西武功：电商新模式"买西北　卖全国"》，武功县政府网站，http：//www. snwugong. gov. cn/gk/gzdt/36961. htm，2016 年 1 月 6 日。

第二，培育经营性服务主体。新型农业经营主体既是农业社会化服务的需求者，也是农业社会化服务的供给者。可以由合作社、农业专业公司等提供农业技术推广、农资配送、机械作业、统防统治、信息服务、产品销售等有偿服务。为了提高服务效率，政府探索以补助、特许经营、合同外包、购买服务等方式，引导社会机构或私营部门提供农业公共服务。

第三，政府主管部门、涉农部门从市场准入、税费减免、资金支持、人才引进、规范服务管理等方面制定支持和规范农业服务的相关制度，以保障各类服务主体健康有序发展。

3. 建立与农业规模化经营相适应的社会化服务体系

构建以农业经营者需求为导向，政府公共服务机构为基础，公益性服务为重点，以大中城市为中心、小城镇为节点、乡村为基地的现代农业服务体系，使农民能够享受到低成本、便利化、高质量、全方位的农业社会化服务。

完善政府农业主管部门宏观管理。包括及时制定农业发展战略、规划；及时向社会发布国内外各种农产品价格、供给与需求等市场信息；加快国家农村信息化建设，充分利用物联网等现代信息技术，搭建"三农"综合网络信息平台，为农民提供高效便捷的国内外各种农业技术信息；及时公布政府和准政府组织有关农业生产、技术、流通的各种法律、法规、技术标准、政策；农业品种鉴定与推广、植物病虫与动物病害的预测与防治、新技术的示范与推广、农业生态保护等。

第三节　提升西部农业科技水平

舒尔茨认为，技术停滞既是传统农业的根本特征，也是传统农业落后和农村贫困的根本原因。[1] 农业现代化的根本动力既是现代技术

①　[美]舒尔茨：《改造传统农业》，梁小民译，商务印书馆1987年版，第29页。

发明和应用，实现农业现代化的过程，也是先进技术不断注入农业的过程。

一 研发适宜的农业科技，提高西部农业科技水平

（一）发展适合西部的农业技术装备

1. 大力发展适合西部的农业科技

针对西部地区的气候状况、土壤条件、地形地貌以及人力资源等情况研发农业科技，特别是旱作农业技术、生物技术、农业机械装备等。

（1）旱作农业和节水技术是西部农业技术研发的重要方向。西部地区特别是西北地区总体是缺水地区，而且用水效率低。西北旱作农业区集中了全国49.4%的低产田和18.8%的中产田。[1] 农业发展受到水资源约束明显，如果能在旱作农业和节水技术方面取得突破，充分挖掘西部干旱和半干旱地区生产潜力，农业生产特别是粮食生产可以上一个台阶。以甘肃省为例，2013 年，甘肃粮食产量1138.9 万吨，人均441 公斤，由过去的粮食调入省成为自给有余的省份，一个重要原因是全膜双垄沟播等旱作农业技术的推广应用。该技术使玉米种植区域由海拔1800 米提高到2300 米，由年降水量大于400 毫米区域扩展到不低于250 毫米区域，使甘肃能够扩大玉米适种面积33.3 万公顷。该技术比半膜播种玉米技术平均增产30%以上，种植马铃薯比传统技术增产25%以上。[2]

（2）研发生物化学技术，提升农业产出。从历史看，第二次农业技术革命就是生物化学革命。随着杂交玉米、杂交高粱等新品种的出现，控制害虫和杂草的方法以及化肥的应用极大地提高了粮食产量。

一是加快农业生物育种技术研发，培育优良农业品种。农作物种植业是农业长期稳定发展的重要保证，种子对粮食生产丰收起到了非常重要的作用。2013 年，陕西省推广200 万亩小麦优良品种"西农

---

① 山立、邹宇锋：《我国旱区农业的地位和发展潜力及政策建议》，《农业现代化研究》2013 年第4 期。

② 梁仲科：《基于粮食安全视角下的旱作农业——关于甘肃省粮食生产与旱作农业工作的思考》，《甘肃农业》2014 年第8 期。

979"，不仅品质好，产量还提高5%以上。在渭北旱塬南部水资源条件较好的地方推广矮化苹果栽植，一般6年以上的果树，亩产达到3000千克以上，最高可达5000千克，亩收入可达1.8万—3万元。[①]

二是科学施肥。我国由于不能按作物品种、生产季节、土壤成分等实行科学配方施肥，且操作方法粗放，造成化肥有效利用率仅30%左右，而世界平均水平是60%，发达国家达到70%以上。[②] 西部各省份每公顷化肥施用量差异较大，2013年陕西省是566千克，远高于全国水平，四川省是259千克[③]，低于全国水平，但施用量都较高，对生态环境造成较大压力。一方面要通过测土施肥提高化肥利用率；另一方面积极发展新型复合肥，开发针对不同土壤、不同作物要求的专用肥、缓释肥，提高化肥效率。

（3）发展农业信息技术，实现农业生产的精准化。推进信息技术与现代农业的融合。未来农业物联网、农业信息监测预警等技术研究与应用，将提升我国现代农业的发展与管理能力。"3S"技术［地理信息系统（GIS）、全球卫星定位系统（GPS）和遥感技术（RS），简称"3S"技术］和精确农业技术运用于农业，可以对耕地准确监测各项土壤指标，进而采取相应的管理措施，以最低的投入，获得最高农产品产量。同时也能最大限度地保护农业生态环境、土壤等农业自然资源。

（4）大力发展循环生产技术，实现农业生产的生态化。农业生产的生态化对西部农业的可持续发展具有重要意义。一是要按照《全国主体功能区规划》和各省份主体功能区规划的要求，优化调整种养结构与产品结构。二是大力发展农业循环生产技术，在农业生产中建立生产循环链。研发和推广猪—沼—果（蔬菜）种养结合、秸秆—食用菌的养料—沼气技术—有机肥技术等农业循环技术，促进农业废弃物从污染治理向资源化利用转变；充分利用养殖业的动物粪便等发展有机肥、生物肥，既可以改善过度施用化肥带来的耕地板结等问题，改

---

① 《我省今年将推广矮化苹果3.5万亩》，《陕西日报》2014年4月7日。
② 罗晓梅等：《西部自我发展能力的政策创新研究》，中国社会科学出版社2013年版，第255页。
③ 根据《中国统计年鉴（2014）》计算。

良土壤的理化性状，又可以提高农产品质量。

2. 发展适应西部特点的农业机械装备

（1）农业机械化是农业现代化的物质基础和重要标志。早在 20 世纪 50 年代末，毛泽东就曾指出：农业的根本出路在于机械化。通过实现农业机械化，可以提高土地产出率、资源利用率和劳动生产率，减轻劳动强度，大量节约农业劳动力，使大规模的城镇化成为可能。调查数据显示：12 马力手扶拖拉机的农业作业效率是牛的 5.9 倍，机械插秧的效率是人工的 40 倍，水稻机收的作业效率是人工的 24 倍。19 世纪 40 年代打捆机的出现使美国收割小麦的劳动力下降了 80%。[①] 机械化也提高了农业效益，例如，机械化深施化肥可提高 10%—15% 的化肥利用率；高性能植保机械喷药可节约 30%—40% 的农药；大型机械深松整地每亩玉米可增产 100 千克；联合收割机收割小麦比人工收割减少 3% 左右损失。[②]

2004 年，我国开始实施农机购置补贴政策，2004—2014 年，累计补贴资金约 1200 亿元，补贴各类农机具超过 3500 万台（套）。[③] 西部农业机械化程度迅速提高，陕西省和四川省农业机械化总动力从 2003 年年底的 1228.1 万千瓦和 1891.1 万千瓦提高到 2013 年年底的 2452.7 万千瓦和 3953.1 万千瓦[④]，分别提高了 99.7% 和 109.5%。以现代农机为载体，精量播种、化肥深施、高效植保、低损收获等现代农业技术迅速推广。但是，西部机械化水平总体较低。2013 年，四川省主要农作物耕种收综合机械化水平为 45%，比全国平均水平低 14.5%；[⑤] 与美国、澳大利亚等发达国家 90% 以上的机械化程度相比，

---

① [美] D. 盖尔·约翰逊：《经济发展中的农业、农村、农民问题》，林毅夫、赵耀辉编译，商务印书馆 2013 年版，第 103—104 页。

② 高俊才：《稳步推进城镇化扎实建设新农村》（下），《中国经贸导刊》2010 年第 2 期。

③ 《助力粮食连年增产，引领现代农业方向》，财政部网站，http://nys.mof.gov.cn/zhengfuxinxi/bgtGongZuoDongTai_1_1_1_1_3/201502/t20150212_1191989.html，2015 年 6 月 2 日。

④ 《中国统计年鉴》（2014、2004）。

⑤ 李杰：《加快四川农业机械化发展的对策研究》，《四川农业与农机》2014 年第 6 期。

差距更大。

（2）研发推广适合西部的农业机械装备。针对西部山区农业比重大、地块小而散、作物品种多、农民收入低和储蓄少的特点，一是重点研发和推广适合西部的多功能、智能化、经济实用的中小型农机具，如微耕机、中小型联合收割机；积极研发生产适合西部地区的通用农业机械以及农民急需的烟叶、茶叶、果业、棉花、蔬菜、油菜、草业等经济作物机械。二是适当扩大西部山区农民购置农机补贴范围。三是发展山区农机经营大户或农机专业服务组织，为农民提供农机专业服务。大型化、自动化的现代农业生产设备价格昂贵，山区普通农民难以购置，农机合作社等根据农户的种植面积合理购置各种农用机械，提高农机利用率和经营效益。四是整合资源，政府加大对农机科研的投入。充分发挥高等院校、科研单位、农机企业、农机推广等各自优势，实现农机产、学、研、推的高效衔接。

（二）大力推进农业技术集成化

农业应用技术要集成配套，使用简单化，才易于为广大农民所掌握应用。

1. 现代农业技术集成化

按照现代农业理念，农业的产前、产中和产后是一个完整的产业链条，要使技术发挥最大化效益，就要加强农业产业链综合技术集成，推进农业整体现代化。[①] 例如，针对我国油菜机械化程度低和技术集成度差的"瓶颈"问题，油菜专家王汉中和他的团队研发推广油菜全程机械化高效生产模式，对油菜品种、栽培、土壤肥料、植物保护、机械等方面的优势技术、产品和装备等9项单项技术进行集成。应用后，菜籽亩产可达210千克。[②] 陕西省榆林市运用优良品种、测土配方施肥、病虫害综合防控、地膜覆盖、合理密植等高产集成技术，增产效果非常显著。2012年，定边、靖边10万亩旱地全膜玉米

---

① 涂圣伟：《以农业科技创新引领农业现代化建设》，《中国发展观察》2012年第2期。

② 胡其峰：《拿什么守住中国人的"油瓶"》，《光明日报》2014年6月10日第5版。

亩产达 782.7 千克，创全国最高纪录。[①]

结合西部农业条件推进农业技术集成化：一是大力发展水资源的合理开发利用、高效输配水、田间节水灌溉、农田高效用水、节水抗旱作物栽培管理、作物抗旱特性改良与利用等节水集成技术；二是发展农业循环生产集成技术，如畜牧业—生物能源—种植业循环生产集成技术等；三是高效生产集成技术，如温室大棚农业的测土配方施肥、滴灌、烟雾剂防治病虫、多层覆盖技术等设施农业技术集成，畜牧业的人工授精、全日粮混合饲喂、"饲草两储两化"（即饲草青储、微储、碱化和秸秆氨化技术）技术集成等。

2. 集成技术使用简单化

目前妇女和老人逐渐成为农业劳动力主体，他们文化水平和科技素质较低，接受农业新技术困难。如果现代农业技术及装备使用方法难度过大，他们就难以掌握和使用，也难以推广。因此，应在农业技术集成的基础上，实现农业技术操作简单化，让普通农民能看得懂、学得会、用得起，以解决农业科技转化中"最后一公里"的问题。也可以通过龙头企业、政府等建设农业新技术示范试验基地，示范推广农业新技术。

二　构建西部完善的现代农业科技服务体系

构建以政府公共服务为主导、农民合作服务为基础、公司服务为主体的农业科技服务体系。[②]

（一）培育多元化的农业科技服务主体

除政府提供公共性农业技术服务外，鼓励其他经济主体依法进入农业技术服务领域，培育多元化农技推广服务主体。

1. 完善政府农业技术服务机构

完善基层农技站、农机站、畜牧兽医站、水管站等政府农业技术推广机构和功能，对农民进行有效的技术培训、技术咨询和技术指

---

① 吴莎莎：《"老陕"能否端牢自己的"饭碗"》，《陕西日报》2014 年 4 月 17 日第 9 版。

② 毕美家：《合力构建三大服务体系》，《农村工作通讯》2007 年第 11 期。

导，引进、推广先进的农业科技项目和优良品种，对病虫害进行预测预报、统防统治，为农民提供科技情报和市场信息等。政府农业技术服务部门免费提供农业技术服务。

2. 发展合作社等非营利性技术服务组织

这类组织主要为内部成员提供农业生产、农产品加工和农产品流通等技术服务，是非营利性技术服务组织。

3. 培育提供私人服务的技术服务组织

这类组织包括提供各类农业技术服务的专业户、农业公司等。他们提供的农业服务，按照等价交换的原则和供求关系进行调节，提供服务的主体应获得社会平均利润，接受服务的农户要按质按价付费。或者通过政府购买服务等方式，支持具有资质的经营性服务组织从事农业公益性技术服务。

（二）创新农业技术服务模式

结合本地实际，积极探索有效的农技推广模式，提高农业技术推广服务效果。

1. "高校、农科院＋地方农技干部＋农民专家"模式

这种模式充分发挥农业高校和科研院所雄厚的科研和人才实力，与农村农业实用人才、政府农业技术人员结合，打破部门、区域、单位和学科界限，发挥各方优势，形成农技研发和服务合力，高效推广现代农业技术。陕西省阎良区与西北农林科技大学合作，在阎良建成甜瓜、蔬菜两个试验示范站，西北农林科技大学选派栽培育种、土肥、植保、园艺等相关专业的专家常驻阎良，阎良区成立都市农业产业服务中心，推行"1＋2＋10"（1名西北农林科技大学专家带领2名区农技干部，每名干部再带10名农民专家）的农技推广模式，对甜瓜、蔬菜生产全过程进行技术服务。实现了农技科研、推广相结合，一方面使科研机构的先进农业科技成果迅速得到应用和推广；另一方面通过农业产业服务中心，农民遇到的各类问题可以及时反馈给专家教授得到解决，助推阎良区打造出"阎良甜瓜"的地域品牌。①

————————

① 课题组调研资料。

2. 农业专家大院、农业科技特派员模式

小规模生产的农民有厌恶技术风险的倾向，为了让农民有效掌握农业新技术，通过农业专家大院、农业科技特派员，直接向农民推广新技术，将农业科研机构与农民连接起来。1999 年杨凌西北农林科技大学与宝鸡市政府合作，最先探索一种新型农业科技推广模式——农业科技专家大院。宝鸡市财政给每个大院拨 15 万元启动资金，此后大院一般通过自己出售种子或种苗获取经费，政府仅提供象征性的交通和通信补贴。[1] 这种模式的特点有：一是农业专家大院是科技成果转化、推广与应用的示范基地，通过培训，专家直接把技术传递给农户；二是农业专家大院实行"政府引导、市场运作"农技推广机制，使科研人员研究的项目与农业企业和农户的生产需要相一致，实现了科研院所与市场需求有效对接，农业专家通过大院不但能得到经济回报，也加快了技术成果转化。[2] 从宝鸡实践来看，有成功的也有失败的。在市场经济条件下，农业专家大院要取得成功，运作机制必须要符合市场规律要求，才能顺利地将技术转化为生产力。

农业科技特派员制度是科技服务"三农"的一种体制机制创新。2014 年"中央一号文件"首次明确提出了"推行科技特派员制度"。针对农业科技推广中存在农民难以掌握运用农业科技、农业科技服务不到位、农业新技术和成果难以转化成生产力等问题，1999 年福建省南平市推行这一制度。基本做法是：经双向选择，从科研院所、大专院校等农业部门选派优秀的农业专业技术人员，与农民、农业企业结合，鼓励农技人员以技术入股等形式与农技服务对象结成"风险共担、利益共享"的利益共同体，实现科技资源和科技人才的优化配置。这项制度的优点是，能充分激发农业科技人员推广农业科技的积

---

① 涂俊、吴贵生：《农业科技推广体系的"三重螺旋"制度创新——以宝鸡市农业专家大院为例》，《研究与发展管理》2006 年第 4 期。

② 宋莉莉、蒋和平：《国家农业科技园区农业专家大院技术推广的现状及对策建议》，《科技与经济》2007 年第 6 期。

极性，促进了农业科技成果转化为生产力。① 科技特派员带动了一大批农业科技人员和农民创业，创办或协办了一批小微农业科技企业和农业合作经济组织，加速了农业科技成果的示范和推广应用。

3. 龙头企业主导的大荔模式

大荔模式是指以陕西省大荔县命名的一种农技推广模式，是以集科技服务与农资连锁经营为一体的现代化农资流通企业——陕西荔民农资连锁有限公司为平台，整合现有科技服务方式（星火科技"12396"信息服务系统、科技特派员、科技专家大院、科技培训）、县域科技资源的公益性服务和以市场机制为导向的经营性服务，采用"政府＋企业＋农户＋专家"的市场化运作方式。以县为单元，构建两个网络，将农资销售与农技推广融为一体。一个是统一的农资配送网络，减少流通环节，确保农资质量，降低农资的价格，实现农资质优价廉；另一个是农技服务网络，通过政企结合，形成"县建专家团，乡（镇）设特派员，村聘技术员"的三级服务体系，为农民提供了产前、产中、产后全方位技术服务。这种模式实施效果很好，在服务的核心区，农户通过使用放心农资，在农业生产中降低生产成本15%以上，通过农业科技服务增产10%以上，农民收入年均增长500元以上。

4. 政府主导的平利模式

陕西省平利县从2009年开始，围绕"公益性"构建新的农技推广体系。第一，改革体制，整合资源。该县将县、乡（镇）两级政府的农技推广服务机构由县农业局统一管理，实行"县建县管"。打破乡镇行政区划，按产业划片，成立了区域农技推广站，为县推广中心的派出机构，每名农技人员负责1个农业示范基地、1个龙头企业、2个农业示范村、20个农业示范户。② 设立村级农技服务室，工作人员报酬与农业新品种新技术示范、服务工作量等挂钩。第二，完善激励

---

① 王世福：《发挥科技特派员作用　提升新农村建设水平》，《安徽科技》2008年第4期。

② 常永平：《农技推广的平利模式》，《农民日报》2012年1月30日第1版。

机制，让农技推广更有实效。推行农技人员聘用制，实现农技人员由身份管理向岗位管理转变。建立农技推广责任制，与农技人员绩效工资、职务职称晋升、继续教育、岗位聘任直接挂钩。第三，探索社会化农技推广服务机制。平利县出台优惠政策，支持农业科研教育单位、涉农企业、农业合作社等社会资本参与农业技术推广服务，形成以公益性推广机构为主体、市场营利性和社会非营利性服务组织为补充的"一主多元"的农技推广社会化服务格局。

三　推进西部农业科技体制机制改革

（一）推进农业科技体制改革，加快农业新技术研发

推进农业科研体制改革。农业科研机构应合理分工，基础性、战略性农业科技研究主要由国家级农业科研机构、高等院校负责，农技应用开发研究主要由地方农业研究机构、农技站、社会农业经济组织负责。由于西部地域广大，地方农业基础性科研力量较弱，国家可以在西部设立国家级农业科研机构，重点研究西部农业的基础性、战略性、全局性问题，力争在西部农业的关键领域和核心技术上实现重大突破，同时宏观协调西部各省的农业科研。

以市场需求为导向，整合农业科技资源，形成农业科研的整体合力。以国有农业科技力量为基础，积极鼓励和支持民营科研机构和大中型农业企业参与农业科技研究和推广。建立一个以市场配置资源为主，根据市场需求设置科研和推广项目[①]，使科研与教学、生产密切结合，形成富有创新活力的农业科技体制。

（二）建立有效的激励机制，加快农业新技术推广

构建有效的农业技术推广激励机制。一是鼓励农业技术入股参与分配，把农技研发者、推广者和应用者的利益与风险有机地结合在一起，通过收益分成实现其价值，通过内在的利益导向机制，调动农业科研人员研发农业新技术的积极性。二是针对西部农民缺乏应用技术的能力、动力等问题，政府应采用补贴、奖励等经济手段，引导农民应用农业新技术。

---

① 冯海发：《农村城镇化发展探索》，新华出版社 2004 年版，第 27 页。

完善基层农技推广人员职称评定机制。职称评定要注重工作业绩和实效，鼓励基层农业科技人员深入农村推广农业新技术、新品种，帮助农民解决技术难题。鼓励基层农技人员到新型农业经营主体中工作或兼职，其工资待遇、教育培训、职称评聘等参照在岗农技人员。

发挥农业企业在科技成果推广转化中的主体作用。农业企业直接参与市场竞争和农业生产，最清楚农业生产中需要什么技术，可以更有针对性进行农业技术研发和推广。一是政府对农技推广项目实行招投标制度，鼓励各类农技推广组织、企业公平参与竞争。二是政府对进行农业科技研发的农业企业根据其贡献大小给予财政补贴、贷款贴息等奖励。

政府加强农业推广系统的组织建设和农业技术交易市场建设，形成一个有效的农业技术和知识传播网络，促进农业技术交易和转化。充分发挥陕西省杨凌示范区国家（杨凌）农业技术转移中心、国家（杨凌）旱区植物品种权交易中心的作用，让更多的农业科技成果通过技术市场及时应用于农业生产。

（三）政府加大农业科研推广投入力度

政府加大农业科研投入。农业基础性科技研究投资巨大，研究周期长，研究成果难以垄断，转化过程复杂，直接经济效益低，但社会效益高。因此，农业基础性研究经费应该由财政拨款；农业应用技术研究财政部分资助，其余由企业或研究单位自筹。

财政支持农业科技推广服务。一是农业科技服务具有公益性特点，各级财政对公益性技术推广予以经费保证，重点培养种养业能手、科技带头人等。二是农业生产周期长、季节性强、受自然条件影响大等特征决定农业新技术的应用有较大风险。一些先进的农业技术的应用，比如测土配方施肥、模式化施肥、生态农业等，只有在大面积的土地上采用时，才能取得较高的效益，这需要较大规模投资和生产组织。因此，政府要承担起对农业新技术示范推广的主要职能，统一组织新技术应用。

增加农村教育投入，提高农民的文化素质和知识水平。农民是农业技术的最终接受者和应用者，高素质农民是农业科技推广的基础条件。农民对农业技术的接受和使用状况，对农业技术的应用具有关键的影响。这就需要政府加大农民培训投入，提高农民科技文化水平。具体参见第八章第二节有关内容。

第六章 基于西部农业现代化协调发展视角的西部城镇化战略

本章主要论述实施基于西部农业现代化协调发展视角的西部城镇化战略，按照区域一体化的思路，以核心城市为增长极，构建科学合理的西部城市群和城镇体系；突出特色重点镇发展，实施县域城镇化和农业现代化协调发展战略；建设新型农村社区，实施城乡一体化战略；最终形成以核心城市为龙头和增长极，以多层次城市群为主体形态，以中小城市和小城镇为支撑，以现代农业为重要基础产业的西部城镇化格局。

第一节 基于农业现代化协调发展的西部城镇化战略思路

本节主要论述基于农业现代化协调发展的西部城镇化特点、战略思路和城镇体系，西部牧区和林区等特殊区域城镇化思路。

一 基于农业现代化协调发展的西部城镇化特点

（一）西部城镇化处于快速发展时期

2013 年，我国和西部城镇化率分别达到了 53.7% 和 44.8%。按照世界城镇化的经验规律，我国和西部处在城镇化快速发展时期，特别是西部城镇化率还低于 50%，未来城市的数量、城镇人口、城镇建设都将有很大的发展空间。

（二）西部城镇布局与本区域农业现代化有较高的一致性

西部城镇集中区和城镇化水平较高的区域也是农业现代化发展较

好的区域。关中城市群、成渝城市群是西部农业生产条件优越、农业科技资源最集中、农业现代化程度最高的区域；天山北坡有连片的绿洲和农场，农业现代化程度较高，也形成了以乌鲁木齐为核心城市的天山北坡城市群；河套平原土地平坦，灌溉设施完善，农业生产发达，畜牧业在全国具有重要影响，该区域也集中了内蒙古的主要城市；宁夏黄河灌区是宁夏农业最发达的区域，也形成以银川为核心的城镇集中区。总体上看，城镇化水平高的区域农业现代化程度也较高，两者相互促进。

（三）边境口岸城镇多，便于对外开放

西部地区地处我国内陆，与14个国家接壤，有1.8万千米的陆地边境线，占全国的82%，有大量的陆路边境口岸。一些具有区域经济中心、交通中心等功能的沿边口岸可以逐步发展成为边境口岸城市，甚至大中城市。

（四）自然地理条件制约较大

西部地区总体自然地理条件较差，城镇的分布、规模、密度和结构等受到严酷的自然条件和脆弱的生态环境制约。例如，西部沙漠区域的绿洲边界成为绿洲城镇辐射的天然障碍；高山峡谷、交通线的走势迫使城镇发展沿谷地和交通线布局，如兰州—西宁城镇密集区位于甘青两省交界地带，是以兰州、西宁两省会城市为核心，主要沿兰青铁路、西宁—兰州高速公路等交通干线及湟水河谷分布。

二 基于农业现代化协调发展视角的西部城镇化战略思路

基本思路是，以农业现代化为基础，按照区域一体化发展的要求，以城市群为城镇化的主体形态，核心城市为增长极，中小城市和县城为骨干，小城镇为基础，突出城镇特色，合理布局、以大带小、优势互补，构建与人口分布、经济布局与资源环境相协调的西部城市群和城市体系。具体战略思路是：

（一）实施因地制宜的城镇化模式

西部地域辽阔，各地自然资源、地理环境、经济社会发展水平、城镇化潜力和综合承载能力差异很大，这决定了各地区不同的城镇化模式。主要有：

1. 城市群模式

城市群是指在一个区域内集中了一定数量的不同类型和规模的城市，以一个或几个特大城市为中心，依托便捷的交通设施，城市之间有着内在联系[1]，形成一个完整的城市集合体。城市群的基本特征有：一是以一个或几个特大城市为核心，辐射带动周边区域，城镇化水平较高；二是大城市、中小城市和小城镇协同共赢发展；三是以交通为重点的基础设施完善；四是城市群内城镇布局合理，产业优势互补。城市群是一种新的城镇化理念，是城镇化的高级形态，可以最大限度地提高城镇综合承载能力。我国京津冀、长江三角洲、珠江三角洲三大城市群以 2.8% 的国土面积集聚了 18% 的人口，创造了 36% 的国内生产总值[2]，是我国最重要的经济中心和经济增长极。2015 年 12 月，中央城市工作会议提出"要以城市群为主体形态"[3] 推进城镇化。

西部地区在自然条件优越、经济基础好、人口稠密的地区，做强核心城市，发挥核心城市对周边中小城市和小城镇的辐射带动作用，形成具有内在联系的城市群，构建西部经济中心和增长极。按照城市群规模、核心城市的实力、影响力和战略地位等标准，西部城市群可以分为三个层次：一是以特大城市为核心的国家级城市群，如以成都、重庆为核心城市的成渝城市群，以西安为核心城市的关中城市群；二是以大城市为核心的西部区域城市群，如以乌鲁木齐—昌吉为核心城市的天山北坡城市群、以南宁为核心城市的北部湾城市群、以兰州—西宁为核心城市的城市群；三是以大城市为核心的西部次区域城市群，如以昆明为核心城市的滇中城市群等。

2. 区域性中心城市模式

在自然条件较好、人口较多的区域，做强大中城市，使其成为区域性中心城市，带动周边小城镇发展。但是，由于受地理条件、经济要素、经济实力等限制，该区域难以发展成为更高层次的城市群。例

---

① 肖金成、黄征学：《中原地区城市群的形成与发展》，《区域经济评论》2014 年第 1 期。

② 《国家新型城镇化规划（2014—2020 年）》，人民出版社 2014 年版，第 7 页。

③ 《中央城市工作会议在北京举行》，《经济日报》2015 年 12 月 23 日第 1 版。

如，位于陕西省西南部的汉中市，北部是秦岭，南部是大巴山，中间是东西长116千米，南北宽约5—30千米，面积2.7万平方千米的比较封闭的汉中盆地①，2013年区域内常住人口342.5万。陕西省规划到2020年构建以100万人口的汉中中心城区为核心城市，勉县、城固、洋县三个县城为副中心的"汉中盆地城镇发展区"，辐射带动周边山区小城镇。

3. 特色小城镇模式

这种模式主要针对一些交通不便、自然资源相对匮乏、生态环境容量较小、难以融入城市群和接受中心城市辐射的区域，如青藏高原、沙漠绿洲、秦巴山区、横断山脉等。根据本地资源禀赋与区位条件，重点地发展有特色产业支撑的小城镇，吸引人口在小城镇聚集，使其成为本区域的政治文化中心、经济中心、交通中心、信息中心，成为连接城乡、服务农业的纽带。这种模式的城镇结构是"县城—建制镇—集镇"三级，城镇人口主要聚集在县城和建制镇。

4. 依托交通干线的"点—轴"模式

"点—轴"模式是从发达区域的经济中心（点）沿交通线路向不发达区域纵深发展。② 首先，重点发展具有较强实力的中心城市作为带动点，如西部具有一定实力的地级市。其次，发展铁路、高速公路等现代交通设施。如甘肃以境内的兰新铁路为轴线，将嘉峪关—酒泉—张掖—金昌—武威等城市呈串珠状连接起来。

（二）集约型城镇化战略

西部地区尽管土地面积很大，但宜居土地有限、水资源短缺，城镇化与农业现代化相互争夺资源。在城镇化过程中必须坚持人口、资源、环境相协调的原则，根据资源环境承载能力合理控制开发强度，保护好生态环境，集约利用土地、水等资源，提高城镇承载力，走可持续、集约型城镇化道路。

---

① 《解读汉中》，汉中市政府网站，http://www.hanzhong.gov.cn/zjhz/zrdl/201409/t20140925_5298.html，2016年3月2日。

② 唐超、周宏亮：《点轴开发模式在城镇体系规划中的应用》，《中国科技纵横》2010年第6期。

（三）新型城镇化战略

按照党的十八届三中全会和《国家新型城镇化规划（2014—2020年）》的要求，加快推进以人为核心的新型城镇化。

第一，以人为本。积极推进农业转移人口市民化，让进城农民共享城镇化发展成果。在实际工作中，有以下几种具体情况：一是城市近郊区（包括城中村）的农民。一方面，随着经济发展和城市扩张，他们从征地拆迁和资产经营中获得了较多的财产性收入，有较高的财产积累；另一方面，多数农民已在城镇工作，收入比较高。这部分农民实质上已实现了城镇化。二是离城市较近的城市近郊区农民，可以分享城市辐射带来的好处，发展都市型农业，相对于山区农民容易获得城镇工作机会，多数农民经济状况比较好，易于实现城镇化。以西安市郊区为例，2014 年有劳动能力的农民中，只有 5% 的农民专门从事农业，还是以 55 岁以上老人和妇女为主；40% 的农民从事第二产业，55% 的农民从事第三产业，而且以青壮年劳动力为主。① 三是远离城镇的一般农业型地区的农民，有少部分农民通过考学、参军、创业成功等途径，成功地在城镇获得稳定的工作与收入进入城镇；有相当一部分进城打工但不能在城镇安居的农民工，这部分农民随时可能返回农村，他们的承包地和宅基地是其基本保障，这部分农民进城难度较大。

第二，合理布局，促进大中小城市和小城镇协调发展。

第三，城乡一体化。城乡在区域规划、产业发展、生态环境保护、社会公共服务等方面协调发展，促进城镇化和农业农村协调推进。这样，即使农民选择居住农村，同样可以享受和城镇相同的基本社会保障和现代生活。

（四）城镇化和农业现代化协调发展战略

这部分具体内容在第一章已进行了论述。

---

① 《关注农民选择意愿 实现城乡跨越发展》，国家统计局西安调查队网站，http://xadcd.xa.gov.cn/ptl/def/def/index_ 1343_ 4711_ ci_ trid_ 968049 - recid_ 4273734.html，2016 年 1 月 2 日。

三 构建基于农业现代化协调发展的西部城镇体系

西部地区要构建以城市群为主体形态，核心城市为龙头，中小城市为支撑，小城镇和农村新型社区为基础的布局合理的城镇体系。

（一）构建西部城市群

2013 年 12 月，中央城镇化工作会议提出："要在中西部地区，依靠市场力量和国家规划引导，逐步发展若干城市群，成为带动中西部地区发展的重要增长极。"① 2015 年 12 月，中央城市工作会议也提出"在西部地区培育发展一批城市群"。② 《国家主体功能区规划》也规划了西部未来城镇化重点区域和要建设的城市群。

1. 打造西部地区三级城市群

（1）打造西部地区国家级城市群：成渝城市群、关中平原城市群。

第一，做强成渝城市群。该城市群总面积 18.5 万平方千米，2014 年常住人口 9094 万人，地区生产总值 3.76 万亿元，分别占全国的 1.92%、6.65% 和 5.49%。包括重庆市的渝中、万州、黔江、涪陵、大渡口、江北、沙坪坝、九龙坡、南岸、北碚、綦江、大足、渝北、巴南、长寿、江津、合川、永川、南川、潼南、铜梁、荣昌、璧山、梁平、丰都、垫江、忠县 27 个区（县）以及开县、云阳的部分地区，四川省的成都、自贡、泸州、德阳、绵阳（除北川县、平武县）、遂宁、内江、乐山、南充、眉山、宜宾、广安、达州（除万源市）、雅安（除天全县、宝兴县）、资阳 15 个市。③ 该城市群的特点：一是城镇分布密集，城镇数量众多。2014 年城镇密度是 113 个/万平方千米，而西部、全国分别是 12 个/万平方千米、23 个/万平方千米。二是人口集聚能力与综合承载能力强。已经形成了重庆、成都两个西部地区最大的核心城市，预计到 2030 年城市群人口将达到 13826 万，

---

① 《中央城镇化工作会议在北京举行》，《经济日报》2013 年 12 月 15 日第 1 版。
② 《中央城市工作会议在北京举行》，《经济日报》2015 年 12 月 23 日第 1 版。
③ 《成渝城市群发展规划》，国家发改委网站，http://www.ndrc.gov.cn/zcfb/zcfbghwb/201605/W020160504587323437573.pdf，2016 年 11 月 2 日。

城市人口 11068 万，重庆、成都市区人口分别超过 1000 万。① 三是西部经济基础最好、经济实力最强的区域之一，特别是电子信息、装备制造和金融等产业实力较为雄厚。四是农业生产条件好，是我国粮食主产区之一。五是具有政策优势。国家发改委批准重庆市和成都市设立全国统筹城乡综合配套改革试验区（2007），国务院批复实施《成渝经济区区域规划》（2011）、《成渝城市群发展规划》（2016）等。该城市群存在的主要问题有：一是城镇体系结构失衡，核心城市人口集中度高，城区百万人口以上大城市数量不多，中小城市数量较多，但经济实力弱、规模小；二是由于行政区划制约，协同发展机制不健全，要素流动不畅。未来发展基本思路：一是完善城市结构，做强大城市。二是推进农业现代化，大力发展粮油蔬菜等种植业，稳定提高粮食生产能力；积极发展现代畜牧业、水产养殖业；加快发展干鲜果品、茶叶、花卉苗木等特色产业。三是创新农业转移人口市民化、现代农业经营、城乡要素自由流动等方面体制机制。

第二，做强关中平原城市群。关中平原城市群包括陕西省西安、铜川、宝鸡、咸阳、渭南、杨凌、商洛（商州区、丹凤县）等城市。该城市群优势突出，一是战略区位重要。位于我国内陆中心，是"一带一路"经济带上的重要支点。二是科教实力雄厚。拥有 80 多所高等院校、100 多家国家级和省级重点科研院所，科教综合实力居全国前列。三是经济发达。核心城市西安市是西部第三大城市，对周边地区辐射带动作用明显。四是城市群初步形成。未来发展基本思路是，构筑"一核、一轴、三辐射"的空间发展框架体系，即以西安—咸阳大都市为核心；以陇海铁路和连霍高速公路为轴线，连接宝鸡、铜川、渭南、商洛、杨凌等次核心城市；以高速公路、铁路等交通干线为轴线，向北辐射延安、榆林等地区，向西北辐射陇东平凉、庆阳等地区，向南辐射陕西汉中、安康和甘肃陇南等地区。② 预计 2030 年关

---

① 肖金成、党国英：《城镇化战略》，学习出版社 2014 年版，第 261 页。
② 国家发改委：《关中—天水经济区发展规划》（发改西部〔2009〕1500 号），国家发改委网站，http://www.ndrc.gov.cn/zcfb/zcfbghwb/200907/t20090703_579698.html，2015 年 2 月 19 日。

中城市群人口 3538 万，城镇人口 2831 万，西安市人口超过 1000
万。[①] 该区域是西部重要的粮食基地，要加强中低产田改造，建设优
质小麦、高产玉米基地，在城市郊区建设蔬菜、畜牧业基地，建设一
批旱作节水灌溉示范区，加快推进农业现代化。

（2）打造西部区域城市群。这个层次的城市群包括北部湾城市
群、呼包鄂榆城市群、兰州—西宁城市群和天山北坡城市群。

第一，做强北部湾城市群。该城市群包括南宁、北海、钦州和防
城港四市所辖的 13 个城区，以及横县、合浦县、灵山县、东兴市 4
个县（市），土地面积 2.56 万平方千米，占广西国土面积的 10.8%。
2013 年，常住人口 1250.2 万，占全区的 26.5%；地区生产总值
4816.7 亿元，占全区的 33.5%。[②] 该城市群具有独特优势：一是区位
优势明显，战略地位突出。地处华南、西南和东盟三大经济圈的结合
部，是西部唯一的沿海地区，通过海路和陆路直接连接东盟国家。二
是土地、淡水、海洋、农林、旅游等资源丰富，环境容量较大，生态
系统优良，人口承载力较高，开发密度较低，发展潜力较大。[③] 未来
发展基本思路是：一是增强城市功能，完善城市体系。增强核心城市
南宁市的要素集聚功能、综合实力和辐射能力，真正成为城市群核心
城市；做大北海、钦州、防城港等城市，形成以南宁为核心城市的沿
海特色城市群。二是农业重点发展高效优质生态农业，合理开发北部
湾海洋产业，进一步发展农产品精深加工业。

第二，做强呼包鄂榆城市群。该城市群包括内蒙古自治区的呼和
浩特、包头、鄂尔多斯和陕西省榆林市北部地区，该区域地势平缓，
土地资源和能源资源相对丰富。一是以能源化工产业为主导产业，构
建以呼和浩特为核心，包头、鄂尔多斯和榆林为支撑，小城镇为基础
的城市群。二是推进农业现代化，重点发展优质玉米、中筋小麦、优

---

① 肖金成、党国英：《城镇化战略》，学习出版社 2014 年版，第 261 页。

② 根据中国省市经济发展年鉴编委会编《中国省市经济发展年鉴（2014）》（中国财
政经济出版社 2015 年版）计算。

③ 《广西北部湾经济区发展规划》，国家发改委网站，http://xbkfs.ndrc.gov.cn/qyzc/
200901/t20090118_ 256832. html，2013 年 12 月 8 日。

质马铃薯、优质小杂粮等粮食产业，番茄、向日葵、蔬菜、瓜果等经济作物，优质奶牛、肉羊等畜牧业。

第三，做强兰州—西宁城市群。该城市群是甘肃、青海两省城镇最密集的地区，包括甘肃省的兰州、白银、定西、临夏、甘南等城市，青海省的西宁市、海东市和贵德、同仁、尖扎县。青海部分以全省 7% 的国土面积集聚了 67.4% 的人口和 60% 的城镇[1]，甘肃部分2013 年城镇人口占全省城镇人口的 48.7%，城镇化率 47.56%。[2] 未来发展重点是打破行政区划限制，有效整合两省资源，提升兰州和兰州新区、白银主城区、西宁主城区的实力和辐射力，构建以兰州、西宁为核心城市，白银、海东为支撑，以铁路、高速公路为主轴的城市群。

第四，做强天山北坡城市群。该城市群的优势是我国面向中亚、西亚地区对外开放的陆路交通枢纽和重要门户，是新疆现代工业、农业、交通、教育科技等最为发达的区域。发展思路是：一是构建以乌鲁木齐—昌吉为中心，以石河子—玛纳斯—沙湾、克拉玛依—奎屯—乌苏、博乐—阿拉山口—精河、伊宁—霍尔果斯[3]，以及新疆建设兵团的五家渠市为支撑的城市群。二是发展旱作节水农业和设施农业，发展优质专用小麦、优质蛋白玉米、豆类为主的粮食产业，优质棉花产业，葡萄、枸杞、苹果等特色果品产业，肉牛、肉羊、奶牛、家禽为主的畜产业，以及相关农产品加工业，加快农业现代化。

（3）打造西部次区域城市群。这个层次的城市群包括黔中城市群、滇中城市群、宁夏沿黄城市群、藏中南城镇群。

第一，打造黔中城市群。该城市群地处西南地区腹地，包括贵州省贵阳市及遵义市、遵义县、绥阳县、仁怀市，安顺市西秀区、平坝

---

① 《青海省新型城镇化规划（2004—2020 年）》，《青海日报》2014 年 5 月 22 日第 5版。

② 《甘肃省新型城镇化规划（2014—2020 年）》，甘肃省发改委网站，http://www.gsdrc.gov.cn/content/2014 – 05/24703.html，2015 年 6 月 3 日。

③ 《新疆维吾尔自治区主体功能区规划》，国家发改委网站，http://ghs.ndrc.gov.cn/ghwb/ztgngh/201303/P020130301387304737663.pdf，2015 年 5 月 19 日。

县、普定县、镇宁县，毕节市七星关区、大方县、黔西县、金沙县、织金县，黔东南州凯里市、麻江县，黔南州都匀市、福泉市、贵定县、瓮安县、长顺县、龙里县、惠水县，共计 33 个县（市、区）。区域国土面积 53802 平方千米，占贵州省的 31%；2011 年常住人口 1571 万，占贵州省的 45%，地区生产总值 3396 亿元，占贵州省的 60%。① 未来发展思路：一是以贵安新区建设为龙头，以贵阳安顺一体化核心，打造贵阳—遵义，贵阳—都匀、凯里，贵阳—毕节城镇带。二是现代农业发展方向是优质水稻、专用玉米、优质油料、马铃薯等粮食生产，反季节和无公害蔬菜生产，名特优果等优质水果、干果生产，高档名优生态绿茶生产。

第二，打造滇中城市群。该城市群以滇中新区为龙头，以昆明为中心，以曲靖、玉溪和楚雄等节点城市为支撑，包括 27 个县市区，面积 4.91 万平方千米，占云南省国土面积 12.5%。② 区域内现代农业发展的主要方向是精细蔬菜、鲜花、高效林业等高原特色农产品，以及相关农产品加工业。

第三，打造宁夏沿黄城市群。该城市群的优势：一是地势平坦，土地垦殖历史悠久，是我国十大商品粮基地之一；二是紧靠黄河，过境水资源丰富；三是经济社会发展基础较好。城市群未来发展思路是，打造以银川—吴忠为核心，以石嘴山和中卫为两翼，以永宁、贺兰、灵武、青铜峡等中小城镇为支撑的城市群。现代农业主要发展方向是，优质小麦、粳稻和专用玉米等为主的粮食产业，牛羊、奶牛养殖为主的畜牧业，枸杞、葡萄等特色果品业。

第四，打造藏中南城镇群。其一，构建以拉萨为中心，日喀则、那曲、泽当、八一等城镇为支撑的城镇体系；其二，现代农业主要发展方向是优质粮油和牧草生产，畜牧业及农林畜产品加工业等。

---

① 《黔中经济区发展规划》，国家发改委网站，http://xbkfs.ndrc.gov.cn/qyzc/201209/W020120917596844161686.pdf，2015 年 5 月 9 日。

② 《云南省主体功能区规划》，云南省政府网站，http://www.yn.gov.cn/yn_zwlan-mu/yn_gggs/201405/W020140514345252964649.pdf，2015 年 5 月 21 日。

2. 提升城市群核心城市实力和辐射力

城市群核心城市的实力和辐射力是城市群发展的关键。第一层次核心城市重庆、成都、西安—咸阳作为西部核心增长极，不仅对本城市群发挥辐射带动作用，而且对整个西部地区都具有辐射带动作用。这级核心城市重点发展战略性新兴产业和现代服务业，形成持续的创新能力，通过集聚和扩散效应带动本城市群和西部地区发展。第二层次核心城市，包括呼和浩特、兰州、乌鲁木齐、银川、贵阳、南宁、昆明、西宁、拉萨9个。它们是西部次区域的增长极，重点加强现代工业、服务业发展，增强其综合经济实力，引领本城市群产业结构优化调整，提升城市群竞争力。

3. 强化城市群内部城镇之间内在联系

城市群不仅是若干城镇在空间集聚，更重要的是城市群内部各城镇之间具有有机的内在联系，使城市群形成一个整体。一是完善城市群城镇结构体系，使核心城市—大城市—中等城市—小城市—小城镇布局合理。二是完善基础设施，城镇之间合理的产业分工，实现城市群经济一体化。三是完善市场机制，真正发挥市场在资源配置中的决定性作用，增强城市群的内生发展动力。四是构建城市群协调管理机构，加强城市群内部的协调，打破行政区划的分割。

（二）壮大次区域性中心城市

在城市群之外，将西部一些自然地理条件、资源禀赋和经济基础好、人口规模在100万左右的城市作为发展和建设重点，加快城市主导产业发展，将其发展成为能带动区域经济发展、具有较强聚集效应和辐射带动能力的次区域性中心城市。这类城市有，内蒙古的赤峰市、通辽市，广西的柳州市、桂林市，四川的攀枝花市，云南的普洱市，贵州的铜仁市，陕西的汉中市、安康市，新疆的喀什市、哈密市，甘肃的张掖市、酒泉市、庆阳市，宁夏的固原市，青海的格尔木市等。

（三）大力发展小城市和小城镇，实现就地就近城镇化

小城市和小城镇一般有较长的发展历史和较好的发展基础，是当地政治、经济、文化的中心，与农村联系最密切。通过强化产业发

展、完善基础设施和公共服务，增强其经济、公共服务和居住功能，实现农民就地城镇化和城镇均衡发展。

1. 引导县域非农产业和经济要素向县城集聚，做强县城

做强县城现代产业。第一，发挥县域比较优势，发展具有市场竞争力的特色产业。第二，引导非农产业向县城产业园区集聚，发展产业集群。第三，鼓励和支持民营经济发展。县域经济中国有企业和大企业较少，民营经济是县域经济的基础，要创造良好的发展环境，支持民营经济发展。

推进县城规模化发展，把县城真正建设成为能够带动县域发展的经济中心。县城要具有一定规模才具有规模效应和带动力，支持条件较好的县城和重要边境口岸发展成为中小城市。可以设想，西部地区100万以上人口的大县将县城发展成30万—50万规模的城市，在50万—100万人口的中等县把县城建设成为20万—30万规模的小城市，在30万—50万人口的县把县城做大到10万以上的规模。

2. 着力发展拥有特色农业产业链的小城镇

以小城镇为基地，整合本地特色农产品的生产、加工、服务、销售等环节，打造特色农业产业链。除农业生产环节外，农业产业链的其他环节主要集中在小城镇，现代农业加工业和服务业是小城镇的重要产业。将西部一些地理条件好、区位优越、特色农业突出、产业基础好的小城镇发展成为具有较完善功能的农村中心城镇。

（四）建设新型农村社区

农民市民化有两个方向，即城镇的异地迁移（人口城市化）和农村劳动力的就地转移（农村城镇化）的"双重城镇化方向"。[①] 厉以宁提出，我国必须走适合我国国情的城镇化道路，即我国城镇化应当分为三部分："老城区＋新城区＋农村新社区"，即改造老城区，规划好新城区，建设好农村新社区。这种新模式又被称作"就地城镇化"

———————

① 辜胜阻：《新型城镇化与经济转型》，科学出版社2014年版，第145页。

模式。① 建设新型农村社区有以下几种路径：一是原有村庄改造；二是几个小村整合；三是现有的不能发展成小城镇的建制镇、乡政府所在集镇进行撤乡并镇后建设成为社区；四是移民建设新社区，如 2011 年 5 月开始的陕南 240 万人大规模的生态移民，要求集中安置率应达到 80% 以上。

在建设新型农村社区时要充分考虑各地农村经济、交通、文化、历史、人文等因素，做好统一规划，尊重农民意愿，突出生态宜居，生活服务便利，不影响农业生产。

四　积极稳妥推进西部牧区和林区城镇化

相对于东部地区，西部还有大量牧区、林区等特殊区域的城镇化，这些区域与农耕区有较大不同，不能急于求成，需要采取一些有针对性的推进措施。

（一）稳妥推进西部牧区城镇化

1. 西部牧区城镇化的特殊性

西部牧区地域广大，其城镇化具有特殊性：一是这些区域大多经济社会发展相对滞后，经济基础较差，交通不便，信息闭塞，牧区群众存在上学难、看病难、行路难、用电难、吃水难等困难。二是地广人稀，人口密度低。三是生产生活方式不利于城镇化，畜牧业经营方式分散，传统牧民大多过着逐水草而居的生活，大多数牧民习惯了草原生活，不愿意进城镇定居。四是一些牧民拥有较多的牧草资源，只要经营能力强，收入比在工厂中做工收入高，而且不需要每天按时上下班。② 但是，也有一些牧区存在过度放牧导致草场退化的问题。五是主要以少数民族聚集区为主。因此，与农耕区相比牧民进城的意愿不高，城镇化进展要慢得多，基本上处于城镇化初期阶段。2013 年，西藏自治区的城镇化率只有 23.71%，四川省阿坝藏族羌族自治州是

---

① 厉以宁：《中国经济双重转型之路》，中国人民大学出版社 2013 年版，第 207、212 页。

② 厉以宁：《中国经济双重转型之路》，中国人民大学出版社 2013 年版，第 232—233 页。

四川少数民族自治地方中距成都市最近的区域，但城镇化率也只有33.37%①，远低于全国平均水平。

2. 西部牧区城镇化的基本思路

（1）城镇提供更好的生活生产条件，有效引导牧民进城。这要做到：一是牧民在城镇的生活比在牧场生活更舒适；二是牧民进城后收入要比进城前更高；② 三是为牧民的下一代提供更好的教育，为他们进入城镇积累人力资本，提升就业能力。以青海为例，牧区面积占全省总面积的96%，是我国五大牧区之一。从2009年开始，青海省积极推进游牧民定居工程，改善进城牧民的生活、生产条件，城镇化水平快速提高。2000年以来年均提高1.1个百分点，到2013年城镇化率达到48.5%。③

（2）保障牧民合法权益，尊重牧民选择。在牧区城镇化过程中，一定要保障牧民的牧场承包权，愿意留在牧场的应让他们留在牧场，采取适度饲养的做法，保护生态环境。牧区不应过分强调城镇化水平，重要的是让牧民享受与城镇相同的基本公共服务。

（3）对于人口密度较低的牧区，缺乏发展大中城市的人口条件，应以县城为主要载体，以非县城建制镇为辅助载体，推进城镇化，即"小城镇化模式"。

（二）积极推进西部林区城镇化

1. 西部林区城镇化的特殊性

我国林区主要分布在西部，西部森林面积占全国的59.78%（见表6-1），占我国国土面积的12.9%。西部林区与牧区有相似之处：一是地广人稀，经济社会发展相对滞后，经济基础较差，交通不便，信息闭塞；二是产业结构单一，牧区以牧业为主，林区以林业为主，

---

① 《阿坝年鉴（2013）》，阿坝州政府网站，http：//www.abazhou.gov.cn/abgk/abnj/2013nj/，2015年6月2日。

② 厉以宁：《中国经济双重转型之路》，中国人民大学出版社2013年版，第232—233页。

③ 《建国65年来青海省经济社会发展成就综述》，青海省政府网站，http：//www.qh.gov.cn/zwgk/system/2014/10/14/010137129_01.shtml，2015年3月27日。

兼有农业、手工业、狩猎、采集业等；三是有自己独特的文化传统、风俗习惯、谋生方式。[1] 但林区也有特殊性：①产权关系复杂。我国林地分三大块：一是集体林，林地面积 27.9 亿亩，目前已基本完成林权制度改革，承包到户经营；二是国有林场，林地面积 8.7 亿亩，目前由省、市、县分级管理；三是国有林区，林地面积 9.9 亿亩，目前主要由国有森工企业经营管理。[2] ②国有林地的面积很大，有相当数量的素质较高的国有林场和现代森林企业职工，有利于推进城镇化。③国家停止天然林商品性采伐，林区发展正面临转型，一些地方也取得一定成效。例如，2013 年陕西省森工系统积极调整产业结构，搞活林区经济，实现总产值 3.57 亿元，同比增长 27.9%；职工年平均收入由 2010 年的 1.71 万元增长到 2013 年的 3.78 万元。[3] ④国有林场的管理体制、产权制度等改革任务艰巨。

表 6 - 1　　　　　　　　2013 年西部与全国森林面积比较

	内蒙古	广西	重庆	四川	贵州	云南	西藏	陕西	甘肃	青海	宁夏	新疆	西部	全国
森林面积（万公顷）	2487.90	1342.70	316.44	1703.74	653.35	1914.19	1471.56	853.24	507.45	406.39	61.80	698.25	12417.01	20768.73
占全国比例(%)	11.98	6.46	1.52	8.20	3.14	9.21	7.08	4.11	2.44	1.95	0.30	3.36	59.78	100

资料来源：根据《中国统计年鉴（2014）》整理计算。

2. 西部林区城镇化的基本思路

（1）大力发展林区特色产业，奠定城镇化经济基础。林区发展产业的最大优势是原生态、纯天然、绿色、有机、无公害。要紧紧抓住 2015 年开始的国有林场和林区改革机遇，充分发挥林区优势，与林区城镇化相结合推进林区产业转型升级，发展森林生态旅游、度假旅

---

[1] 厉以宁：《中国经济双重转型之路》，中国人民大学出版社 2013 年版，第 242—244 页。

[2] 《扎实推进国有林业改革，实现保生态保民生目标》，中国林业网，http://www.forestry.gov.cn/Zhuanti/content_ 201503gylclqgg/748266.html，2015 年 6 月 2 日。

[3] 《陕西国有林区产业转型生机盎然》，《陕西日报》2014 年 5 月 3 日第 1 版。

游、旅游房地产、苗木花卉、林下产业等新产业。

（2）围绕产业发展集聚职工和家属居住区、商业和生活服务区、科研机构，城镇建设与林区产业发展相互促进，发展适度规模的林区城镇。抓住 2009 年启动的国有林区棚户区、危旧房改造机遇，加快林区城镇基础设施和住房建设，改善居住、生活、生产环境。

（3）推进国有林场林区生态移民，将生态环境极为脆弱、不适宜人居住地区的人员逐步就近搬迁到林区小城镇，提高行政管理、经济发展与城镇发展的融合度。

第二节　突出特色重点镇建设，
推进县域城镇化

西部城镇化过程中农民不可能都进入大中城市。小城镇既是我国城镇体系的重要组成部分，也是农民就地就近城镇化的重要载体，应加强小城镇建设。

一　小城镇是西部县域城镇化和农业现代化的重要载体

关于小城镇的范围有不同的观点。其中一种观点认为，小城镇仅指国家批准的建制镇。本书探讨的小城镇泛指各种规模小于城市，但具有一定的城市性质及功能，镇区大部分人从事非农业生产或服务，介于乡村与城市之间的社区，包括建制镇和相对发达的农村集镇。小城镇一头连着大中城市，一头连着农村，它既与农村有较大不同，又与周围的农村保持着密切的联系[1]，是城镇化和农业现代化相互协调发展的重要结合点。

（一）小城镇是县域城镇化的主要载体

1. 小城镇地理位置优越，发展基础好

（1）地理位置比较优越。有些小城镇处于水、陆交通枢纽位置，便于发展商贸流通业、工业等现代工商业；有些小城镇坐落在若干个

---

[1]　费孝通：《爱我家乡》，群言出版社 1996 年版，第 59 页。

村庄的中心，便于集中农产品，成为农产品的集散地和加工中心；有些小城镇位于城市边缘，便于接受城市辐射，承接城市产业转移等。

（2）小城镇一般有相当长的发展历史，有一定的经济社会基础。与农村比较，小城镇的商业氛围较浓，更容易接受现代工商意识；有一定的人力资本积累，具有发展现代产业的基础。

（3）小城镇的发展条件不断改善。随着西部大开发的深入推进，西部交通基础设施有了根本性改善，与外界的联系更加便捷。小城镇的自来水、电力、通信、网络等基础设施日益完善，有利于经济要素和产业在小城镇集聚。

2. 小城镇是西部城镇化的重要载体

（1）现有的大中城市难以容纳农村全部转移人口。2013 年西部城镇化率是 44.8%，如果提高到 70%，则还有近 9000 万人口进入城镇，如果这些农村转移人口都进入大中城市，现有的城市是难以承受的，只能是一部分人进入大中城市，相当一部分农民就近进入小城镇实现城镇化。

（2）西部多数地区的地理环境、人口分布等条件适宜发展小城镇。与东部相比，西部多数地区属于生态系统脆弱的沙漠荒原、高原高寒、山地以及国家生态保护区，自然环境承载能力有限，农业生产特别是粮食生产面临较大制约；西部大多数城镇的立地条件较差，在很大程度上限制了这些城镇建设规模；西部地广人稀，城市的人口规模也受到限制。除关中、成渝地区等个别平原区域外，山区、绿洲、牧区等地区适宜发展中小城市和小城镇，通过小城镇发展来聚集人口，也可以减少西部禁止开发区的人口数量，逐步实现生态自然修复。

3. 有利于实现农村转移人口就地就近城镇化

从表 6-2 可以看出，我国外出农民工中有 53.4% 在省内流动，其中 47.1% 进入小城镇，整个外出农民工中有 35.6% 进入小城镇。经济发展好的小城镇不仅吸引了本镇范围内农村劳动力，还吸纳了跨区农村劳动力。小城镇在吸引农民进城中具有经济成本低、制度阻力小的优点，更易于农民进城后融合城镇社会，因而社会成本也低，也有利于解决"大城市病"和农民工大量外出引发的各种经济社会问题。

4. 从发达国家经验看，小城镇也具有独特的优势

发达国家区域发展比较均衡，由于兼有交通便捷和接近大自然的双重优势，小城镇比大城市拥有更为宜居的生活环境，在城镇体系中占有重要地位。现在英国几乎每个中心城市附近都有若干个小城镇。美国小城镇发展较好。3 万—10 万人口的小城市有 878 个，3 万人以下的小城市（镇）达 3.4 万多个，10 万人以下的小城市（镇）占城市总数的 99% 左右。①

表 6 – 2　　　　2013 年按城市类型分的外出农民工人数及构成　　单位：万人

指标	合计	直辖市	省会城市	地级市（包括副省级）	小城镇	其他	进入小城镇比例（%）
外出农民工人数	16610	1410	3657	5553	5921	69	35.6
其中：跨省流动	7739	1115	1749	3064	1742	69	22.5
省内流动	8871	295	1908	2489	4179	0	47.1

资料来源：《2013 年全国农民工监测调查报告》，国家统计局，http：//www. stats. gov. cn/tjsj/zxfb/201405/t20140512_ 551585. html。

（二）小城镇是现代农业产业链发展的重要载体

1. 小城镇是农产品主要的加工基地

与农村相比，小城镇基础设施完善，有利于促进农产品加工企业集聚，形成农副产品的加工和销售基地。这也为打造农产品"一乡（镇）一品"创造了条件，推动农业现代化。

2. 小城镇是农产品交易的重要场所

从历史发展看，小城镇最早的形态是集市，是农副产品主要交易场所。在城镇化推进过程中，小城镇在城市农产品市场需求和农村农产品生产之间更是发挥了"桥梁"的作用，农产品在小城镇汇

①　刘秋银、陈赟：《我国新型城镇化规划应重视中心村》，《发展研究》2014 年第 4 期。

集、交易、加工后流向城市市场，城市工业品通过小城镇销售到广大农村。

3. 小城镇是农业社会化服务的最佳载体

农业现代化过程中的专业化、规模化生产产生了农业社会化服务的需求。小城镇与农村有着天然联系，随着农村交通、通信等基础设施的改善和现代交通工具的使用，小城镇对乡村和城市的联系不断加强，对农村辐射力和渗透力不断增强，使小城镇成为农业社会化服务的最佳载体，为现代农业提供生产、加工、贮藏、运输、技术、信息等社会化服务。2013 年，陕西省建制镇共有农业技术服务机构 2127个，镇均有 2 个；农业技术服务机构从业人员 14082 人，镇均有 12个农业技术人员。[①]

二　西部小城镇建设面临的主要问题

尽管西部小城镇建设取得了较大成就，但面临的问题也很突出。

1. 城镇规模偏小，规模效应不足

西部大部分小城镇规模小。以陕西省为例，2013 年，建制镇平均常住人口 2.32 万，其中，10 万人以上的有 14 个，占 1.2%，5 万—10 万人的有 75 个，占 6.6%，3 万—5 万人的有 190 个，占 16.6%，1 万—3 万人的有 599 个，占 52.5%，1 万人以下的有 264 个，占23.1%，即 3 万人、5 万人以下的小城镇分别占全省建制镇总数的75.6%、92.2%。平均每个建制镇镇区集聚人口为 5220 人，仅占全镇总人口的 22.5%，比镇域经济发达的浙江省、江苏省低 10 个百分点。[②] 牧区和林区小城镇的规模就更小。研究表明，镇区人口在 3 万人以上的小城镇才具有城市规模效应。[③] 小城镇规模小可能产生以下几个问题：一是小城镇难以形成较为完善的城镇供排水、供热、污水处理等公共基础设施；二是商业、科技、教育等社会化服务体系难以

①　《夯实镇域发展基础，培育经济发展新动力》，陕西省统计局网站，http://www.shaanxitj. gov. cn/site/1/html/126/131/138/8471. htm，2015 年 6 月 15 日。

②　同上。

③　邹德慈：《小城镇的规划和建设问题》，载国家体改委农村司主编《全国小城镇试点改革要览》，改革出版社 1996 年版，第 119 页。

形成规模效益；三是人居环境难以改善。这使小城镇不能有效发挥城市功能和创造更多的就业机会，也有可能陷入经济社会发展滞后难以吸引更多经济要素，经济要素集聚不足又制约小城镇经济社会发展的恶性循环。

2. 小城镇经济实力弱，对农村辐射带动能力不强

（1）小城镇产业结构单一，经济实力弱。西部地区相当一部分小城镇主导产业是农产品粗加工、资源开采等初级产业，商品交易停留在传统的"赶集"形式，缺乏现代工商业，综合经济实力薄弱。以陕西省为例，2013年，建制镇镇均公共财政收入只有1804.6万元，其中，5万人以上的镇公共财政收入6543.8万元，全省镇均规模以上企业实交税金1486.5万元；建制镇人员就业仍以农业为主体，第一、第二、第三产业从业人员比重分别为53%、22.2%和24.8%。而浙江、江苏省镇域第二、第三产业从业人员比例近80%。①

（2）小城镇对农村辐射能力不强。西部多数小城镇属于"乡村型"小城镇，即小城镇具有传统乡村属性的特征，居民的观念、风俗习惯等与传统农民相近，居民收入水平虽然比农民高，但比城市居民收入有较大的差距②，难以带领农村农业发展。

3. 小城镇之间发展差异很大，总体发展落后于城市

按经济社会发展水平不同，西部小城镇可分为三个层次：第一层次是县城；第二层次是县城以外比较发达的建制镇；第三层次是普通建制镇和集镇。一般来说，县城发展历史比较悠久，又是县域政治、经济、文化中心，经济社会发展水平是县域最高的，但数量较少。2013年西部有县城（含县级市）812个，占西部建制镇的11%，小城镇的5.7%。③第二层次的建制镇现代工业、现代服务业发展较好，具有现代城市功能，如陕西省富平县庄里镇现代工业实力较强，带动

---

① 《夯实镇域发展基础，培育经济发展新动力》，陕西省统计局网站，http://www.shaanxitj.gov.cn/site/1/html/126/131/138/8471.htm，2015年6月15日。

② 孔令刚：《小城镇建设：由"乡村型"转向"城市型"》，《中国社会科学报》2011年10月13日第10版。

③ 根据《中国统计年鉴（2014）》计算获得。

了小城镇的发展,成为陕西省重点示范镇。西部小城镇更多的是第三类,即"乡村型"小城镇,缺乏现代工商产业和现代城市功能。

和城市相比,小城镇资源不能集约高效利用。据统计,我国小城镇人均建设用地达到了149平方米,超过国家推荐的城市建设用地指标近50%。[①]

4. 小城镇建设中面临的体制机制问题突出

我国城镇分成不同的行政等级,城市有省级、副省级、地级、县级等行政级别,相应的行政权力也不同。行政级别越高,支配经济资源的权力越大,经济资源向行政等级高的城市集中,城市规模就越大。资金、土地等要素投入不足以成为制约小城镇发展的"瓶颈"。从实践看,行政级别高的城市建设用地扩张更快,2000—2010年,我国地级以上城市市辖区的建成区面积增长了95.8%,而同期我国县级以下小城镇建成区面积仅增长了50.9%。[②]

三 基于农业现代化协调发展的西部小城镇建设对策

(一)合理选择,优先发展重点小城镇

1. 资源的有限性和动力机制决定了小城镇的不平衡发展

县域经济资源的有限性。对于西部一个县域而言,人口、资金、土地等经济资源是有限的,通常一个县域有10个左右的建制镇(乡),规模大的县更多。要让这么多的小城镇都实现规模化发展,都具有现代城市的功能,县域经济资源是难以支撑的。因此,应对具有较大潜力的重点镇集中有限资源进行优先发展,将其建设成为真正具有辐射带动能力的现代小城镇。

市场经济条件下小城镇发展的动力机制发生了重大变化。在市场机制对资源配置起决定性作用的条件下,小城镇发展的动力机制由以前的行政力量为主导转变为以市场机制为主导。在市场竞争中小城镇的发展将会发生分化,一部分小城镇经济社会发展好,不断集聚经济

---

① 李远、韩永伟:《小城镇发展中的环境问题与保护对策》,《小城镇建设》2007年第6期。

② 中国城市与小城镇改革发展中心课题组:《中国城镇化战略选择政策研究》,人民出版社2013年版,第5页。

要素，成为县域经济中心而持续发展；另一部分小城镇由于缺乏发展的动力而不断萎缩。未来小城镇有三种发展方向：第一种是融入城市，即随着城市的扩张，城市周边的小城镇逐渐融入城市；第二种是自身不断发展壮大，成为区域中心镇，甚至发展成为城市；第三种在市场竞争中处于劣势，自身经济要素不断流失，城镇规模不断萎缩，原来的小城镇逐步演变成了社区。因此，应根据县域经济发展的要求和小城镇发展潜力，有选择地加强重点镇建设。

2. 重点建设镇的选择

（1）县城（城关镇）。县城一般是县域发展最好的建制镇，发展潜力也最大。2013 年西部有 812 个县城（县级市），如果平均每个县城（县级市）集聚人口 5 万—10 万，总共可集聚 4060 万—8120 万人，占西部总人口的 11.1%—22.2%。

（2）非县城的重点中心镇。这类镇的选择可以结合 2013 年 8 月住建部等七部委联合印发的《住房城乡建设部等部门关于开展全国重点镇增补调整工作的通知》的要求，原则上每个县（市）设 1 个重点中心镇，经济条件较好、人口规模较大、发展较快的县（市）可增加到两个重点中心镇。选取的方法：一是经济基础好，人口与经济的聚集规模、社会商品零售总额等都明显高于周围的乡镇；二是地域适中，交通条件较好，可以辐射周边乡镇。建设的目标是成为县域次级中心和周边乡镇的经济中心，具有较强的辐射带动能力和聚集能力的区域增长极。① 这类镇镇区平均集聚人口 3 万—5 万，若西部平均一个县（市）一个重点中心镇，总共可集聚人口 2436 万—4060 万，占西部人口的 6.6%—11.1%。若取中间值，仅 1624 个县城和重点中心镇就可集聚西部城镇人口 9338 万，占西部人口的 25.5%，即可以实现 25.5% 的城镇化率。2011 年陕西省在 1054 个建制镇（非城关镇）中选择 31 个基础好、有发展潜力的建制镇作为重点示范镇进行建设，在财政资金、建设用地等方面给予政策支持，目标是建成县域副中心，取得较好效果。2011 年，全省 31 个重点示范镇镇域面积 49.8 万

① 罗必良：《现代农业发展理论》，中国农业出版社 2009 年版，第 3 页。

公顷，其中，镇区面积 1.17 万公顷，镇区人口 69 万人。[1] 到 2015 年 10 月，35 个重点示范镇（2013 年增加 4 个沿渭河的镇）镇区面积扩大了 6680 公顷，建成了一批新型产业园区，吸引了 990 余家企业落户，提供就业岗位 47.73 万个。[2] 有效地提升了要素集聚能力和城镇化水平。

（二）因地制宜，探索适宜的小城镇发展路径

1. 大城市"以大带小"，发展小城镇

随着大城市的规模不断扩大，"大城市病"日益明显，通过发展大城市周边的小城镇，既减轻主城区的压力，又缩小城乡发展差距。大城市周边的小城镇一方面承接大城市的辐射，另一方面小城镇在供应城市的蔬菜及其他农产品方面有着天然的优势。这些小城镇在融入大城市的发展中，自身也得到发展，成为城市圈（都市圈）的有机组成部分。

2. 小城镇自身发展壮大和个别村庄发展成小城镇

小城镇通过发展现代产业，提高公共服务和管理水平，聚集更多的人口，城镇规模也不断扩大。一些村庄在市场竞争中现代产业规模不断扩大，经济要素不断集聚，达到小城镇规模，形成按城镇模式管理的新社区，就由传统的村庄发展成为现代化的小城镇。

3. 移民搬迁发展新的小城镇

从主体功能区定位看，西部多数区域属于限制开发区和禁止开发区，在一些不适合人类居住的区域，最好的办法是生态移民搬迁。例如，2011 年 5 月，陕西省计划在秦巴集中连片贫困地区腹地的汉中、安康、商洛三市实施避灾移民搬迁。按照移民搬迁与新型城镇化、农业现代化"三位一体"要求，把居住在中高山地质灾害易发区的 240 万人分 10 年搬迁转移到安全、宜居、宜业的浅丘或川道地带。截至 2014 年年底，完成移民搬迁 26 万户 88 万人，累计建设 500 户以上的

---

[1] 《全省重点示范镇建设强力推进开局良好》，陕西统计局网站，http://www.shaanxitj.gov.cn/site/1/html/126/131/138/2713.htm，2013 年 1 月 19 日。

[2] 《我省重点示范镇文化旅游名镇建设成效明显》，《陕西日报》2015 年 10 月 28 日第 2 版。

大型安置点 162 个，共计有 65 万搬迁群众进入城镇，陕南三市的城镇化率提高了 6.99 个百分点。[①] 探索出一条生态脆弱、生产生活条件差、经济欠发达地区城镇化的一条新路径，也反映出西部城镇化道路的多样性。

4. 发展西部特色小城镇

西部是少数民族聚居区，人文历史悠久，地理、文化、历史、民族等方面有独特性。通过挖掘本地独特的文化内涵和地域特点，注意保护原有的一些建筑形态和文化符号，与自然环境有机结合，发展民族文化旅游产业，建设富有西部特色的小城镇。2013 年 5 月，陕西省选择景观文化和文物资源较为丰富、基础设施条件较好、发展潜力较大的 30 个文化旅游古镇重点建设，打造具有文化旅游特色小城镇。

5. 建设现代农业特色小城镇

以本地特色农业为依托，发展相关产业，形成现代农业特色小城镇。一是以小城镇为基地发展农产品加工业；二是发展现代农业的生产性服务业，包括因地制宜地发展各类综合性和专业性农产品批发市场，围绕农产品流通业发展交通运输业、商业饮食服务业、金融服务业等生产性和消费性服务业。农业加工、服务企业在小城镇集中，与农业生产共同发展，也就促进了城镇化和农业现代化相互协调发展。

（三）加快有利于小城镇建设的体制机制创新

通过体制机制创新，让更多的经济要素在小城镇集聚和扩散，增强小城镇内生发展动力。[②]

1. 构建多元化投资机制，完善基础设施

只有良好的基础设施才能吸引企业和人口向小城镇集中。按照统筹布局、互联互通、基本公共服务均等化的原则，充分发挥财政资金的导向作用，政府集中财力投资建设镇区内的道路、自来水、电、

---

① 陕西省陕南移民搬迁工作领导小组办公室：《陕南移民搬迁》，《陕西日报》2015 年 7 月 6 日第 1、3 版。

② 李铁、乔润令等：《城镇化进程中的城乡关系》，中国发展出版社 2013 年版，第 32 页。

气、通信、环境治理等公共设施，为小城镇产业发展和外来人口就业定居创造良好的生产生活条件。加大重点小城镇的财政、金融、用地等政策支持力度，公共资源配置更多地向重点小城镇倾斜。

小城镇基础设施建设与公共服务完善需要发挥市场机制的作用，引导和鼓励社会资本参与小城镇建设。运用财政贴息、补贴等手段，让民间资本通过直接参与、特许经营、建设—经营—转让等方式参与小城镇建设，提高民间资本参与城镇建设的积极性。按照"谁投资，谁经营，谁受益"的原则鼓励外商、企业、个人参与水电、通信、旅游和娱乐等项目建设。小城镇取得的土地收益，应用于小城镇基础设施和公共设施的建设①，上级政府不应收走。

2. 改革小城镇管理体制，赋予小城镇更大管理权限

通过推进财政体制、扩权强县、省直管县等综合改革，扩大小城镇的财权，给小城镇建设留下更多的财力。

根据小城镇的经济、人口规模，科学设置小城镇管理机构和人员编制，提高小城镇政府履行公共服务和社会管理的能力。② 探索小城镇行政管理体制改革，对具备一定人口规模和经济实力的重点镇赋予必要的城市管理权限，包括发展决策自主权、资源分配权、项目直接报批权、收益分配优先权、行政执法管理权、干部人事调配权、公共服务发展权等；建立比较完善的重点镇一级财政，实行全口径预算管理，适当增加重点镇的管理机构、管理人员和经费。根据国家新型城镇化综合试点方案，对经济总量很大、人口和产业集聚程度高、以非农产业为主的建制镇，探索"镇改市"改革③，赋予市级经济社会管理权限，以获得更大的发展空间。到 2020 年，要解决中西部 1 亿人的进城问题，增加新的城市是必然选择，"镇改市"是一个重要的

---

①　王宏利：《大力推进小城镇建设　实现城乡一体化发展》，《财会研究》2011 年第 3 期。

②　马凯：《转变城镇化发展方式　提高城镇化发展质量　走出一条中国特色城镇化道路》，《国家行政学院学报》2012 年第 5 期。

③　高远至：《"镇改市"难点：功能怎么定　官员如何晋升》，《半月谈》2014 年第 11 期。

途径。

3. 稳妥推进撤乡并镇、镇镇合并，扩大小城镇规模

西部建制镇设置数量过多，有些区域过于密集，使经济要素过于分散，导致支撑小城镇发展的能力不强。适当、适时调整小城镇行政区划，提高小城镇的规模结构，是促进小城镇规模化发展最直接和有效的途径之一。主要方式有：规模较大的镇吸纳规模较小的镇；经济发达的镇兼并相近经济欠发达的镇。合并的乡镇应地域相邻，交通联系便利。通过"撤乡并镇、镇镇合并"，保证小城镇发展空间和资源供给；通过完善城镇基础设施建设，集聚人口和经济要素，使镇区人口规模不少于1万，镇域人口不少于3万。改变"半乡半城"的小城镇风貌，使小城镇真正具有城市功能。2010年7月，陕西省全面推进乡镇机构改革工作，大力推进撤乡并镇。到2011年6月24日，全省乡镇数量净减少330个，撤并比例达到21%。① 到2013年年底，3万人以上建制镇数量由2010年的213个增加到279个，增加了66个，增长了31%，全省镇均行政区域面积160平方千米，比2010年增加28平方千米，增长了21.2%。

需要注意的是，由于西部地域面积很大，民族众多，社会管理任务较重，在"撤乡并镇、镇镇合并"中要注意兼顾社会管理，不能单纯强调经济发展。

第三节　建设新型农村社区，推进西部城乡一体化

农村城镇化是城镇化的重要内容。马克思曾指出："现代的历史是乡村城市化，而不像在古代那样，是城市乡村化。"② 党的十八届三

---

① 《我省撤乡并镇工作顺利完成　全省乡镇减少330个》，陕西省政府网站，http://www.shaanxi.gov.cn/0/xxgk/1/2/4/48/58/64/196/12461.htm，2013年3月6日。

② 《马克思恩格斯全集》第30卷，人民出版社1995年版，第474页。

中全会提出"要促进城镇化和新农村建设协调推进"。① 新型农村社区是农村城镇化的载体，通过这个载体推动农村现代化和农民就地城镇化。

一　建设新型农村社区的重要意义

（一）新型农村社区的内涵和特点

新型农村社区是借鉴城市社区建设管理理念，将农村规划建设成具有完善的基础设施、健全的公共服务、有效的组织管理和较强的产业支撑的农民就地城镇化的农村人口聚居模式。②

1. 新型农村社区改变了传统"三农"内涵

新型农村社区提供现代的基础设施、公共服务和社会保障，从根本上改善农民居住环境，让农民享受和城镇一样的基础设施、公共服务和社会保障。社区发展服务业、现代农业等现代产业，推动农业生产方式和农民生活方式转变，从根本上改变农民的生产、生活观念和行为。

2. 新型农村社区具有独特性

新型农村社区不同于城镇社区，具有独特的产业、生活、社会、文化特征：①产业特征。农村社区地处农村，农业是其重要的产业，在多数社区是主导产业。②人与人之间关系特征。农村社区是在原来村庄基础上发展起来，居住方式以一户一宅的农村庭院为主，居民之间具有密切的宗族、血缘和邻里关系，也有互助合作性质，而城镇社区基本是生人社会。③人口规模特征。农村社区人口规模小于城镇社区，方便农业生产经营。④文化和环境特征。农村社区和生态环境多数保留传统村庄的历史文脉③，有良好的生态环境和优美的田园风光等。

（二）西部农村新形势要求推进新型农村社区建设

1. 未来西部农民数量依然庞大

我国是人口大国，预期 2030 年我国城镇化率超过 70%，届时全

---

① 《〈中共中央关于全面深化改革若干重大问题的决定〉辅导读本》，人民出版社 2013 年版，第 24 页。

② 厉以宁主编：《中国道路与新城镇化》，商务印书馆 2012 年版，第 120 页。

③ 中国（海南）改革发展研究院主编：《人的城镇化》，中国经济出版社 2013 年版，第 130 页。

国人口将达到 15 亿的峰值，但这时仍然有 4.5 亿左右的农民生活在农村。2013 年西部有人口 3.66 亿，如果城镇化率达到 70%，不考虑未来人口增加，仍然有近 1.1 亿人生活在农村，相当于日本全国的人口。他们也要参与到城镇化进程中，参与的主要载体是新型农村社区。

2. 农村数量不断减少要求加强农村社区建设

在城镇化的快速推进中，西部传统农村不断分化，多数农村与城镇的发展差距拉大，城乡二元结构突出。经济发达的农村特别是城镇周边的农村人口净流入，人口数量不断增加；而多数一般农村地区特别是山区人口不断流出，常住人口甚至净减少。例如，陕西省商洛市是典型的秦岭山区，有"八山一水一分田"之称，经济社会发展相对滞后，所属 7 个县（区）都属于秦巴山区集中连片贫困地区，是农民工输出地区。2014 年，全市户籍人口是 251.74 万人，常住人口235.08 万人，净流出 16.66 万人。[①]

随着农民不断进入城镇，村庄数量也不断减少。国家统计数据显示，2000 年，我国有 360 万个自然村，2010 年减少到 270 万个，10年里有 90 万个自然村消失。重庆市 2000 年启动撤并村工作，当年有20673 个行政村，2013 年减少到 8737 个[②]，撤并比例高达 57.7%。

3. 新型农村社区建设是农民生产方式变革和生活质量提高的需要

新型农村社区的经济基础不同于传统农村，是在现代农业、现代服务业、现代工业等现代产业的基础上进行建设，相应的建设标准更高。

随着农村经济社会发展，农民对生活和社会服务要求更高。特别是经过外出打工，接受城市文明熏陶的农民工，希望返乡后在农村也能够享受与城镇相近的生活条件和社会服务。新型农村社区是农村公共服务的有效载体和平台，承担统筹城乡、城乡一体化等经济社会功

---

① 《商洛年鉴（2014）》，商洛市政府网站，http：//www. shangluo. gov. cn/slgk. jsp? urltype = tree. TreeTempUrl&wbtreeid =1044，2015 年 11 月 2 日。

② 岳顺：《把农村公路修到群众心坎上》，《中国公路》2014 年第 15 期。

能，满足农民对社会服务的多层次、多元化、多方面需求。

（三）新型农村社区是农村城镇化的载体

1. 新型农村社区是我国城镇化的组成部分

厉以宁认为，新型农村社区是中国特色城镇化道路的重要组成部分，即"老城区＋新城区＋农村新社区"。① 新型农村社区建设改善了农民居住条件，提高了生活质量，一些新型农村社区进一步发展壮大可成为未来新的小城镇。

2. 新型农村社区可以有效整合农村资源

推进城镇化不是消灭农村或者抛弃农村，而是要让农村也分享现代化、城镇化的成果。2011 年，我国城镇化率突破 50%，标志着我国正在由乡村型社会转型为城镇型社会。国家经济实力的增强、农业现代化的推进、农村人口的减少、农民素质的提高，为新型农村社区建设提供了有利条件。通过科学规划，合理整合农村资源，可以实现农村基础设施城镇化、生活服务社区化、生活方式市民化。

二　西部新型农村社区建设的几种模式和面临的问题

（一）目前新型农村社区建设的几种模式

西部新型农村社区建设刚刚起步，在实践中，探索出以下几种模式：

1. "城镇建设带动"模式

该类新型农村社区与城镇建设一体规划、一并推进。该模式适合城中村或城郊村，典型案例是陕西省西安市高陵区东樊村新型农村社区。该村位于高陵区城东 3000 米，全村 421 户 1609 人，耕地面积 2281 亩。2010 年 4 月，陕西省政府批准该村为该省第一个利用城乡集体建设用地增减挂钩政策、小村并大村建设新型农村社区的试点村。具体做法有：一是将原来的 4 个分散的小村合并成 1 个大村，建设用地从原来的 482 亩减少到 180 亩，减少了 302 亩建设用地，户均建设用地由 1.14 亩减少到 0.44 亩，土地节约率达到 62.6%。通过复垦，新增耕地 302 亩，耕地面积由 2281 亩增加到 2583 亩。二是将置

①　厉以宁主编：《中国道路与新城镇化》，商务印书馆 2012 年版，第ⅲ页。

换出来的 302 亩建设用地指标在高陵区工业园区进行出让，获得资金 1.7 亿元。三是将土地出让资金中 1.2 亿元用于农民住房、公用设施等建设，完善社区基础设施和公共服务，剩余 5000 万元作为新村改造平衡资金用于未来发展。[①]

2. "产业发展—社区建设联动"模式

这种模式是农村社区处于现代产业园区，产业园区的发展带动农村社区建设。典型案例是西安市高陵区姬家新型农村社区改造模式。该社区位于高陵泾河工业园和西安市装备制造业及兵器产业基地，具有现代工业基础。这种模式具体做法是：一是高陵区将原来 5 个行政村的 1454 户群众集中安置在园区不远处的新型社区，提供完善的基础设施和公共服务。二是原村庄集中安置节省了 900 多亩建设用地，将节省的建设土地指标就近用于工业园区，解决园区建设用地指标缺乏的难题。三是村民能就近在工业园区上班，解决了就业问题，村民离土不离乡，实现了就地城镇化。[②]

3. "中心村建设"模式

该模式是以经济发展较好的中心村为核心，聚集周边一些村庄的农民，提供现代的生产生活环境和公共服务，带动和辐射周边农村的新型农村社区。[③] 主要做法有：一是在中心村集聚一定规模的人口，完善中心村道路、通信、煤气、污水处理、学校、医院等基础设施和公共服务。二是对于人口较少的自然村，通过搬迁改造，将布局分散、占用建设用地面积大的村庄向城镇及中心村集中。2014 年，建设的陕西省礼泉县白村新型农村社区是陕西省确定的城乡发展一体化试点示范农村社区，是陕西省土地增减挂钩试点建设项目。新社区将白村、草滩、周邢、刘林四个村整合而成，四村共有 17 个村民小组，1204 户、4696 人，耕地总面积 1 万亩，村庄建设地 1900 亩。整合

---

① 《陕西西安：高陵区东樊村增减挂钩》，高陵区政府网站，http：//www. gao - ling. gov. cn/info/egovinfo/glzfx/xxgk/xxgk - content/01350310 - 9 - 05_ A/2015 - 0923001. htm，2015 年 12 月 1 日。

② 《高陵借土地增减挂钩助推城乡统筹发展》，《陕西日报》2013 年 12 月 19 日第 3 版。

③ 陈丽、花小丽、张小林：《中心村建设及其策略分析》，《乡镇经济》2005 年第 6 期。

后，新社区在白村旧村基础上规划建设，规划总户数 1725 户，总人口 5668 人，建设用地 475 亩，节约建设用地 1425 亩，再额外复垦耕地 380 亩①，可以新增耕地指标 1805 亩。

4. "移民社区"模式

移民搬迁是西部农村新型社区建设的一个重要途径。西部有相当一部分农民居住在生态脆弱、自然灾害频发、水源保护区等区域，移民搬迁能彻底改变他们的生存环境。2011 年 5 月，陕西省正式启动 240 万陕南避灾移民搬迁工程，其中，镇安县云盖寺镇建设陕南移民搬迁安置社区是典型代表。其特点有：一是规模大。社区住房以楼房为主，统一规划建设千户移民搬迁安置小区，到 2014 年年底有 1112 户近 5000 名农民搬迁落户，大部分人都是从有地质灾害的山区搬迁过来。二是配套建设中小企业孵化园、现代农业示范园等，建设厂房 20 栋，入驻企业 14 户，为搬迁农民提供 600 多个就业机会。三是社区水、电、路、通信、绿化、网络等基础设施和医疗、教育、文化、养老等公共服务设施完善，管理规范。农民进入社区后，改变了原来的生活、生产方式，逐渐养成市民的生活方式和理念，从事现代产业生产，生产效率和收入大幅度提高。

5. 文化村落保护模式

这种模式是将传统文化保护与新型农村社区建设相结合，实现传统文化保护、文化产业发展和新型农村社区建设共同发展。陕西省长安区结合传统文化保护，开发沣峪口老油坊传统榨油工艺、王曲十三省总城隍祭祀礼仪、兴隆北张村古法造纸工艺等非物质文化遗产资源，发展文化产业，将民俗文化传承、文化产业发展、社区建设有机结合，在这些村建设新型农村社区。

(二) 西部新型农村社区建设面临的主要问题

1. 农村老龄化明显，农民主动参与不足

农村社区建设的主体是农民，特别是高素质的中青年农民。但很

① 《礼泉白村新型农村社区开工建设》，咸阳新闻网，http://www.sxxynews.com/2014/yaowenshizheng_ 1013/28756.html，2015 年 2 月 16 日。

多高素质农民外出务工，特别是山区农村大量中青年劳动力外出务工，面临"空心化"、老龄化的窘境。根据聂正彦等（2013）在甘肃、陕西等地的调查，农业劳动力人员平均年龄高达47.3岁。[①]农村社区干部素质总体不高，年龄偏大，文化程度偏低。

由于有关政策宣传不到位、一些村民不了解新型农村社区建设的意义及对生产生活带来的变化。在一些农村社区具体建设过程中，对社区规划、村庄合并、建筑设计、工程招投标、建筑材料采购等关键环节未广泛征求村民意见建议，出现农民主动参与不足、政府命令式主导等问题。

2. 经济基础较差，公共设施薄弱

西部经济发展滞后，农民收入低，农民和村集体积累少，资金不足是新型农村社区建设的主要障碍。本课题组调研了宝鸡市千阳县2011年的扶贫移民搬迁，该县采取土地置换、资产盘活、现金征用等多种措施，无偿或低价为扶贫移民搬迁提供建设用地。通过政策优惠和政府补助，在建的农民居住小区楼面成本价每平方米在1300—1500元之间，如该县庙岭村扶贫移民小区搬迁房每平方米价格1320元。再经过政府补助，农户购买一套82平方米搬迁住房实际只需自筹6万元，仅为农户自建同等面积所需费用的一半左右。但该村166户搬迁户只有126户交清了自筹资金，且交清房款的群众中有40%是在县上承诺连续三年贴息的情况下靠贷款交付的，户均贷款达4万元。

新型农村社区基础设施建设、环境卫生治理、公共服务配套等方面需要大量的投资，除极少数经济实力雄厚的社区外，多数社区建设需要政府财政资金支持，但西部地方政府的财力有限，对农村社区投入能力不足。结果农村社区基础设施总体比较落后，文化生活也单调，农村社区对年轻人缺乏吸引力。

3. 法律制度不健全制约新型农村社区建设

目前，新型农村社区管理主体的法律地位和职能不明确，其中农

---

① 聂正彦、李瀚林：《西部农业劳动力老龄化的样本调查分析》，《甘肃社会科学》2013年第6期。

村集体经济组织、村民委员会和村党支部职能错位,农村集体经济组织成员资格不明确,村集体资产产权不清晰等重要问题制约着农村社区建设,导致一些村经济、社会管理等矛盾相互交织,没有形成有效的村民参与社区建设的运行机制。

三　日本乡村合并经验借鉴

日本在城镇化和农业现代化过程中也出现过农村人口和村庄数量不断减少、农村与城镇发展差距拉大的情况,为了使农村与城镇协调发展,日本通过乡村合并加强农村建设,取得较好效果,值得我们借鉴。

（一）日本乡村合并措施及效果

1. 适时进行市町村合并

城镇化过程中农户数量不断减少。1960 年,日本农民总户数是605 万户,之后随着日本城镇化高速推进,农户数量持续下降,1975年、1985 年、1998 年、2000 年分别减少到 495 万户、440 万户、330万户和 312 万户,40 年间大约减少了一半,年均减少 1.3%。[①] 为了提高农村基础设施、现代教育等规模效应,日本适时进行"市町村合并"。明治维新以来,日本曾有三次较大规模的市町村合并。第一次称为"明治大合并"。日本于 1878 年（明治十一年）制定《郡区町村编制法》,确定了每一町村 300—500 户的规模标准,通过合并,町村数由 1888 年（明治二十一年）的 71314 个大幅减少到 1889 年的15820 个。第二次称为"昭和大合并"。1945 年日本的市町村总数为10520 个,其中,市 205 个,町 1797 个,村 8518 个。1953 年（昭和二十八年）日本制定了《町村合并促进法》,通过合并,日本市町村数由 1953 年的 9868 个减少到 1956 年的 3975 个,其中町村减少了6000 多个。1956 年 6 月又实施了《新市町村建设促进法》,继续推进市町村合并。到 1961 年,日本的市町村数只有 3472 个。第三次是"平成大合并"。2000 年后日本继续市町村合并,2000—2007 年日本

---

① ［日］冈部守、章政等编著:《日本农业概论》,中国农业出版社 2004 年版,第 29页。

的市町村由 3229 个合并为 1804 个，减少 40% 以上。2007 年日本的市、町、村分别只有 782 个、827 个和 195 个。[1]

2. 立法先行，规范推进

国家出台相应的法律。有合并意向的市町村合并前按法律要求建立"合并协议会"，该会成员除由相关市町村的行政首长、政府机构现职人员担当外，还按规定从当地有学识、有经验、有名望的人及议员中选任，凡是涉及合并市町村有关的事项均在"合并协议会"上讨论、协商，体现公平、公开、民主、协商的精神。这些措施保证了合并有序推进。

3. 乡村合并取得较好效果

第一，扩大了市町村行政服务内容，提升了服务质量。市町村合并后，一是可以建设原来受市町村规模所限无法兴办的大型项目，也避免原市町村之间重复投资，提高了财政资金运用效率；二是减少了行政管理人员和行政成本，据日本总务厅测算，市町村合并后仅地区行政首长（指正副市町村长、负责财务的收入役等 3 人）、议会议员，全国减少约 2.1 万人，预计减少工资报酬支出 1200 亿日元。[2]

第二，乡村合并提高了土地集约化使用水平，减少了市町村居民建设用地。

第三，市町村合并提高了日本农村城镇化水平，这成为日本推进农村城镇化的重要途径。

（二）日本乡村合并经验借鉴

第一，适时进行乡村合并。根据农村人口流动、农村生产力发展和基础设施改善等情况，及时进行乡村合并。

第二，明确合并的原则、目的、路径，避免盲目推进。乡村合并目的是降低政府管理成本，提高行政管理效率，扩大社会公共设施服务的覆盖面与使用效益。如果需要合并，则应该选择适合自身实际的

---

① 焦必方、孙彬彬：《日本现代农村建设研究》，复旦大学出版社 2009 年版，第 30—34 页。

② 同上书，第 47 页。

合并路径，减少合并中可能产生的问题和矛盾。

第三，广泛参与，有序推进。我国要进行村庄合并，借鉴日本经验，可由乡镇政府、村集体、合并村民代表组成合并议事机构，商议有关合并事宜，上级政府监督，保证合并有序顺利推进。

四　推进西部新型农村社区建设的对策

（一）因地制宜，科学规划，稳妥推进

西部各地农村情况差异很大，建设新型农村社区，一定要从各地实际出发，规划先行，量力而行，尊重农民意愿，兼顾农业生产和生活。

1. 科学规划，合理整合乡村资源

政府及相关职能部门要编制好新型农村社区的总体规划以及相关规划，并牵头组织实施。

第一，新型农村社区规划要与相关规划同步编制。社区规划要符合当地经济社会发展总体规划、城乡规划、土地利用规划、生态环境保护规划等上级规划，做到社区教育、卫生、培训、养老、人居环境、文化娱乐等各类事业全面发展。而且规划要由上级相关部门共同评审，确保规划的科学性、前瞻性、可行性。陕西省长安区在全区总体规划、城乡一体化规划等基础上制定了《长安区 2012—2020 年新型农村社区建设布点规划》，宏观指导和管理新型农村社区建设。

第二，新型农村社区规模适度。西部各地人口密度差异很大，关中、成渝、一些河谷地区人口密度大，超过全国平均水平，而山区、草原等人口密度很低。一般而言，平原地区农村社区的人口聚集规模在 3000—5000 人，山区农村社区的人口聚集规模在 1000—3000 人；社区地域范围平原在 2—3 千米，山区在 4—5 千米比较适宜。这主要是因为：一是从建设的力量看，农村社区的建设除行政引导外，还更多依靠我国传统农村"熟人社会"的力量，以降低推进工作的难度；二是社区的服务半径不宜过大，否则，难以提供及时高效的服务；三是适度集中居住不仅能够提高公共设施利用效率，节约稀缺土地资源，还可以降低服务成本。

第三，新型农村社区设施完善、生活便利。合理规划社区的道

路、通信、煤气、学校、医院、污水处理等基础设施和公共服务，让留在农村的农民在农村社区也能享受与城镇基本一致的现代生活。

第四，新型农村社区要生态宜居。农村社区在设计、规划和建设中要尽可能地在原有村庄形态上改善农民生活条件，减少对自然环境的损害，保护好村庄特有的自然风貌和文化特色，体现本地自然、历史、人文特点、建筑风貌。

2. 因地制宜，建设模式多样化

西部各地经济社会发展水平差异大，资源禀赋不同、人文条件千差万别，推进新型农村社区建设不能"一刀切""一窝蜂"，应该成熟一个，推进一个。在以农业为主的社区，注意考虑方便农业生产，允许农户适当分散居住。

有一些传统村庄，由于资源条件约束、规模小、人口外流严重等不利因素影响，最终会走向衰落，有的被整合到新的农村社区，有的被整合到小城镇社区。原村的社区功能消亡，或者演变为经营场所，如农场、庄园等。

3. 以点带面，稳妥推进

西部经济总体实力较弱，新型农村社区建设是一个长期的过程，必须规范有序、循序渐进、以点带面、逐步推进。[①] 目前，可以优先选择以下类型村庄进行建设：

（1）经济薄弱但特殊区域的村庄。这类村庄一般位于基本农田保护区、水源保护区、生态林区等区域，尽管经济基础薄弱，基础设施、人居环境较差，但具有特殊重要性。基本农田保护区村庄优先改造有利于发展现代农业；水源保护区、生态林区村庄优先改造不仅有利于生态环境建设，还可以营造独特的自然景观；拥有历史古迹、民俗风情的乡村改造有利于传承历史文化等。这些村庄建设新型农村社区，既可以极大地改善乡村基础设施和生态环境状况，发展经济，又具有很强的社会意义。

（2）经济发达的村庄。经济发达的村庄经济实力较强，自身具有

---

① 厉以宁主编：《中国道路与新城镇化》，商务印书馆2012年版，第126—128页。

建设新型农村社区的实力，政府只要加以引导就可以较快完成新型农村社区建设。在建设中要充分考虑村庄自身的历史地理文化特点、产业特色、经济实力，突出特色和个性，量力而行。

（二）发展特色现代产业，夯实经济基础

针对不同类型新型农村社区，培育特色产业，让更多的农民在家门口就业。一是农业条件好的社区，依托现代农业产业园区，发展现代农业。例如，陕西省礼泉县白村新型农村社区建设白村现代农业园区，园区包括现代农业示范园、农耕文化体验园、农产品加工仓储园。2012年，全村总收入超过亿元，农民人均纯收入突破1万元。[1]陕西省高陵区通远镇何村，地下水资源丰富，土质为黄沙土，特别适宜种植蔬菜。从1992年开始种植大棚菜，目前全村日光大棚已经发展到2380多栋，人均1.2栋，运用"公司+协会+农户"模式发展现代蔬菜产业，拥有"泾渭安民""稞青"两个蔬菜品牌商标。大棚蔬菜种植及其相关产业成为何村村民收入的主要来源，每年仅依靠大棚蔬菜人均收入可以达到8000元。二是依托农业和旅游资源发展旅游服务业。陕西省礼泉县袁家村2007年投资1500万元，建设集娱乐、观光、休闲、餐饮于一体的关中印象体验地项目，发展乡村休闲旅游，2014年入选CCTV"中国十大美丽乡村"、首批"中国乡村旅游创客示范基地"，乡村休闲旅游成为该村主导产业。仅2014年国庆期间，就接待游客76.5万人次，实现旅游综合收入8000多万元。[2]三是发展乡村工业。依托工业园区、特色资源等发展特色农产品加工业、劳动密集型工业等现代工业。

（三）多元化投入，破解建设资金不足难题

1. 加大财政投入，完善社区公共服务和基础设施

新型农村社区建设离不开政府扶持。一是政府应设立农村社区建设专项资金，将农村社区的社会事业发展经费纳入政府财政预算。随

---

[1]　林琳、陈艳、李亮：《城乡统筹的"咸阳实践"》，《陕西日报》2013年10月20日第1版。

[2]　杜朋举：《礼泉袁家村获评"中国十大美丽乡村"》，《陕西日报》2014年10月27日第1版。

着我国经济实力增强和财政收入增加，政府应逐步加大对农村公共产品和公共服务投入。二是整合各个渠道的农村社区财政建设资金，改革财政资金投入方式，主要投向社区公共设施和服务，发挥财政资金的最大效益和引导作用。三是政府全部返还增减挂钩土地拍卖资金，用于新型农村社区建设。

2. 吸引和鼓励社会力量积极参与建设

党的十八届三中全会提出："鼓励社会资本投向农村建设，允许企业和社会组织在农村兴办各类事业。"[①] 在保证农民合法权利和利益的基础上，制定有吸引力的政策，引导企业、个人等社会力量参与新型农村社区建设，形成共同投入、合作共赢格局。[②] 一是政府综合运用贷款贴息、以奖代补等优惠政策，吸引有实力和社会责任感的企业参与社区建设。二是对社会资金投资经营社区服务项目在税费方面实施优惠或减免的政策。三是积极开展帮扶援建活动，引导社会各界支持农村社区建设。

（四）尊重和发挥村民主体地位，完善社区民主管理

尊重村民的权利。保障村民的知情权、决策权、参与权、监督权，特别要尊重和保护村民以土地权益为核心的财产权利。将社区规划、项目实施、质量监管、旧村拆迁、社区管理等情况告知村民，征询村民意见，采纳村民的合理建议，充分发挥村民在社区建设中的主体作用，从机制上保证社区建设的科学性。

政府指导建立社区科学运行机制。帮助完善村民理事会等自治组织，制定和完善规章，形成社区村民"自我管理、自我教育、自我服务"的组织体系，加强社区民主管理。建立社区卫生保洁和绿化美化机制，提供优美的人居环境。开展各类文化娱乐活动、文明评选活动和精神文明宣传教育活动，弘扬文明风气。[③]

---

① 《中国共产党第十八届中央委员会第三次全体会议文件汇编》，人民出版社 2013 年版，第 41 页。

② 厉以宁主编：《中国道路与新城镇化》，商务印书馆 2012 年版，第 126 页。

③ 顾吾浩主编：《城镇化历程》，同济大学出版社 2012 年版，第 131 页。

第七章 构建西部城镇化和农业现代化
相互协调发展连接机制

本章主要论述实施西部开放战略，通过市场在资源配置中的决定性作用和发挥政府的调控作用，构建西部城镇化和农业现代化相互协调发展的连接机制。构建西部农业要素集聚机制，推动土地向农业新型经营主体适度集中，引导和鼓励城镇要素投入农业。构建城镇要素集聚机制，通过农村土地、户籍等制度创新，实现农业剩余要素向城镇集聚。

第一节 构建西部城镇化和农业现代化
相互协调发展连接机制分析

西部地处内陆，对外开放和市场化程度较低，应进一步实施西部开放战略，发挥市场机制在城镇化和农业现代化相互协调发展中的决定性作用和更好地发挥政府的调控作用。

一 构建西部城镇化和农业现代化相互协调发展连接机制的理论分析

（一）经济要素流动的理论分析

1. 市场经济条件下的收入差原理决定要素流动

经济要素流动是指经济要素在产业间和地域间的运动，其中在产业间的运动是经济要素流动的主要内容。在现代化过程中，经济要素流动的基本方向是劳动力、土地要素由农业转移到非农产业，资本要素由非农产业流向农业等。[①] 地域间的要素运动一般是由产业间的流动和不同区域的要素效率决定的，如劳动力在产业上由农业向非农产业流动，在地域上表现为由农村向城镇流动；一个区域要素使用效率和回报高，相关要素就会向这个区域流动，如改革开放以来我国劳动力、技术、资本等要素主要由西部向东部流动。

在市场经济条件下，影响经济要素流动的因素很多，但主要是由"收入差原理"决定的，即经济要素收入差距推动经济要素由低收入领域向高收入领域流动。只要存在收入差距，就会产生要素的流动动力。20 世纪 60 年代末，美国经济学家托达罗提出了"预期收入"概念，从而发展了收入差原理，形成了"托达罗模式"。托达罗模式是：农业劳动力由农村向城镇流动是根据"预期收入"最大化目标做出的。

预期收入差公式为：[②]

$$D = W \cdot N - R \qquad\qquad (7-1)$$

式中，W 代表城镇或非农产业的实际工资水平，N 代表城镇或非农产业的就业概率，R 代表农业的平均实际收入，D 代表预期收入差。D 越大，推动农业劳动力向非农产业（或城镇）流动的动力越强，向非农产业流动的农业劳动力就越多。因此，农业劳动力的流动是由非农工资水平、流入地的就业概率、流出地的实际收入共同决定的。只要流入地要素预期收入超过流出地收入，要素就有流动的动力。

2. 配第—克拉克定理

配第—克拉克定理是指随着经济发展，第一产业的就业比重将不断减小，第二、第三产业的就业比重将上升，即随着经济发展，劳动力依次由第一产业向第二、第三产业转移。这一理论反映了产业结构变化同就业结构变化之间的内在联系和总体趋势。配第—克拉克定理经库兹涅茨的研究又进一步具体化，库兹涅茨

① 冯海发：《农村城镇化发展探索》，新华出版社 2004 年版，第 173 页。
② 同上书，第 224 页。

认为，随着现代化的推进，从劳动力的就业结构看，农业的就业比重呈下降趋势，服务业就业比重呈上升趋势，工业的就业比重基本不变。[①] 例如，1840 年美国处在工业化初期，农业的就业比重达 63%，到第二次世界大战前，农业就业比重下降到 22%，1960 年、1971 年分别下降到 6.6%、3.1%，20 世纪 90 年代以后更是下降到 2% 左右。[②]

我国也是这样的趋势，1952 年时我国基本上是农业国，第一、第二、第三产业就业结构是 83.5∶7.4∶9.1。之后开始推进工业化，非农产业就业比重逐渐上升，但直到 1975 年农业就业比重下降幅度不大，23 年间只下降 6.3 个百分点。改革开放以后，我国就业结构变化剧烈，1975—2000 年，25 年时间农业就业比重下降了 27.2 个百分点，是改革开放前下降速度的 4 倍多。特别是 2000 年我国第一产业就业比重下降到 50.0%（见表 7-1），意味着我国城镇化、工业化、农业现代化进入一个的新阶段，随后我国开始工业和城镇反哺农业，农业现代化快速发展。农业机械化总动力从 52573.6 万千瓦提高到 103906.8 万千瓦，提高了 97.6%；农业耕种收综合机械化水平由 2003 年的 32.47% 提高到 2012 年的 57% 左右。农业机械化大大提高了农业劳动生产率，使更多农业劳动力能够从农业中转移出来。张宗毅等通过定量研究认为，耕种收综合机械化水平年均增长两个百分点，每年替代农业劳动力 1000 万人左右[③]，这与农民进城速度基本一致。2000—2013 年，我国城镇化率从 36.22% 快速上升到 53.73%，13 年间提高了 17.51 个百分点，同期农业就业比例下降 18.6 个百分点。这时农业劳动力流动表现为三个基本趋势，即由农业流向非农产业、由农村流向城镇、由低收入工作流向高收入工作，到 2013 年，第三产业成为就业人数最多的产业。

---

① 邢建国：《论重点产业的双向选择》，《江汉论坛》1992 年第 5 期。
② 金彦平：《影响农业劳动力转移的主要因素》，《农业现代化研究》1996 年第 9 期。
③ 张宗毅、刘小伟、张萌：《劳动力转移背景下农业机械化对粮食生产贡献研究》，《农林经济管理学报》2014 年第 6 期。

表 7 - 1　　　　　　　　新中国成立以来就业结构的变化　　　　　单位:%

	1952年	1962年	1975年	1980年	1990年	2000年	2010年	2013年	1975—1952年	2000—1975年	2013—2000年
第一产业	83.5	82.1	77.2	68.7	60.1	50.0	36.7	31.4	− 6.3	− 27.2	− 18.6
第二产业	7.4	8.0	13.5	18.2	21.4	22.5	28.7	30.1	+ 6.1	+ 9.0	+ 7.6
第三产业	9.1	9.9	9.3	13.1	18.5	27.5	34.6	38.5	+ 0.2	+ 18.2	+ 11.0

　　资料来源:国家统计局编:《中国统计年鉴 (2014)》,中国统计出版社 2014 年版。

（二）推动经济要素流动的两大动力

1. 市场机制在推动经济要素流动中起决定性作用

市场机制是通过市场价格的作用、供求关系变化、经济主体之间的竞争，调节供给、需求和生产要素的流动与配置的一套有机系统。[①] 城乡商品和经济要素在市场机制作用下，经济主体按照经济要素的预期回报自主决定自己的经济活动和要素流动，向效益更高的产业和地区流动。例如，国家统计局发布的《2014 年全国农民工监测调查报告》显示，2014 年在东部地区和西部地区务工的农民工人均月收入分别为 2966 元、2797 元，农民工在东部收入比西部高 6.0%；从农民工来源看，东部地区和西部地区农民工分别为 10664 万人、7285 万人；但是，从流向看，在东部地区和西部地区务工的农民工分别为 16425 万人、5105 万人，东部地区净流入农民工 5761 万人，西部地区净流出农民工 2180 万人。这与东部地区工作机会比西部地区多、务工收入比西部地区高相关，这也与前面探讨的"收入差"原理相一致。

在市场机制作用下，城镇和农业各自发挥比较优势和相互竞争，通过经济要素合理流动实现协同发展。在功能上，城镇向农业输送生产设备、资金、技术、信息；农业向城镇提供农副产品、生态屏障、自然景观等；在市场上，城镇和农业互为资源，互为市场，农业是城

---

　　① 田钊平、胡丹:《基于制度变迁视角城镇化与经济协调发展研究》,中国社会科学出版社 2013 年版,第 46—47 页。

镇的技术、资金、工业品等的市场，城镇是农副产品、农业旅游等的市场。

2. 政府宏观调控和推动市场机制建立

由于农业的弱质性、低效益，需要强化政府的宏观调控与组织协调，将资源更多向农业倾斜。国土资源部《2012 年中国国土资源公报》显示，2012 年，全国工业用地固定资产投入强度 5301.92 万元/公顷，工业用地产出强度 13017.83 万元/公顷，远远高于农业用地。因此，在实际工作中农地非农化倾向非常明显。为了保证基本农田数量和粮食安全，我国政府提出耕地 18 亿亩 "红线"，控制农业用地盲目转为非农用地。

发达国家的经济发展历史也表明，单纯的市场化发展并不一定自发形成完善的市场机制。特别是我国正处于转轨时期，市场机制不健全，市场发育不完善，单纯依靠市场自我完善需要较长的时间，还有可能出现不能形成有效市场机制的情况。而且市场机制本身存在 "失灵" 和缺陷，需要政府实施有效干预和调控，引导、推动建立有效的城乡统一市场，特别是城乡统一的要素市场。

因此，在市场经济条件下，要实现城镇化和农业现代化相互协调发展，就要在市场机制和政府调控作用下实现城乡要素的双向合理流动。特别是推进农业剩余劳动力流向城镇，城镇的人才、资本和技术等流向农村，使农业现代化和城镇化互为依存、相互促进、协调发展（见图 7 - 1）。

图 7 - 1　城镇化和农业现代化相互协调发展的连接机制结构

（三）构建西部城镇化和农业现代化相互协调发展连接机制的原则

1. 城镇和农业要素流动相对协调原则

城镇和农业要素流动相对协调就是要素流动特别是农业要素向城镇流动要与城镇吸纳就业的能力、农业现代化水平、农村经济社会发展水平相适应，确保农业稳定发展和社会稳定。

2. 向农业适度倾斜原则

农业的弱质性、高风险性、低收益特性决定了农业吸纳要素的能力较弱，在市场机制自发作用下，必然导致农业中的生产要素（劳动力、资本、土地）更多地向非农产业和城镇流动，特别是向大城市流动。要防止农业经济要素过度向城镇集聚，导致城镇更发达、农村农业凋敝、城乡二元结构更突出等问题。要使经济要素流向农业，推动农业现代化，就需要在政策上向农业倾斜，提高农业要素的回报水平，引导经济要素特别是高素质的劳动力向农业流动。

3. 连接机制有效性原则

构建的连接机制能够在城镇化和农业现代化协调发展中发挥应有的作用，取得预想的效果、效益。

二 西部城镇化和农业现代化相互协调发展连接机制存在的问题

改革开放以来，西部市场体系建设取得巨大成就，基本建立市场机制相对健全的商品市场，要素市场正在形成和完善。由于西部地区经济欠发达、市场意识相对滞后、基础设施较差、计划经济的意识更强等原因，和成熟的市场体系以及东部地区相比，仍有较大差距。

（一）农产品商品市场体系发展相对滞后

商品市场体系是现代市场体系的基础。和东部地区相比，西部地区农产品商品市场存在的主要问题有：

1. 农产品销售方式落后

以分散、间歇性销售为特点的集贸市场和坐等客商收购等传统销售方式仍然是西部农产品的主要销售方式。即使是经济比较发达、农产品生产规模大的陕西省关中地区，尽管出现了品牌营销、网络营销等现代农产品营销方式，但仍然是以传统销售方式为主，农产品销售市场波动很大，农产品"卖难买难"不时出现。

2. 市场基础设施建设相对滞后，农产品物流水平总体较低

完善的市场基础设施是市场健康发展的基础。西部的农产品市场基础设施建设相对滞后，现代农产品批发交易中心、物流中心、配送中心和现代仓储等基础设施发展处于起步阶段。农村、乡镇集贸市场"散、乱、差"的现象普遍存在。

3. 市场中介组织发育不足

市场中介组织是市场体系的重要组成部分，是沟通农户与市场、政府、龙头企业之间的纽带。西部农产品市场中介组织发展滞后，发挥的作用有限。一是农民对中介组织的作用认识不足，参加合作社等中介组织的积极性不高；二是缺乏高水平的组织能力、市场开拓能力的中介组织，不能适应市场竞争的需要，难以充分发挥中介组织的应有作用；三是一些行业组织并非自发组成，而是由原来的行业主管部门转换而来，带有行政管理的色彩，难以适应市场经济的要求。

（二）城乡要素市场分割，要素交换不平等

西部农村经济要素的特点是：劳动力是最活跃的经济要素，是经济发展的主体，但人力资本不高、传统观念和思想比较浓厚。资金是最重要、最稀缺的经济要素。土地是农业最基本的生产要素，是农民最重要的资本财富，但农业生产性土地相对缺乏；农村建设性土地存量比较大，但缺乏流动性。

1. 城乡要素市场不统一

我国城乡二元结构体制导致城乡要素市场分割。

第一，劳动力市场城乡分割，即劳动者户籍不同导致在劳动力市场中受到不同的待遇，尽管劳动力市场化改革取得了一定进展，但是由于原有制度存在刚性，西部的城乡劳动力市场二元分割依然存在，而且在短期内难以消除[1]，这使劳动力市场有效配置资源的功能大大削弱。

---

[1]　徐同文：《地市城乡经济协调发展研究》，社会科学文献出版社 2008 年版，第194—198 页。

第二，土地市场分割。目前，我国实行城乡隔离的土地管理制度，政府垄断了城镇建设用地的一级开发，农民基本被排斥在城镇土地增值收益之外，无法合理分享建设用地所产生的增值收益或超额利润。由于各种严格的制度限制，农民的承包地、宅基地、住房不能作为资本流动，很难带来财产性收入，无法为农民进城安居创业提供初始资本，特别是数量庞大的农村集体建设用地普遍利用不高、效率低下等。尽管现在政策允许集体建设用地入市，与国有土地同地同权同价，但是，相关配套政策不完善，具体操作困难。这些问题使城镇化过程中农村土地拆迁征地越来越难，冲突日益激烈，也影响了城镇化的进程。

第三，一些城镇要素也难以进入农业。由于户籍和土地制度限制，城镇居民难以进入农村和农业生产领域。

2. 城乡要素交换不平等

计划经济时期，我国实行工农产品价格"剪刀差"，主要靠农业农村来支持城镇建设和工业化。改革开放之后，随着商品市场机制的完善，工农产品价格"剪刀差"逐步减小。但是，土地、资金和劳动力等要素的不平等交换突出出来。土地方面，农村土地城镇化过程中土地出让的收益巨大，但是，土地出让收入大部分用于城镇建设；资金方面，农民积累的资金大量流入城镇，农业资金供给严重短缺，课题组在实地调研中接触到的农民特别是龙头企业由于缺乏抵押物，普遍反映融资难、融资贵；劳动力方面，与城镇户籍劳动力从事相同工作的农民工工资低、缺乏社会保障等，农民工为城镇建设贡献了巨额的资金。

财政支持农业的力度不强。改革开放以来，虽然国家财政对农业投入的绝对数量不断增加，但相对比重则在下降。统计资料显示，1978 年，国家财政用于农业的支出占全部财政支出的 13.43%，1990 年、2000 年分别下降到 9.98%、7.75%，随着"工业反哺农业"的实施，2013 年才回升到 9.5%。

（三）管理体制机制不健全，阻碍了市场健康发展

现行户籍、土地、社会保障、财税金融、行政管理等制度在一定

程度上固化了已经形成的城乡利益格局，阻碍了城乡要素自由流动。由于政策和市场机制的双重作用，经济要素在城镇和农业相互流动过程中往往不利于农业。

三　构建西部城镇化和农业现代化相互协调发展连接机制的思路和对策

构建西部城镇化和农业现代化相互协调发展连接机制的思路是，加快培育现代商品市场主体，完善市场基础设施，发展现代农产品市场。按照党的十八届三中全会提出"推进城乡要素平等交换和公共资源均衡配置"①的要求，建立城乡要素平等交换机制，保障城镇和农业的各种经济要素在合法的情况下自由流动；建立健全土地承包经营权流转市场和城乡统一的建设用地市场，提高农村土地利用效率；加快建立城乡统一的人力资源市场，保障农民工平等就业；改革户籍制度，提高进城农民的公共服务和社会保障水平。②政府综合采用财政、金融等宏观调控手段，鼓励金融机构创新农村金融产品和服务方式，增加农业信贷支持。

（一）进一步完善西部地区市场机制

1. 完善和提升农产品市场

第一，合理规划建设农产品市场。依托农产品资源优势，合理规划一批区域性农产品交易市场和专业批发市场，发挥市场对农业生产的引导和促进作用。

第二，完善农产品市场功能。一是支持农产品主产地批发市场建设储藏保鲜、物流配送等市场基础设施和农产品加工配送中心，使鲜活农产品及时、安全、均衡上市。二是积极引导农产品中心市场进行功能创新，使中心市场逐步从农产品的单一销售功能向农产品展示、信息发布、价格确定、引导生产、农产品配送、技术开发、资金结算等多功能方向发展，使其成为农产品的商流中心、信息中心、科技中

---

① 《中国共产党第十八届中央委员会第三次全体会议文件汇编》，人民出版社2013年版，第41页。

② 涂圣伟：《以农业科技创新引领农业现代化建设》，《中国发展观察》2012年第2期。

心、展览中心、人才中心。三是政府强化市场运行监测与服务，完善市场预警机制，确保市场规范运行、健康发展。

第三，培育现代商品市场主体。鼓励农业新型经营主体、行业协会、流通企业和农民经纪人参与市场体系建设和农产品流通。

第四，依托国家"万村千乡市场工程"[①]，提高农村商品流通连锁率、配送率，更好地为农业生产和农民生活服务。

2. 健全要素市场体系

市场经济最大的优点就是通过市场机制优化资源配置。通过建设西部城乡统一开放、竞争有序的要素市场体系，促进要素在城镇和农业之间合理流动。

（1）建立城乡统一的建设用地市场。具体内容参见本章第三节有关内容。

（2）建立城乡统一的劳动力市场。一个科学合理的劳动力市场，有利于提高劳动者就业质量和收入水平，也有利于城镇吸纳更多的农业剩余劳动力。[②]

第一，改革城镇中针对农民工的歧视性就业规章制度，建立城乡一体化的劳动力市场。消除城乡劳动力就业的身份、户籍差异，打破城乡二元劳动力市场的身份隔绝，无论城镇或农村户籍的劳动者在城镇都有相同的就业机会，逐步统一城乡劳动力市场，创造公平的劳动力市场竞争机制。

第二，健全保障就业者权益的法规和制度，完善劳动市场管理，保障农民工合法权益。党的十八届三中全会提出，"维护农民生产要素权益，保障农民工同工同酬"。

第三，完善农民工城镇就业服务。发展多种形式的农业剩余劳动力就业中介组织，提供就业信息、咨询、职业介绍，拓展农业剩余劳动力转移就业渠道。完善政府补助、多元办学的转移农民职业培训机

---

① 共济：《全国连片贫困地区区域发展与扶贫攻坚规划研究》，人民出版社 2013 年版，第 107—108 页。

② 童长江：《城乡经济协调发展评价及模式选择》，科学出版社 2013 年版，第 154 页。

制，提高农业剩余劳动力的城镇就业能力。

（3）完善农村金融市场。一是建立以政策性金融和合作金融为主、商业性金融为辅的农村新金融体制，发挥农村信用社、邮政储蓄银行为"三农"服务的主力军作用，积极发展村镇银行、小额贷款公司，实现政策性金融、商业性金融、合作性金融并存和互补的格局，破解现代农业高投入的资金难题。[①] 二是探索以农村产权为基础的抵押融资服务，开办农户和合作社的产权抵押融资业务。高陵区开展农村土地承包经营权抵押贷款试点，到 2015 年贷款累计达 5.1 亿元。[②] 建立农业融资担保公司，拓宽农村产权有效抵押物的范围，让更多的金融机构开展农村产权抵押贷款业务，破解农民缺乏发展资金问题。

（二）发挥政府的调控、协调保障作用

1. 统筹城乡经济要素配置

政府适当调控城乡要素配置，保障农业现代化。

（1）保证农业生产用地。严格控制农用土地特别是基本农田的非农化流转，我们可以按下式计算西部（或省）必须确保的最低限度耕地面积：

$$M = [(F \times P + D)/A] + M_0 \qquad (7-2)$$

式中，F 为人均所需粮食（包括直接口粮和间接口粮，千克/人）；P 为人口数量（人）；A 为粮食单位面积产量（千克/亩）；D 为非生活类用粮（工业原料、农业种子等）；M_0 为确保的蔬菜和经济作物用地（亩）。

根据我国原卫生部推荐的营养素供给量标准，我国居民年均每人每天最低生存粮食需求量 0.681 千克，全年为 248.56 千克。西部按 3.66 亿人计算，一年最低生存粮食需求量为 909.72 亿千克。按基本农田亩产 500 千克计算，西部仅生产保证生存的最低口粮的基本农田就需要 1.82 亿亩。

---

① 屈志勇等：《陕西农民的意愿——我省农村转型四大问题调查》，《陕西日报》2014年3月5日第9版。

② 课题组在陕西省高陵区调研资料。

（2）保障农业生产资金需求。由于农业的低效益和高风险，完全依靠金融市场为现代农业生产提供资金支持是不可能的，需要政府财政给予支持。第一，提高国家财政对农业投入的水平，每年农业财政支出占国家财政总支出的比例应当与农业在国内生产总值中的比重相一致。第二，健全农业补贴制度。具体内容参见第八章第二节有关内容。

2. 加快推进相关制度建设

（1）积极推进户籍制度改革，逐步破除传统户籍制度对劳动力流动的各种壁垒和障碍，形成城乡劳动者平等就业机制。① 具体内容参见本章第三节有关内容。

（2）启动农村资源资本化改革，农村的承包经营权、宅基地、山地、林地等资源逐步资本化，可以出租、抵押等，变现为资金，让农民带着资本进入城镇，成为进城农民在城市中生活、购房、创业等方面的资本来源。党的十八届三中全会提出，保障农户宅基地用益物权，慎重稳妥推进农民住房财产权抵押、担保、转让。

（3）建立农村产权流转交易市场②，保障农村产权公开、公正、规范流转交易。具体内容参见本章第三节有关内容和第八章第三节有关内容。

第二节　构建西部农业经济要素集聚机制

农业现代化需要现代经济要素支撑，通过构建现代农业的经济要素集聚机制，推动新技术、资金、人才等现代要素进入农业，加快转变农业生产方式、组织形式。

---

① 郭晓鸣、张克俊等：《城乡经济社会一体化新格局研究》，科学出版社 2013 年版，第 153 页。

② 《中国共产党第十八届中央委员会第三次全体会议文件汇编》，人民出版社 2013 年版，第 40—41 页。

一　构建西部农业经济要素集聚机制的理论分析

（一）农业现代化需要现代经济要素流入

推进农业现代化，就要"鼓励和引导工商资本到农村发展适合企业化经营的现代种养业，向农业输入现代生产要素和经营模式"。[①] 城镇现代经济要素进入农业不仅给农业带来了资本、技术、人才和品牌，引进先进经营管理方式；更重要的是打破传统农业发展观念和封闭式生产方式，带给农业全新的运行机制，加速农业现代化。

农业内部的经济要素在新形势下也有新变化。以劳动力为例，2013 年 87.3% 的新生代农民工没有从事过任何农业生产劳动[②]，而且更希望进入城镇。因此，除把农村愿意、有能力从事农业的农民留下来从事农业生产，还要让城镇一些愿意从事现代农业的人才向农业流动。

（二）农业经济要素集聚的主要推动力：市场机制和政府政策

1. 市场机制推动力：提高要素回报水平和提供新的商业机会

第一，提高经济要素在农业投资回报水平是根本。在市场经济条件下，吸引经济要素投入农业的关键是提高农业投入收益水平，这个收益水平是与非农产业的收益水平相比较而言，也就是要使两者的收益水平大体一致。就农业本身来说，提升要素收益水平的思路是，一方面，在农产品价格上，保证农产品价格符合价值规律要求；另一方面，提高农业现代化水平，拉长农业产业链，对农产品进行深加工，提高农产品附加值。

第二，现代农业新商机吸引城镇经济要素进入农业。随着我国经济发展和城镇化的推进，人们收入水平和消费能力有较大提高，不断追求高品质的生活，对高质量的农产品需求增加。多样化的农产品需求意味着巨大的市场空间，但目前多数农业生产者过度追求数量而忽视质量，市场中的高品质农产品供应不足。发现这一商机而从事高品

[①] 《中国共产党第十八次中央委员会第三次全体会议文件汇编》，人民出版社 2013 年版，第 40 页。

[②] 《2013 年全国农民工监测调查报告》，国家统计局网站，http://www.stats.gov.cn/tjsj/zxfb/201405/t20140512_551585.html，2015 年 9 月 2 日。

质农产品生产的新农业投资者（相对于传统农民而言）也就应运而生。这些投资者一般有以下特点：一是跨界从事农业，以前主要从事非农产业；二是投资回报高的农业项目，生产特色、高附加值的农产品，如高端水果、花卉、有机农产品等；三是新的价值追求，如对安全食品的追求，对自然生态的向往，采用生态、有机种植等生产方式；四是运用现代营销方式，针对城镇的不同消费细分市场提供相应的农产品。

2. 政府对农业进行适当的政策支持

农业的特性决定了单纯靠市场手段难以提高农业收益，而且农业经营风险大，对城镇现代经济要素吸引不足。这要求政府政策支持农业经营，如适度补贴、贷款贴息、引导土地适度规模流转、改善农业基础设施等，提高农业投资回报水平。

（三）吸引城镇经济要素的载体：龙头企业和现代农业产业链

农业产业链可以将现代农业的研发、生产、收割、加工、储藏运输、订单处理、批发经营、终端零售等整个环节有效连接成一个整体，承载城镇的大量资金投资、发挥管理技术人才作用、应用现代农业科技等，不断提高农业生产力水平，推动农业现代化。特别是现代农业龙头企业运作规范，有优秀的技术管理人才、丰富的市场经验和资金优势，可以在农业和城镇之间起到桥梁作用，是吸引城镇经济要素的主要载体。

由此，我们可以构建农业经济要素集聚模型：集聚动力是市场机制和政府政策，通过市场机制和政府政策提高要素回报水平，提供新的商业机会，推动城镇的劳动力、资本、技术等要素流向农业；现代经济要素的农业载体是龙头企业和现代农业产业链；结合本地实际，创新城镇经济要素流向现代农业的模式（见图7-2）。

二 西部农业经济要素集聚现状分析

（一）我国农业经济要素集聚进入新的历史阶段

1. 进入城镇反哺农业阶段，城镇经济要素开始流向农业

我国在工业化、城镇化初期，受城乡二元体制和经济发展战略的影响，农业各种经济要素长期处于"净流出"状态，农业经济要素通

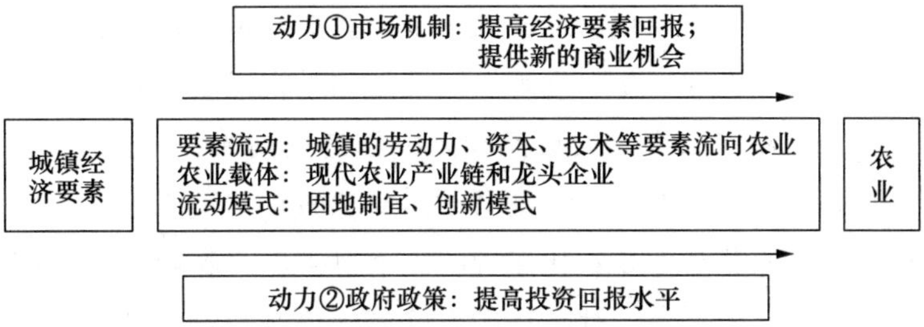

图 7-2 农业经济要素集聚模型

过不同方式流向城镇，农业支持工业化、城镇化，具体内容参见第二章第二节有关内容。

免征农业税及城镇反哺农村政策实施后，虽然农业经济要素"净流出"的状况没有发生根本性改变。但是，在国家政策的引导和支持下，城镇资金、技术等要素开始不断流向农业，经济要素由以往主要是农业向城镇的单向流动向双向流动转变。

2. 部分农民工返乡创业

改革开放以来大量农民进入城镇务工，农民工中的"精英群体"经过长期务工、经商、创业，为返乡创业积累了资本、开阔了眼界、掌握了先进技术和管理经验、积累了人脉关系。更重要的是，他们有了创业观念、市场竞争理念。目前，相当一部分农民工回乡创业已经取得了成功。这些主动返乡创业的"精英"农民工，在农业现代化过程中可以发挥巨大的作用。

（二）西部农业经济要素集聚面临的问题

1. 城镇和农业的要素流动仍然不平衡、不平等

尽管我国进入"城镇反哺农业"的阶段，财政对农业补贴的规模不断加大，城镇经济要素特别是资金开始流入农业。但从整体上看，农业经济要素受市场机制的驱动更多流向城镇，城镇和农业之间的要素流动仍然不平衡、不平等。

（1）劳动力的流动不平衡。从劳动力这个最活跃的经济要素流动看，在城镇和农业之间的流动不平衡。一是基本以单向流动为主，即

主要是农业劳动力向城镇流动，城镇有一些愿意从事现代农业生产的高素质劳动力却因为户籍、土地等制度制约难以向农业转移从事农业生产，这意味着农业资源无法流动到能创造更高收益的劳动者手中，拉大了农业与城镇的差距。二是高素质农业劳动力流失，农业劳动力素质降低。农业劳动力非农化流转的一个规律是"农业精英"率先流出。城镇凭借收入更高、社会环境更好等优势，吸引了高素质农民流向城镇。调查显示，农村更多高素质人才进入城镇，西部农村外出从业劳动力高中以上文化程度的占 7.9%，而农业从业人员高中以上文化程度的只有 3.5%[①]，相差一倍。也可以说，城镇化过程也是高素质农业劳动力不断流失的过程。[②] 改革开放以来，西部农村是劳动力跨区域流动的主要输出地，2014 年西部地区输出农民工 7285 万人。[③] 西部地区农民大规模流出和农村劳动力素质不断下降，带来农业"兼业化"、农村"空心化"、农民"老龄化"等问题。要留住或鼓励高素质的农民从事现代农业，就需要让他们在农业生产中有较高收入，甚至超过外出务工的收入。同时，政府对农业从业人员加大人力资本投资，提升其素质。

（2）农业土地要素的流失。随着城镇化的推进，城镇周边大量优质耕地以较低的价格被城镇征用，用于城镇化和工业项目建设。2012 年、2013 年全国因建设用地等原因占用耕地分别为 40.20 万公顷、35.47 万公顷。[④] 尽管通过土地整治等措施实现"占补平衡"，保证耕地数量，但一般补充的耕地质量低于被征用的耕地。同时，城镇建设征用农业耕地的征地补偿费用大大低于土地市场价格，大量的土地出让金用于城镇建设，一些城镇特别是大中城市的市政基础设施建设主

---

① 国务院第二次全国农业普查领导小组办公室：《中华人民共和国国家统计局第二次全国农业普查主要数据公报（第二号）》，国家统计局网站，http：//www.stats.gov.cn/tjsj/tjgb/nypcgb/qgnypcgb/200802/t20080222_30462.html，2013 年 9 月 2 日。
② 罗必良：《现代农业发展理论》，中国农业出版社 2009 年版，第 3 页。
③ 国家统计局：《2014 年全国农民工监测调查报告》，国家统计局网站，http：//www.stats.gov.cn/tjsj/zxfb/201504/t20150429_797821.html，2015 年 10 月 21 日。
④ 《2014 年中国国土资源公报》和《2013 年中国国土资源公报》，国土资源部网站，http：//www.mlr.gov.cn，2015 年 9 月 18 日。

要依赖土地出让收入，实际上这也是隐性的农村农业支持城镇建设。

（3）资金开始在城镇和农业双向流动，但仍以农业流出为主。一方面，农民积累的资金转为存款大量流入城镇非农产业。农村资金以每年6000亿元的规模被金融机构抽走，进入城镇。[①] 四大国有商业银行大规模撤并县及县以下的机构和网点后，农业贷款主要来自农村信用社，农民贷款难，为了鼓励农信社增加农业贷款，允许它们上浮利率，使农民贷款成本比城镇高。

另一方面，随着国家"工业反哺农业"农业补贴增加等政策的调整，财政资金更多流入农业。随着城镇化工业化水平的提高，城镇有了剩余资金，现代农业开始成为城镇资金关注的领域，有一些城镇社会资金投资农业，特别是城镇郊区都市农业。课题组调研的西安市阎良区关山镇栗邑村丰宜果蔬示范园就是城镇资金投资现代农业的典型例子，该项目是由本村人王思妮联合城镇投资人投资。王思妮在城镇务工创业成功后有了一定的资金、信息、知识、人脉积累，看好现代农业的发展前景，筹集资金返乡创业，成立了丰宜果蔬专业合作社，计划总投资1亿元，规划建设2000亩现代农业园区。借助本人在村里良好的信誉，顺利流转土地1360亩，流转价格达1000元/亩。2013年年底，完成投资2000万元，建成日光温室200亩，春秋大棚160亩，钢架大棚1000亩。

总体而言，城镇和农业之间的要素流动依然不平衡、不平等，农业要素更多流向城镇，这极大地制约了农业现代化，也是农业发展相对滞后的重要原因，就需要构建支持农业发展的要素集聚机制。

2. 城镇经济要素面临如何进入农业的难题

现代农业对城镇经济要素而言是一个新的领域，进入农业面临许多具体问题。例如，进入农业的城镇劳动力特别是经营管理者缺乏农业知识和技能，缺乏与土地和农民打交道的能力及经验，短期内难以成为一个专业的农业生产者和管理者。实际上，现代农业是一个对生产技术和专业水平要求很高的产业，它需要相应的生产技术和管理才

---

① 罗必良：《现代农业发展理论》，中国农业出版社2009年版，第3页。

能，需要城镇投资者深入了解农业、掌握农业，学会与农民打交道，建立与农业生产相适应的生产组织形式和管理机制。

三　构建西部农业经济要素集聚机制的思路与对策

（一）构建西部农业经济要素集聚机制的思路

1. 打造吸引城镇经济要素的农业载体：龙头企业和现代农业产业链

具体内容参见第五章第一节有关内容。

2. 农业经济要素集聚的方式：因地制宜，创新模式

由于各地农业生产千差万别，可以结合本地实际，创新城镇经济要素流向现代农业的模式。基本思路是，依托农业产业链和农产品的专业化生产，建立可持续的经营模式，吸引城镇经济要素稳定进入现代农业。

（1）现代农业产业链模式。例如，城镇经济要素以现代农业的种植业、养殖业为基础，建立农产品生产基地和园区，进一步拉长产业链，发展观光休闲农业等上下游产业。

（2）农业基础设施开发模式。例如，城镇经济要素参与农村现有建设用地整治，提高集体建设用地使用效率并获得相应经济回报等。

（3）农业生产性服务供给模式。例如，城镇经济要素参与的农业经营主体提供农资连锁、种子种苗、农机作业、病虫害统防统治、物流、仓储、农业保险、农业信息等现代农业生产性服务。

（4）与农民经济组织合作模式。城镇经济要素直接与农民合作社、农业企业等合作、入股，发挥各自优势，形成发展合力。

（5）农业农村公共服务型供给模式。城镇经济要素积极参与农村文化教育、医疗卫生、体育文艺、养老保障、职业培训等领域。需要注意的是，城镇投资者要充分认识农业生产所特有的风险性、长期性、缓慢性等特点，在进入前做好充分准备。

（二）政府推动西部农业经济要素集聚

1. 引导城镇相关人才进入农业

发展现代农业的主体是具有较高人力资本的农业从业人员，这不仅需要对农民进行人力资本投资，还需要从农业外部引入，集聚与农

业现代化相适应的人力资本。政府支持农业科技人员、大中专毕业生以及其他城镇投资者从事农牧林业集约化经营，对直接从事农业的科技人员在福利待遇、职称评聘、金融服务等方面实行优惠政策。同时，城镇劳动力（人才）进入农业必须处理好同当地农民的关系。农民的市场经济意识、现代生产技术和经营理念比较弱，但他们更了解土地的特性、农业生产的规律，城镇农业经营管理者应学会平等地跟他们打交道，取长补短。尤其重要的是，要充分尊重农民的利益，和他们结成利益共同体，实现互利共赢。

构建农村能人回流机制，引导农村外出务工人员回乡投资现代农业或进入村"两委"班子，担当农业现代化的带头人。

2. 引导城镇资金投资农业

一些工商资本进入农业的积极性较高，截至2013年年底，工商企业流转家庭承包经营耕地达3900万亩，同比增长40%。[①]

第一，鼓励工商资本投资适合企业化经营的农业。引导工商资本投资符合农业现代化发展方向的项目。投资项目要有较高的科技含量、长远经济效益和社会效益。例如，适合企业化经营的农产品深加工、良种服务、农资连锁经营、现代物流、农业信息服务等项目。在财政、税收、用地等方面出台鼓励工商资本投资适合企业化经营的农业项目的优惠政策，如对工商资本投资农业基础设施建设进行相应补贴，发挥财政资金的引导作用。

第二，投资项目要能够带动农业发展，农民增收。社会资本投资的项目能对周边农户起示范和带作用，能带动当地现代农业更好更快发展。鼓励工商资本投资领办农民专业合作社，吸收农民参加，引领现代农业发展，不与农民争地，使农民能分享到发展现代农业的好处和政府的各类补贴，从而增加收入。这反过来也使工商主体投资农业能有较好的社会基础。

第三，利用农业土地吸引城镇资金。一种方式是农民将土地承包

---

① 谢天成等：《工商资本投资农业问题与对策研究》，《当代经济管理》2015年第8期。

经营权流转（或者入股）给城镇资本，由城镇资本将土地集中起来进行规模经营，集约化、机械化、专业化耕种，农民获得自己的土地分红、为自己的土地打工；另一种方式是进城农民将承包土地经营权流转给投资者，由投资者选择土地运作方向，农民只收取土地租金。

第四，把好"准入关"、全过程监督。中央提出，"探索建立严格的工商企业租赁农户承包耕地（林地、草原）准入和监管制度"。[①]建立工商资本投资农业准入制度，明确工商资本投资主体的要求。包括：一是投资主体要有较高的政治素质，有较强的资金实力、专业技术力量、经营农业的能力，能够从事农业开发；二是有较完整的投资农业的思路和实施方案，并经过论证等；三是在实施过程中要防止改变土地农业用途，减少农用地"非粮化"，杜绝"非农化"。特别要防止出现城镇资本到农村流转土地进行投机，目的在于获得项目补贴资金、贷款抵押物或征地补偿等情况。

3. 引导城镇技术投向农业

构建农业经营主体与农业技术开发主体进行技术交易的市场或平台，推广现代农业科技。陕西省杨凌农高会在现代农业技术推广上发挥重要作用，1994 年 10 月，国家科技部和陕西省政府共同在杨凌举办了首届杨凌农科城技术成果博览会（2000 年第七届时正式更名为"农高会"）。到 2014 年，举办了 21 届，累计吸引 70 多个国家和地区及我国 33 个省份的上万家涉农单位、2100 多万客商参会，交易总额累计达 4400 多亿元人民币。在促进农业科技成果转化及产业化、带动干旱半干旱地区现代农业发展、加强中外农业合作交流等方面发挥了重要作用。[②]

4. 推动政府资源向农业流动

不断增加财政对农业投入，确保财政对农业投入的稳定增长。2014 年中央财政向全国各地区拨付粮食直补和农资综合补贴资金分别

---

① 《中共中央国务院关于加快发展现代农业　进一步增强农村发展活力的若干意见》，《经济日报》2013 年 2 月 1 日第 12 版。

② 《杨凌农高会彰显科技惠农　成中国农业发展风向标》，中国新闻网，http://www.chinanews.com/cj/2014/11-09/6764340.shtml，2015 年 6 月 1 日。

达 151 亿元和 1071 亿元，今后财政对农业的投入增长速度应不低于财政支出的增长速度。

深化征地制度改革。第一，国家重点工程、公益性事业建设项目征用耕地要大幅度提高土地补偿费和农民安置费标准。第二，政府出让征用的农村土地获得的净收益，要部分投资农业基础设施，改善农业生产条件。第三，对工商业等经营性建设需要使用农村集体建设用地，符合土地利用规划的，农村集体建设用地直接进入土地一级市场，进行土地商业开发。

第三节　构建西部城镇经济要素集聚机制

城镇经济要素不断集聚是城镇化的基本条件。从经济要素流动的角度看，城镇化就是劳动力、土地等农业要素由农业向城镇流动的过程。通过构建城镇要素集聚机制，不断推进西部城镇化。

一　构建西部城镇人口要素集聚机制

西部城镇化意味着将有大量的农业剩余劳动力流向城镇。

（一）农业剩余人口向城镇转移的理论分析：推—拉理论

推—拉理论认为，在人口自由流动的条件下，人口流动的原因是可以通过流动改善生活条件和提高生活水平。有两个力量推动人口流动：推力和拉力，其中，流入地的拉力是能够改善移民生活条件，流出地的推力是当地不利的自然条件、滞后的社会经济发展水平、较低的收入水平等。这两种力量共同推动人口流动。[1]

我国城镇对农民的拉力具体表现在：一是城镇收入水平高。2013年西部城镇居民人均可支配收入 22710 元，农民人均纯收入 6834 元，相差 2.32 倍。二是城镇完善的基础设施、良好的生活环境、现代的生活方式吸引农民，特别是吸引新一代农民工进入城镇。三是城镇的消费水平比农村高。2013 年，我国城镇居民人均现金消费支出 18022

---

① 钟涨宝主编：《农村社会学》，高等教育出版社 2011 年版，第 176 页。

元，农民人均消费支出 6625 元，相差 1.72 倍。

西部农村农业的推力是：一是由于西部人均耕地少，随着农业现代化水平的提高和农业规模化生产，出现大量农业剩余劳动力。二是基于生态环境保护的要求，西部草原畜牧业的发展规模也受到限制。农业就业机会减少和收入相对不高推动农业剩余劳动力进入城镇，这为城镇化提供了充足的人力资源。[①] 定量分析宁夏劳动力转移情况也表明，较为贫困的宁夏山区劳动力外出转移比例高于经济相对发达的平原地区。[②] 推力和拉力力量越大，农业人口转移的动力就越强。

（二）构建西部城镇吸引农民的"拉力"

1. 城镇非农产业发展吸纳农业剩余劳动力

（1）加快西部城镇现代特色产业发展。西部城镇通过大力发展非农产业，吸引农民向城镇转移。一是充分发挥自然资源丰富、特色农业突出的优势，发展矿产资源加工、农产品深加工产业；二是进一步做大做强西部大中城市在计划经济时期布局的高技术产业、机械加工业等传统优势产业；三是围绕现代农业、现代工业发展生产性服务业；四是抓住"一带一路"向西开放的历史机遇，开展对外合作和国际贸易，发展现代服务业等。

（2）积极引导农村中小企业向城镇产业园区集聚。把非农产业发展与城镇建设有机地结合起来，通过"三个集中"形成城镇产业和人口集聚效应。[③]"三个集中"发展战略最早是上海市在 1996 年 6 月提出，即土地向规模经营集中、工业向园区集中、农民居住向城镇集中，加快现代非农产业、人口等要素向城镇集聚。测算表明，乡镇企业适当集中比分散布局在就业能力上（包括连带效应）可提高 50%以上，而且还可以节约耕地，能与城镇化协同发展。[④] 特别是着力建设重点镇，发挥重点镇在集聚产业中的重要作用，促进农村企业向重

① 冯海发：《农村城镇化发展探索》，新华出版社 2004 年版，第 212—214 页。

② 丁赛：《西部农村少数民族劳动力转移问题研究》，中国社会科学出版社 2012 年版，第 225 页。

③ 顾吾浩主编：《城镇化历程》，同济大学出版社 2012 年版，第 22—23 页。

④ 冯海发：《农村城镇化发展探索》，新华出版社 2004 年版，第 238 页。

点镇集聚，吸引更多的农民进镇创业，把重点镇打造成为产业集聚中心和吸纳农民的重要城镇。

2. 加快城镇建设，提高城镇吸引力

完善城镇特别是小城镇市政、绿化、教育、水电、通信等基础设施和公共服务，为进城农民提供更为舒适的生产生活条件，吸引农民进城居住。

（三）提高农业剩余劳动力城镇就业能力，构建农民进城的"推力"

农村劳动力外出行为首先表现为人力资本竞争选择的结果。[①] 与东部相比，西部农民的人力资本投资不足，在城镇的就业能力不强。一方面是城镇企业需要大量掌握技术的熟练工人；另一方面是大量的农业剩余劳动力不具备技术操作能力而闲置，外出打工只能从事体力工作或简单工作，收入水平难以提高。应实施积极的西部人力资源开发战略：

第一，加大政府特别是中央政府对西部农民工教育投资的力度，地方政府整合劳动、教育、社会、企业等各方面的教育培训资源，形成培训农民工的合力，多层次、多渠道、多形式地开展农民工的职业技能培训。

第二，改革财政培训资金使用方式，提高资金使用效率。政府可以通过购买培训服务方式，向农民工免费提供信息技术和就业技能培训；采取补助、培训券等方式，让农民工选择培训机构和培训内容。

第三，把20世纪80年代后出生的"新生代农民工"作为培训的重点。这是一个基本脱离农村而又没有真正融入城镇、尚处于社会结构中第三元状态的庞大社会群体。[②] 与上一辈农民工相比，他们大多数从来没有种过地，更适应城镇生活，对城镇生活更加向往和认同；大多数受教育程度较高，更容易掌握新技能和融入城镇。加强对这部

---

① 盛来运：《中国农村劳动力外出的影响因素分析》，《中国农村观察》2007年第3期。

② 韩长赋：《新生代农民工社会融合是个重大问题——关于新生代农民工问题的调查与思考》，《光明日报》2012年3月16日第7版。

分农民工的培训，使他们较快在城镇稳定就业，真正融入城镇。

第四，建立以市场为导向的培训机制，根据城镇需求培训农民工。按照就业岗位对从业人员技能的要求，确定培训内容。特别是结合本地优势，打造劳务品牌。如陕西省的"米脂家政""蓝田厨师"和"杨凌农科"等劳务品牌就具有较大社会影响。

第五，与城镇经济发展和产业不断升级相适应，构建西部农民工持续培训机制，实现"培训—就业—失业—再培训—再就业"的良性循环。①

与东部相比，西部还有大量少数民族农业劳动力向城镇转移，其转移意愿和能力直接影响到民族地区的城镇化进程和收入差距的缩小。就少数民族总体而言，少数民族在教育和语言上有明显弱势，加上特有的文化背景、生活习惯，使少数民族地区城镇化与汉族地区相比面临更多的困难，这更要着力提升其人力资本和城镇就业能力。

（四）改革户籍制度推动城镇人口集聚

户籍制度基本内容是人口登记和迁移、常住人口和暂住人口管理等，基本功能是证明公民身份、提供人口资料。改革开放以前，户籍制度是控制我国人口迁移和城镇化的核心机制。目前，以户籍制度为核心的一系列人口管理政策仍然是制约城乡劳动力流动的制度性障碍，通过户籍制度改革，从制度上保障农民从农村到城镇的有序转移。②

1. 户籍制度存在的问题

（1）户籍功能泛化。户籍本身功能是人口管理，但我国人为地把户籍分为农业户籍和非农业户籍两种类型，并分类管理。在实际工作中户籍又与公共福利和公共服务挂钩，形成了城乡户籍在教育、卫生、社保等方面的差别。在城镇，户籍所在地政府决定着就业、住房、商品供应等城镇福利的分配。在农村，集体经济组织决定着农业

---

① 张建军：《中国西部区域发展路径——层级增长极网络化发展模式》，科学出版社2010年版，第136—140页。

② 蔡昉、王德文、都阳：《中国农村改革与变迁：30年历程和经验分析》，格致出版社2008年版，第223页。

用地和宅基地等生产资料和集体福利的分配。[①]陕西省在 2014 年做过初步统计，附着在城镇户籍和农村户籍上的权利和福利分别有 31 项、7 项。

因此，户籍问题只是一个表面现象，本质是户籍背负的社会保障和福利。户籍制度改革难度较大，是因为户籍改革涉及城乡居民就业、教育、医疗、社保等方面的深层次制度改革。2013 年年底，我国城镇化率已达到 53.7%，但有城镇户籍仅为 35.9%，这带来一系列社会问题。要推动以人为核心的新型城镇化，户籍制度和相联系的社会保障制度必须进行改革。[②]

（2）农村户籍转为大城市户籍的门槛过高。自党的十七大提出要推进户籍制度改革以来，取得一定成就，小城市和小城镇基本放开户籍限制。但主要问题是在大城市转为城镇户籍的门槛过高，对进入大城市农民的职业、固定住所、社保等要求过高。

（3）不同区域农村户籍含金量不同，农民迁移户籍的意愿不同。农村户籍含金量主要包括土地承包经营权、集体资产经营分红、土地流转收入、宅基地、各种涉农补贴、免费教育、新农合医保等。目前，农民对待户籍至少有三种情况：一是城中村和城镇郊区的农村土地大幅升值，集体经济实力雄厚，农民不愿意放弃农村户籍。二是城镇远郊的农村，情况差异较大，与农村集体经济、自然资源丰富程度等关系较大。如果村集体经济发展较好，农民就不愿意放弃农村户籍。三是山区农民进城愿意较大，进城收益一般大于放弃的利益。国家卫计委一份调查也显示：74% 农村流动人口不愿意放弃农村户籍，不愿意"农转非"的主要原因是想保留土地承包权、宅基地。相当数量的农民担心进城落户会使自己原有利益受损和难以享受城市居民待遇，"进城不落户"的现象突出，甚至还出现了一些城镇户籍人口千方百计变为农村户籍的"逆城镇化"现象。

---

① 李铁、乔润令等：《城镇化进程中的城乡关系》，中国发展出版社 2013 年版，第 3 页。

② 张建军：《中国西部区域发展路径——层级增长极网络化发展模式》，科学出版社 2010 年版，第 125—127 页。

2. 户籍制度改革的基本思路

（1）明确改革目标。同步推进户籍制度和与户籍挂钩的各种权利和福利制度改革，使户籍回归人口管理功能，形成以合法稳定住所和合法稳定职业为户口迁移基本条件、以经常居住地登记户口为基本形式、公共服务和待遇以常住人口为标准的新型户籍制度，建立城乡统一的户口登记制度①，最终消除城乡分割的二元户籍制度。

（2）积极稳妥地推进户籍制度改革。传统户籍制度涉及的范围太广，与人民的利益直接相关，改革需要逐步推进。一是逐步提高进城常住农民享有的公共服务水平。《居住证暂行条例（草案）》规定，在全国建立居住证制度，推进城镇基本公共服务向常住人口全覆盖。二是按照 2014 年 7 月出台的《国务院关于进一步推进户籍制度改革的意见》要求，不同规模的城镇实行差别化的落户政策。

（3）户籍制度改革中应注意的几个具体问题：

一是充分尊重农民在进城或留乡问题上的自主选择权，保障转移农民在农村的合法权益。2014 年 7 月《国务院关于进一步推进户籍制度改革的意见》提出，尊重城乡居民自主定居意愿，不得采取强迫做法办理落户，不得以置换承包地经营权、宅基地使用权、集体收益权为前置条件，可以让农民工带着这些权利进城。集体收益分配权要以是否拥有集体经济组织成员资格为依据，户口登记不作为享有集体收益分配权的依据，户口迁移与集体利益收益分配无关。在各种权益的享有资格上，除户籍外，符合一定条件也可以享有同样权益。如规定缴税达到一定年限可以享受当地社会福利，流动人口的子女在某个地区就读一定年限可以异地高考等。

二是建立政府、企业、社会、农民共同分担农民进城成本机制。农民进城落户的成本支出并非一次性完成，而是一个长周期的过程，逐年投入，是可以承担的。②

---

① 《国务院关于进一步推进户籍制度改革的意见》，中央政府网站，http：//www.gov. cn/zhengce/content/2014 – 07/30/content_ 8944. htm，2015 年 3 月 16 日。

② 黄奇帆：《推进新型城镇化的思考与实践》，《学习时报》2014 年 5 月 26 日第 A8版。

三是农民进城要稳妥推进。先在城镇合法稳定就业和生活的农民有序市民化，市民化进程不应人为加快。

二　构建西部城镇土地要素集聚机制

城镇化的过程也是农业用地向城镇集聚的过程，原来一些农业用地改变为城镇工业、住宅、商业、市政设施等用地。

（一）城镇土地要素集聚的供求机制理论分析

从土地供给方面看，随着农业现代化的推进，提高了农产品单产水平，可以以更少的耕地产出更多的农产品，就可以将部分农业土地用于城镇化。从土地需求方面看，随着城镇化水平的提高，城镇人口规模的扩大，城镇居民收入水平不断提高，产生更多的住房、工业性产品、交通、旅游休闲、文化娱乐等需求，这需要占用越来越多的农业用地，引起农业用地向城镇集聚。

（二）西部城镇土地要素集聚机制存在的问题

1. 西部耕地短缺，城镇用地和农业用地争地矛盾突出

土地要素的位置固定性和数量不可增加性决定了土地要素的稀缺性，西部城镇化与农业现代化相互争地的矛盾突出。城镇化占用大量耕地，这不仅导致耕地数量减少，更重要的是，所占用的耕地大部分是生产能力高、地理位置好、适宜于机械化的城镇周边基本农田。[①]西部高质量的耕地短缺，高质量耕地非农化流转速度过快，在一定程度上影响了农业发展。

2. 集体土地产权不完整

集体土地产权与国有土地产权相比有更多的限制：一是宅基地使用权依法不能转让、抵押；二是只有依法承包并经发包方同意抵押的荒山、荒滩等土地使用权和乡（镇）村企业建筑物和集体建设用地使用权可以抵押，其他集体土地使用权则不得抵押；三是集体土地所有权不能作价出资或入股。这些制度性缺陷影响农村土地的高效使用。

3. 农村建设用地利用效率低

农村建设用地利用程度低，浪费严重，而城镇用地紧张。一方

---

① 冯海发：《农村城镇化发展探索》，新华出版社 2004 年版，第 202 页。

面，我国自然村布局分散，居民点以分散式或独立式为主，宅基地占地多。由于管理不当等原因，有较多的农村宅基地大大超过规定使用的面积，还存在一户多宅、建新不拆旧现象。① 另一方面，进城就业农民在乡村仍保留有宅基地，且大量闲置，形成"空心村"，特别是山区和离城镇较远的农村比较明显。截至 2013 年年底，全国农村集体经营性建设用地面积约为 4200 万亩，约占全国建设用地总量的 13.3%；宅基地的总面积约为 1.7 亿亩，约占集体建设用地的 54%。② 农村人均建设用地为 259 平方米，超过现行人均 150 平方米的上限。③ 以陕西省高陵区为例，该区有 88 个行政村、423 个自然村、5.2 万户村民，共有集体建设用地 6 万余亩，户均达到 1.15 亩。如果通过搬迁改造，将布局分散、占用建设用地较大的村庄向城镇及中心村集中，村庄建设用地可由 6 万多亩减少到 2 万多亩，共节约土地 4 万多亩，节地率达 68%，户均建设用地由 1.15 亩减少到 0.52 亩，节地率达 45%。④ 因此，未来城镇化土地供给的最大潜力是农村建设用地，特别是农村住宅建设用地。目前，我国政策开始允许农村建设用地直接进入市场，但缺乏详细的配套法规，难以具体操作，没有全面展开。

（三）构建西部城镇土地要素集聚机制的思路和对策

应尽快完善农村集体经营性建设用地入市的制度设计，试点探索经验，建立健全城镇土地要素集聚机制。

1. 农村土地确权颁证是基础

农村集体所有土地，依其使用权用途的不同可分为农用地、农村建设用地和宅基地三种形式。加快推进和完成这三类用地确权登记颁证工作，明确法律赋予集体和农民的建设用地土地、房屋等权益，强

① 方正松：《农村土地制度创新与农业人口流动》，《统计与决策》2009 年第 24 期。

② 《审慎推进农村土地制度改革》，《经济日报》2015 年 1 月 11 日第 3 版。

③ 国土资源部：《全国土地整治规划（2011—2015）》，国土资源部网站，http://s.mlr.gov.cn/search/search.do，2015 年 2 月 26 日。

④ 中共陕西省委政策研究室调研组：《农村就地城镇化农民市民化的高陵样本》，《陕西日报》2013 年 12 月 13 日第 5 版。

化物权保护。在土地权属明确的基础上，完善相关配套政策和制度设计，推动农村集体建设用地无障碍地进入城乡统一土地市场。

2. 完善相关法规是保障

目前国家层面尚无关于农村集体建设用地流转的法律法规。农村集体建设用地进入市场，涉及三个大的方面的法律。一是《宪法》。《宪法》规定城市的土地属于国家所有，现在的城市建设用地都要将农村集体土地征过来变为国有土地才能建设，如果《宪法》这个规定不改，农村的建设用地就不能进入城市的建设用地市场。二是修订《土地管理法》，要制定符合市场配置的农村土地用途管制制度。三是修订《物权法》《担保法》等法规，赋予农村建设用地的抵押和担保权、农民对宅基地的收益权和转让权，允许宅基地进入市场依法合规流转。四是应当制定全国统一的农村集体经济组织股权管理办法，赋予农民对集体股权的有偿退出权和继承权①，明确农民可以带着集体资产进入城镇，保障农民财产权利。

3. 符合规划是前提

（1）科学编制城镇用地规划。将城镇建设区内的土地科学进行功能分区，如居住区、工业区、绿化区、自然或人文保护区等，规定各区的用途管制规则，指导集体土地有序入市。在符合规划、用途管制和依法取得的前提下，允许农民或集体经济组织将集体经营性建设用地参与城镇经营性项目的开发，农村集体经营性建设用地与国有建设用地享有同等权利，农民和村集体可以以土地使用权入股、租赁、出让、转让等方式在城镇进行商业化开发，使农民在城镇化过程中得到长久的收益。

（2）城镇高效利用建设用地。以前城镇的建设用地特别是工业用地更多是把土地直接出让给企业，企业停产后土地难以收回，导致城镇建设用地效率较低。应转变城镇工业用地方式，提高土地使用效率。例如，城镇产业园区建设标准化办公区和厂房，出租给企业，可

---

① 张英洪：《赋予农民更充分的财产权利》，《中国经济时报》2014年6月24日第6版。

有效提高土地利用效率。陕西省西安高新区是全省最大的经济增长极，每年用地指标 3000 亩左右，但实际申请入区发展的产业项目用地达万亩以上。为了高效利用土地，在高新区创业园发展中心、出口加工区 B 区和草堂基地，建成 36 万平方米标准厂房。对投资总额低于 5000 万元、用地 20 亩以下，但科技含量高、产出效率高、易于标准化生产的中小企业，原则上不再直接供地，而是统一使用工业园区标准厂房，既缓解了建设用地供应不足的矛盾，又保障了中小企业的生产和发展，土地节约率达到 35% 以上。①

4. 规范集体经营性建设用地入市的交易规则是核心

政府建立一套完整的集体经营性建设用地入市的交易规则，明确交易主体、登记鉴定、交易品种、交易规则、业务范围、资金结算、收费管理等，保障集体经营性建设用地入市各方的利益。

（1）明确集体经营性建设用地入市的供方市场主体。在一级市场上是村民大会或村民代表大会等集体建设用地所有者；二级市场的市场主体是集体土地的建设用地使用权人或宅基地使用权人，他们只能转让其合法取得的建设用地使用权或宅基地使用权。

（2）建立一个有形的集体经营性建设用地交易市场，制定交易规则，建立完备的产权登记制度和其他保证交易安全机制。产权交易方式应当与国有土地市场相同，采用租赁、出让、拍卖、招标、挂牌、作价入股、合伙联营等多元化的交易方式。

（3）加强集体经营性建设用地入市市场监管。一是政府汇集土地供方、需方的信息，审查信息的合法性，如集体建设用地入市的经办人是否有集体经济组织的委托，提供的集体建设用地是否有合法的产权；二是政府监督交易行为的合规性、土地用途是否符合用途管制等；三是政府建立纠纷调处机制，及时解决交易中产生的纠纷。

（4）充分发挥市场机制的作用，更加有效地配置土地资源。集体经营性建设用地入市的市场交易价格应由中介机构来评估，由供需双方平等协商或竞争的市场机制来确定，政府监督交易价格的合理性。

---

① 《西安高新区：寸土"生"寸金》，《陕西日报》2014 年 10 月 12 日第 1 版。

5. 切实保障农民的合法利益是根本

农民在土地城镇化过程中处于弱势，要依法保障农民的合法利益。我国"十三五"规划提出："维护进城落户农民土地承包权、宅基地使用权、集体收益分配权，并支持引导依法自愿有偿转让。"①

（1）建立宅基地退出补偿激励机制。进城的农民已在城里买了房子，转移了户籍，只要补偿合理，他们一般是愿意退出农村的宅基地。这就要探索建立符合农民合理要求的宅基地退出补偿激励机制。一是按照农户自愿的原则，允许已经进城落户的农民有偿转让农村的宅基地；允许农民自主整理复垦宅基地，并在统一公开的交易市场上有偿转让建设用地指标，复垦后形成的耕地仍归原农户经营。② 二是按适度集约的原则重建农村住宅和村庄，执行农村一户一宅政策，集约使用农村建设用地。三是探索"住房换宅基地"，即农民自愿将宅基地按置换标准换取新型农村社区、城镇的住宅，原宅基地进行复耕，而节约下来的土地使用权借助城乡建设用地增减挂钩等政策，进行"招""拍""挂"出售，用土地收益建设新型农村社区。例如，重庆市九龙坡区进行"城市建设用地和农村建设用地减少相挂钩"试点，将来以20%左右的农村宅基地，集中兴建新型农村社区，把剩余的80%左右的宅基地指标置换为城市建设用地，土地出让金收益补贴农民购房支出。③

（2）确保农村经营性建设用地土地增值收益合理分配。《中共中央关于全面深化改革若干重大问题的决定》提出："建立兼顾国家、集体、个人的土地增值收益分配机制，合理提高个人收益。"④ 依法参与交易的农村集体经营性建设用地，要与国有土地同地同权同价。借

---

① 《中华人民共和国国民经济和社会发展第十三个五年规划纲要》，《经济日报》2016年3月18日第1、5—14版。

② 中国城市与小城镇改革发展中心课题组：《中国城镇化战略选择政策研究》，人民出版社2013年版，第13页。

③ 刘建、郭立：《住房换宅基地，社保换承包地》，《经济参考报》2007年9月20日第4版。

④ 《〈中共中央关于全面深化改革若干重大问题的决定〉辅导读本》，人民出版社2013年版，第13页。

鉴国家对国有工业用地制定最低出让底价的方法，制定集体建设用地的基准地价标准及其使用权流转的最低保护价制度，避免集体土地资产流失，保障农民和农村集体的土地权益。集体建设用地的收益归集体土地的所有权人、使用权人所有，土地收益在农民集体内部的分配由集体经济组织成员集体讨论决定。政府用税收调控集体土地入市的收益水平，但无权参与集体土地的收益分成。2016 年 6 月，财政部、国土资源部出台《农村集体经营性建设用地土地增值调节金征收使用管理暂行办法》规定，15 个集体经营性建设用地入市试点县（市、区）的农村集体经营性建设用地入市或转让征收 20%—50% 土地增值收益调节金，上交试点县地方国库。

第八章 构建西部城镇化和农业现代化相互协调发展的保障机制

本章主要论述政府构建西部城镇化和农业现代化相互协调发展的保障机制，重点探讨完善西部农业现代化的资金保障机制，加快培养新型职业农民，提高人力资本水平；对农业土地经营权规模化流转进行有效的制度设计和监管。

第一节 多措并举，完善西部城乡协调发展的保障机制

在西部城市、小城镇和农村之间，统一规划各种基础设施、公共服务体系、社会保障等，真正实现城乡经济社会融合发展和协调发展，为西部城镇化和农业现代化相互协调发展提供制度保障。

一 统筹城乡规划，实施城乡一体化发展

科学编制城乡统一规划是政府调控城镇化和农业现代化协调发展的重要手段之一。在编制各级各类规划时，要树立城乡全域规划的理念，把城乡作为整体进行统筹规划，特别是推进公共财政、公共设施、公共服务向农村延伸、覆盖，全面提升农村生产生活条件。

（一）城乡空间布局规划一体化

将城乡作为一个整体，统一规划，将区域内要素、产业、信息、交通等有效衔接，实现城乡经济社会一体化融合发展。

（二）城乡土地利用规划一体化

按照《全国主体功能区规划》、各省份主体功能区规划和土地用

途管制的要求优化本区域城乡土地利用布局,通过土地用途的功能分区、土地整理、城乡建设用地增减挂钩等手段,提高城乡土地利用的经济、社会、生态效益[①],实现土地高效利用。

(三) 城乡产业规划一体化

明确城乡产业发展的阶段目标,遵循"因地制宜、突出特色、合理布局、统筹城乡"的原则,树立城乡产业互动发展理念,编制统筹城乡产业一体化的产业发展规划。明确区域内城镇产业与乡村产业各自产业定位,中心城市的城区应以第三产业为发展重点,突出城市特色,增强城市辐射能力;城市郊区应发挥比较优势,建立集聚特色产业集群的产业园区、工业园区;乡村重点发展特色现代农业、休闲旅游等产业。

(四) 城乡基础设施规划一体化

中心城市作为区域的龙头,将基础设施和周边小城市(镇)有效连接,以大带小。同时小城市(镇)在基础设施建设时积极与中心城市对接[②],把城市基础设施向农村延伸,构建城市之间、城乡之间通畅的交通网络,加快电力、自来水、天然气等市政公用设施向乡村覆盖,实现城乡基础设施联合共建、联网共享。

(五) 城乡公共服务规划一体化

西部农村公共服务相对滞后,要加强对农村公共服务供给。从区域全局角度科学规划公共服务,实现城乡之间和不同社会群体之间特别是西部广大的山区、草原地区、少数民族地区基本公共服务水平一致。

二 统筹城乡基础设施建设,提高农村基础设施水平

农村基础设施建设滞后,同时这些设施具有公共产品或准公共产品性质,正外部性强,但是村集体和农民投资能力弱,需要政府加大投入力度。

---

① 郭晓鸣、张克俊等:《城乡经济社会一体化新格局研究》,科学出版社 2013 年版,第 118 页。

② 马晓河:《城市化战略与我国增长动力机制选择》,《中国投资》2012 年第 1 期。

（一）完善以水利为主的农业基础设施，提升管理水平

加快完善西部农田水利、农田机耕生产道路和农业电力设施等农业基础设施。西北地区干旱少雨、降雨时空分布不均，西南地区主要是高原山区、旱涝灾害频发，水利设施的建设对西部农业现代化具有特别重要的意义。目前，西部有相当部分农业水利设施年久失修、设备老化、损坏严重。根据陕西省兴平市调查，全市农田水利工程的老化、失修、报废率近35%。党的十七届三中全会提出，"力争2020年基本完成大型灌区续建配套和节水改造任务"。① 西部地区地方政府财力有限，应抓住机遇，积极争取国家项目支持，加快完善农田水利设施，特别是发展高效节水灌溉设施。例如，陕西省"十一五"时期抓住机遇，完成水利投资300亿元，比"十五"期间增加53%；年新增供水能力13亿立方米，新增灌溉面积211万亩、发展节水灌溉面积396万亩②，极大地改善了农业生产条件。

明晰产权，明确责任，鼓励投资建设和管理好农田水利设施。目前大多数农田水利设施所有权归村集体所有，由村集体实行统一管理和维护。而农业灌溉的直接受益者是农户，长期享受的是无偿服务或低成本的服务，导致工程有人建、有人用、无人管或镇村管理松散的状况，这种管理体制弊端制约了农村水利事业的健康发展。改进思路：一是鼓励个人及社会投资兴建小型农田水利工程，并将其纳入财政扶持的补助范围，享受国家补助政策。二是工程建成后产权全部归投资人所有，由乡镇人民政府核发产权证，投资者在向农民提供服务时，可以将国家投资部分不计入水价。三是对受益农户较多的农村水利工程，可由受益农民组建合作社管理。

（二）加强农村信息基础设施建设

加强农村信息基础设施建设和信息技术推广，用现代信息技术改造传统农业，提升农业信息化水平。一是加快农村互联网基础设施建

---

① 《中共中央关于推进农村改革发展若干重大问题的决定》，《经济日报》2008年10月20日第1版。

② 《陕西省水利发展"十二五"规划》，陕西省政府网站，http://www.shaanxi.gov.cn/0/1/65/364/857/1239/268.htm，2015年7月12日。

设，推进互联网进村入户，建立村级信息员培训机制，提高信息员筛选采集信息的能力，助推"互联网＋"农业。二是政府建立健全农业政府网站，及时发布权威的农业政策信息。三是建立健全农产品信息网，及时发布农产品价格信息、产销动态、市场预测等信息。四是建立农业气象信息系统，及时为农业生产和农民生活提供气象服务。

三 统筹城乡社会保障，提高农民保障水平

通过完善西部农民社会保障体系，提高保障水平，最终实现城乡居民基本社会保障的均等化和一体化。

（一）提高农民养老保障水平

目前，农民社会养老保障水平低，一般规定农民 60 岁以上每月可以领到 60 元左右的养老保险金。首先，提高保障的标准，整合城乡居民基本养老保险，使城乡居民基本养老保险水平基本一致。其次，农民养老保险金缴费方式应更合理。加快形成以家庭养老为主、社会养老和社区养老为辅助的农村养老保障制度。

（二）统一城镇居民基本医疗保险制度和新型农村合作医疗制度

统筹城乡居民基本医疗保险，统一缴费标准和待遇水平，医保体系由城乡二元保障转向城乡一体化保障。陕西省旬邑县 2011 年 1 月率先在全省实施城乡居民医保一体化改革，主要做法是：一是参保对象平等化，除城镇职工外，凡户口在本县内的常住城乡居民均可以户为单位自愿参加城乡居民新型医保，参保方式统一实行户籍所在镇村参保缴费。二是参保标准统一化，所有城乡居民统一缴费标准。2011年，缴费标准全县统一为 30 元/人·年，从 2012 年起，全县统一为50 元/人·年。三是医保待遇均等化，在基本医保待遇上，城镇居民与参加"新农合"的农村居民在县、镇、村定点的医疗机构就医时享受同一标准的医保。四是参保报销网络化，城乡各级医疗机构之间、医疗机构与城乡居民医保经办机构之间实行计算机联网、信息互送、自动审核、结算。五是医保基金运行封闭化，实行合作医疗基金专户储存、专户拨付、双重审批制度，确保医保基金全部用于城乡居民医

疗费用补助报销。①

（三）建立农业转移人口住房保障制度

将农民工纳入城镇住房保障体系，逐步完善农民工城镇住房保障的政策。政府建立稳定的住房保障资金渠道，加大廉租房建设力度，大力发展公共租赁住房，增加对城镇中低收入群体的住房供给，逐步将符合条件的农民工纳入城镇住房保障体系。② 建立以公租房为主体的保障性住房制度，保障农业转移人口基本住房需求。

（四）探索建立农地社会保障替代机制

农民土地承包经营权是农民养老的基本保障，因此农民对土地承包经营权流转极为谨慎，要让从事非农产业的农民放心流转土地，就需要建立较完善的农村失业救济和养老保险制度。该制度可考虑以下方法：一是国家进一步提高现有的农民养老金标准；二是进城农民可将土地流转，获得一定的租金；三是经济发达的村集体可建立自己的失业救济和农民养老保险基金，进一步提高农民的最低生活水平。

（五）完善城乡社会保障衔接机制，为进城农民工和失地农民提供可靠的社会保障

针对不同类型的进城农民，可采取不同的衔接办法。一是对在城镇有比较稳定的职业的农民工，可以直接纳入城镇社会保障体系，与城市职工同等缴费、享受同等待遇。这种情况的比例还较低，2014 年农民工城镇"五险一金"的参保率分别为：工伤保险 26.2%、医疗保险 17.6%、养老保险 16.7%、失业保险 10.5%、生育保险 7.8%、住房公积金只有 5.5%。③ 二是对于没有稳定职业且流动性大的农民工，可设计过渡性方案，提供给个人多种选择。三是失地农民在丧失土地等基本生产资料之后，就业和收入都缺乏保障，因而除相应的经

① 《旬邑在全省率先实现城乡居民医保一体化》，人民网，http：//sn. people. com. cn/GB/190203/190244/15729692. html，2015 年 8 月 9 日。

② 张占斌：《新型城镇化的战略意义和改革难题》，《国家行政学院学报》2013 年第 1 期。

③ 国家统计局：《2014 年全国农民工监测调查报告》，国家统计局网站，http：//www. stats. gov. cn/tjsj/zxfb/201504/t20150429_ 797821. html。

济补偿外，还需要为其提供就业培训、就业机会和社会保障，防止他们变成城市贫民。[①] 四是建立全国社会保障信息化管理系统，完善县级以上社保经办信息库，尽快实现跨省流动务工人员的社保关系全面异地转移接续。

需要注意的是，享受社会保障是农民应有的权利，不能用农民自己的财产权利，如土地承包经营权、宅基地使用权等去换取本应属于他们的社会保障权利。

四　统筹城乡公共教育，提高农村基础教育水平

有研究表明："农村义务教育普及率与农村居民收入之间存在显著的正相关关系，每提高1个百分点的普及率，可带来6.5%的当期收入增加和8.4%的延迟收入增加……教育水平的提高对于农业生产和农村社会发展具有显著的正收益结果。"[②] 首先，提高农村义务教育的质量。政府加大财政投入，加强农村学校教师培训，提高教学能力；改善农村办学条件，提升农村基础教育的软、硬件水平，使农村学生能够接受较高水平的义务教育。其次，将农民工随迁子女纳入城镇义务教育经费保障范围，免除其学杂费，保障他们在城镇平等享有公共教育。城镇中有实力的公办学校，应吸纳农民工子女入学；农民工较多的大城市，政府要根据农民工子女规模配套建设中小学校。

第二节　完善西部农业现代化的
资金和人才保障机制

现代农业需要现代农机具和新技术应用、农田基础设施建设、农业社会化服务等，是一个高投入的产业，同时也需要高素质的从业人员。

[①] 蔡昉、王德文、都阳：《中国农村改革与变迁：30年历程和经验分析》，格致出版社2008年版，第223—225页。

[②] 完善农村义务教育财政保证机制课题组：《普及农村义务教育对农民增收的实证分析》，《中国农村经济》2005年第9期。

一　完善西部农业现代化的资金保障机制

（一）现代农业的资金需求特点

1. 现代农业是资金密集型产业

现代农业是规模化经营，投资大。一方面，农业本身是个大产业，包括土地流转、育种、种植、养殖、加工、销售、流通等一系列生产环节，还要购买农药、农机和农业服务，这意味着高投入。一些农业细分行业的资金投入更高，例如规模化的畜牧养殖。另一方面，新型经营主体规模大、投入高。在农业规模经营中需要较多的土地流转、农机购置、仓储设施、信息化设备、农田水利等投入，比传统农民更依赖现代金融的支持。例如，西安市阎良区丰宜果蔬示范园2012年开始建设，到2013年年底，完成投资2000万元，园区营运资金压力很大。

2. 现代农业资金需求结构新变化

现代农业不仅需要大量资金，而且资金需求结构也在发生变化。传统农业生产的资金需求一般是周期性的，贷款期限是一个农业生产周期，时间短。现代农业新型经营主体要进行大量农业固定资产投资和农业产业链建设，融资期限由传统农业的周期性生产贷款向现代农业的中长期贷款转变，这也需要进行农业贷款的供给侧改革。

3. 农业保险需求大

现代农业属于高风险产业，这主要靠农业保险来规避风险。对于新型经营主体而言，现代农业规模大、投资多，一旦出现生产风险和经营风险，损失很大，有可能是毁灭性的。课题组在阎良区丰宜果蔬示范园调研中，询问该园理事长王思妮曾经经历过的大的损失时，她说，第一次种大棚草莓时，对种植技术把握不准，导致失败，一次就损失30万元。因此，现代农业对农业保险等抗风险型金融产品需求越来越大。

（二）农业现代化资金保障取得的成就

近年来，国家不断深化农村金融改革，一定程度上保障了农业现代化的资金需求。

1. 不断提高财政资金投入

2004 年以来，国家对于农业支持力度逐年增加。据统计，2007—2012 年，国家财政用于农业支出共计达 51374.9 亿元。地方政府根据自身财政情况也增加财政资金的农业投入。例如，课题组调研的陕西省阎良区先后出台了一系列扶持现代农业园区发展的政策，对园区建设一个现代农作物育苗点补贴 10 万元、日光温室每亩补贴 8300 元，钢架大棚每亩补贴 2000 元；对创建绿色食品认证每项奖励 10 万元，有机食品认证每项奖励 20 万元；对市级以上名牌产品，每项奖励 20 万元，有力助推了农业现代化。

2. 农村金融改革推动新增资金进入农业

深化农村金融改革带来增量资金。2014 年，国务院办公厅出台的《关于金融服务"三农"发展的若干意见》要求，通过丰富农村金融资金供应主体、增加供应总量、创新资金供应方式，解决农村金融资金供给不足的问题。一是发挥金融市场机制的作用，确定龙头企业和农户的信用额度。陕西省高陵区根据家庭资产、银行贷款、社会关系及评价等 7 大指标，通过综合打分将农户分为 5 个信用等级，最高等级可获得 20 万元 3 年期限的授信额度。截至 2013 年，全区已评定信用户 3.2 万余户，占全县农户总数的 64%，授信额度达 23 亿元。已发放"土地承包经营权、集体建设用地使用权、农村房屋所有权"抵押贷款 3 亿多元。[1] 二是创新财政资金的使用方式。2014 年农业部选择在新疆、广西进行农业机械融资租赁试点工作，对金融租赁公司开展农机租赁业务中的利息部分给予财政补助，降低了农户使用农机的成本。

农村产权改革带来增量资金。2015 年 8 月，国务院出台的《关于开展农村承包土地的经营权和农民住房财产权抵押贷款试点的指导意见》要求，有效盘活农村资源、资产，增加农业资金投入。陕西省临潼区开展农村产权制度改革试点，农民可用土地经营权抵押贷款。首先对农村产权确权颁证。其次，农村土地承包经营权可以作为信用社

---

① 《高陵发放"三权"抵押贷款三亿多元》，《陕西日报》2013 年 4 月 19 日第 1 版。

贷款抵押物，如果不能按期偿还债务，信用社有权处理该经营权，用于偿还信用社债务。贷款额度为抵押产权评估价值的30%，贷款用于农业生产经营。按照资产评估，临潼区农村信用合作联社授予该区石三湾村500万元授信额度。[①]

农业订单质押贷款。陕西省富平县2014年在小麦生产中推行农业订单质押贷款，获得金融资金进行粮食规模化生产。具体内容参见第五章第二节有关内容。

3. 不断扩大农业保险范围

农业保险是指对种植业、畜牧业及林业等生产过程中可能遭受的自然灾害或意外事故所造成的经济损失提供经济保障。[②]《中共中央国务院关于2009年促进农业稳定发展农民持续增收的若干意见》提出，加快发展政策性农业保险，增加险种，加大中央财政对中西部地区保费补贴的力度。目前，主要的大田农作物和部分养殖业已经有了政策性保险，覆盖面大，特别是规模化生产的新型农业经营主体参保的积极性高。

（三）农业现代化资金保障存在的问题及分析

1. 政府财政支农资金过于分散

国家和地方财政每年用于支持"三农"发展的财政经费多达30多项，如农业四项补贴、移民搬迁、小额信贷、农村安全饮水、村村通工程、土地整治等，由十多个政府部门管理。这种多头管理、撒"胡椒面"式的投入方法，影响财政资金投入效果，难以产生最大化效果。而且农民数量庞大，最后用在每个农民身上不多，无法弥补打工与务农之间的收入差距，难以有效地调动农民农业生产的积极性。

2. 金融支持不足，结构不匹配

农业贷款难是制约新型经营主体发展壮大的突出问题。一是农村金融机构力量薄弱。四大国家商业银行大多从县以下撤走，农村金融

---

① 《临潼试水农村产权制度改革农民可用土地经营权抵押贷款》，《陕西日报》2013年第3期。

② 朱启臻：《生存的基础——农业的社会学特性和政府责任》，社会科学文献出版社2013年版，第278页。

机构主要是农村信用社和邮政储蓄银行。二是农业贷款难，成本高。大多数农业经营主体主要拥有土地承包经营权、农村宅基地使用权等资产，受目前土地制度的影响，这些最有价值的资产在大多数地方不能抵押贷款。农机具抵押、猪羊等活物贷款抵押也难以大面积进行。可以贷款的项目申请手续复杂、隐性交易费用高。农村信用社作为服务于农村的主要金融机构，贷款利率往往高于国家商业银行的利率，农民的贷款成本较高。而小额信贷等扶持性贷款规模较小，远不能满足资金需求。三是单个农户的资金需求规模小，农户数量众多，金融机构面临着较高的交易成本和监督成本。因此，农村金融成本高、风险大、收益低制约金融机构对农户的贷款，也使农业经营主体难以从金融机构获得信贷支持，制约其发展。

农业资金供需结构不匹配表现在：一是现代农业的大额资金需求与小额贷款的不匹配。目前，金融机构面向农户发放的贷款大部分都是小额农户贷款，主要形式为农户联保、担保，其中以5万元以下的农户小额信用贷款为主。而规模化农业经营需要资金投入较大。二是贷款需求期限的"中长期"性与银行贷款期限短期性的不匹配。小额农贷的贷款期限多数为一年，采取"春放秋收冬不贷"的操作模式，而规模化农业经营特别是设施农业、养殖业生产周期大多超过一年，回收周期较长，需要中长期信贷产品。以肉牛养殖为例，从牛犊到长成出栏至少需要两年时间，这还不包括前期育种和繁育、下游加工销售的时间。

农业保险不足、赔付率低、费率高，难以充分发挥风险保障的作用。农业保险具有特殊性：一是多样化。农业品种、地域和气候不同，农业风险种类多，农业保险产品需要量身定做，造成农业保险产品多样化。二是政策性强，农业保险产品要充分体现国家"三农"扶持政策。三是保障不足。一旦发生灾害，保险赔付数额与实际损失相差较大，保障作用没有充分发挥。四是农业保险赔付手续比较烦琐，影响农业恢复生产。农业保险的高风险、高费率、高赔付和低保额、低收费、低保障的"三高三低"特性使农业保险经营陷入恶性循环。[①] 也使保险公司开展相关业务动力不足，开发的农业险种较少。

（四）保障西部农业现代化资金需求的对策思考

资金来源多元化是我国推进农业现代化的必然要求，未来的农业资金来源应该是以政府为主导，农户、企业、金融与保险等多个市场主体共同投入。

1. 增加政府投入，改革投入方式

党的十八届三中全会提出，"健全农业支持保护体系，改革农业补贴制度，完善粮食主产区利益补偿机制"。随着国家财力的增强，可以增加对农业的财政投入特别是中央的财政投入，提高农业补贴占全部财政支出的比重，适当扩大补贴范围，提高补贴标准。在财政支出上，采取财政政策和金融政策联动，如贴息或补贴等方式，两者形成合力，为资金回流农村提供正向激励。[②] 引导社会资金投向现代农业。

第一，整合财政各项支农资金，提高资金使用效率。财政支农资金投入的方向和方式应更趋精细、明确，改变"大水漫灌"式补贴，更多投向具有较大正外部性的农业项目，如农田基础设施、农民教育培训、现代农业技术与良种推广等。

第二，不断完善补贴方法，简化操作手续，降低补贴成本。新增补贴要向农业主产县、新型农业经营主体倾斜。坚持粮食直补与粮食实际种植面积挂钩政策，真正体现对种粮农民利益的直接保护，保护农民种粮积极性。自 2016 年起，国家进行农业"三项补贴"[③] 改革，将其合并为农业支持保护补贴，目的是支持耕地地力保护和粮食适度规模经营。支持对象重点向种粮大户、家庭农场、农民合作社和农业社会化服务组织等新型经营主体倾斜，体现"谁多种粮食，就优先支

---

① 厉以宁主编：《中国道路与新城镇化》，商务印书馆 2012 年版，第 211—217 页。

② 蔡昉、王德文、都阳：《中国农村改革与变迁：30 年历程和经验分析》，格致出版社 2008 年版，第 150—155 页。

③ 三项补贴是指农作物良种补贴、种粮农民直接补贴和农资综合补贴。

持谁"的原则。[①] 补贴方法可以采取契约化管理，如政府为实现粮食安全等目标，农业行政主管部门直接与种粮农民签订种粮合同，并根据履行情况来调整财政补贴资金的发放。在条件成熟的时候，国家出台带有法规性的"农业补贴条例"，明确补贴种类、补贴性质、补贴标准、补贴办法及监督管理等，使农业补贴实现常态化、规范化和法制化轨道。[②]

第三，增加对新型经营主体的直接补贴。一是在现有补贴基础上，新增的补贴向规模经营倾斜，特别是对适度规模农业补贴，引导土地适度规模流转；二是增加对规模经营的专项补贴，由各级财政共同筹集资金，按照经营规模和农产品商品量分级对新型经营主体进行直接补贴；三是对规模经营主体的保险保费进行补贴。

第四，建立农业补贴动态预警预测系统，定期开展补贴效果评估，及时调整财政补贴规模、标准和方式。

2. 完善农村金融体系和金融产品

构建金融机构规模多层次、多类型，产权多元化，金融产品多样化，金融服务广覆盖的现代农村金融体系。

（1）完善农村金融机构。以市场化为导向，以政策扶持为依托，构建以农业发展银行等政策性金融机构为支撑，邮政储蓄银行和农村信用社为主体，村镇银行、小额担保公司、贷款公司和资金互助合作社等为补充的农村金融服务体系，提供多类型金融产品，满足农业的多层次金融需求。第一，完善农村合作金融组织。在明晰产权基础上，逐步把农村信用社改造成为农村农业服务的社区性金融企业。规范发展农村资金互助组织，引导农民专业合作社规范开展信用合作。在坚持社员制、封闭性原则，在不对外吸储放贷、不支付固定回报的

---

① 《关于全面推开农业"三项补贴"改革工作的通知》，财政部网站，http：//nys. mof. gov. cn/zhengfuxinxi/czpjZhengCeFaBu_2_2/201604/t20160425_1964825. html，2016 年 8 月 19 日。

② 李志萌、杨志诚：《工业化、城镇化、农业现代化同步发展定量测定方法和实证分析》，载尹成杰主编《三化同步发展——在工业化、城镇化深入发展中同步推进农业现代化》，中国农业出版社 2012 年版，第 145—156 页。

前提下，推动社区性农村资金互助组织发展①，发展真正的农村合作金融。第二，完善农民贷款担保体系，推广农户小额信用贷款，方便农民贷款。第三，健全政策性农业保险机构，完善农业保险项目。

（2）创新农村农业金融产品。新型农业经营主体迫切需要金融机构在产品、服务和流程上不断创新，丰富金融产品，提升金融服务水平。

第一，丰富涉农金融产品，加大涉农贷款投入。鼓励银行扩大林权抵押贷款，探索开展大中型农机具、农村土地承包经营权和宅基地使用权抵押贷款试点。② 试点质押贷款，金融机构将新型经营主体的应收账款和农副产品的订单、保单、仓单等权利进行质押贷款。探索农业企业融资的新途径，鼓励符合条件的龙头企业通过发行短期融资券、中期票据、中小企业集合票据等融资工具扩大融资规模。

第二，创新农业信贷担保方式。探索"龙头企业 + 合作社 + 农户"等产业链贷款担保模式；建立财政出资的农业担保公司，为新型农业经营主体特别是种粮大户提供贷款担保。

第三，完善农业保险制度，增强农业保险在农业发展中的保障作用。一是建立全国性的政策性农业保险机构。二是扩大农业保险的覆盖面，险种要覆盖农业的主要品种，保险责任要覆盖发生较为频繁且易造成较大损失的灾害，参保对象要覆盖从事农业生产的各种主体。三是政府财政对经营农业保险业务的保险公司给予经营管理费用补贴、税收优惠等，支持农业再保险；建立农业贷款保险制度，以降低或者转移金融机构为农户发放贷款的风险顾虑。政府对农业经营主体提供保费补贴，降低其实际交纳的保费额。③ 西部地区财力较弱，中央财政应选择西部一些重要农产品给予直接保费补贴，鼓励农户参

---

① 《中共中央国务院关于全面深化农村改革 加快推进农业现代化的若干意见》，人民网，http://finance.people.com.cn/n/2014/0120/c1004-24166597.html，2014年10月21日。

② 《国务院办公厅关于金融支持经济结构调整和转型升级的指导意见》，新华网，http://news.xinhuanet.com/finance/2013-07/05/c_124964553.htm，2014年9月16日。

③ 涂圣伟：《以农业科技创新引领农业现代化建设》，《中国发展观察》2012年第2期。

保。四是保险企业创新保险产品。在完善传统的种植业、养殖业保险产品的基础上，针对西部特色农产品种类多的特点，创新农业保险产品，开发气象、疫病、虫草鼠害、农产品价格等新保险产品，给予农民更多保障。

3. 完善涉农贷款的激励约束机制

鼓励金融机构创新农业金融产品和服务方式，增加农业信贷支持，放宽农村要素参与金融服务的限制。[①] 除农村金融机构进一步增加涉农贷款外，国家要鼓励包括四大国有商业银行在内的所有金融机构，支持农业和农村建设。由于涉农贷款的低效性，国家要制定涉农贷款的税收优惠、费用补贴、贷款贴息、增量奖励等措施，引导金融机构将资金更多地投向农业。政府制定政策鼓励龙头企业直接和农民签订合同，以贷款、补贴和预付款等方式把资本投向农业生产环节，支持农业生产；鼓励信用担保机构为农民融资提供担保服务，解决农民融资难问题。

二 培育新型职业农民

(一) 农业现代化需要新型职业农民

随着农业生产中农业机械、计算机、卫星遥感、节水设备和自动化设备等现代农业技术装备的应用，对农业从业人员的能力提出了更高的要求，要求他们有文化、懂技术、会经营、善管理。2012 年"中央一号文件"首次提出"大力培育新型职业农民"。相对传统农民，新型职业农民具备现代农业的生产能力和生产经验、掌握现代农业种植技术、熟练使用农业机械。加快培育新型职业农民是推进农业现代化的基础，舒尔茨认为"农民的技能和知识水平与其耕作的生产率之间存在着有力的正相关关系"。[②]

农业现代化最终是农民的现代化，没有农民的现代化，就没有农业现代化。在实现了农业现代化的发达国家，农民的素质都很高（见

---

① 崔慧霞：《工业化 城镇化 农业现代化同步发展研究》，《调研世界》2012 年第 6 期。

② ［美］舒尔茨：《改造传统农业》，梁小民译，商务印书馆 2006 年版，第 6 页。

表8－1）。美国、英国、以色列、日本等国家农村劳动力中受过职业培训的比例都在70%以上，农场主不少都是大学农科毕业生，如美国、日本、以色列农民的高等教育普及率达到61%、40%和84%，而我国农民几乎没有受过高等教育。

表8－1　　　若干国家农民受教育的情况比较（2008年）　　　单位：%

国别	识字率	高等教育普及率
中国	94	0
美国	100	61
英国	100	32
日本	100	40
巴西	90	5
俄罗斯	100	30
印度	63	0
以色列	100	84

资料来源：中国科学院中国现代化研究中心编：《农业现代化的趋势和路径》，科学出版社2013年版，第20页。

（二）西部培育新型职业农民面临的问题

目前，西部各地很重视农民培训，提高农民素质。如2012年年初，陕西省户县实施培养农村优秀青年带头人工程（以下简称"培优工程"），计划用5年时间，每年拿出1000万元，培育3000名懂政策、有文化、能经营、会管理的农村优秀青年带头人。一些传统农民经过培训已经成为新型职业农民，但也存在以下问题：

1. 能人外迁，高素质农民短缺

随着城镇化的推进，西部农村大量有文化的年轻人进城务工，农业从业人员老龄化、后继乏人的问题日益凸显，即面临厉以宁提出的农村"能人外迁，弱者沉淀"问题[①]，留在农村的多数农民难以掌握现代农业科技、经营管理，不能把握市场需求的变化。

---

① 厉以宁：《中国经济双重转型之路》，中国人民大学出版社2013年版，第178页。

2. 部门协调不力，培训效果不佳

职业农民培训涉及农业、农机、劳动、扶贫等多个部门，但相关部门职责不够明确，一些基层政府缺乏整体规划和实施计划，在培训中部门之间缺乏必要的衔接和配合，整体培训效果不佳。

3. 培训经费不足，师资力量弱

西部经济欠发达，市级以下财政更紧张，职业农民培训基本依靠中央和省级专项经费，培训经费严重不足，使基层培训机构办学条件和培训手段相对落后。培训师资力量及教学能力严重不足，制约职业农民培训内容和效果。

（三）加快培育新型职业农民的措施

1. 做好培育规划和相关制度建设

新型职业农民培育属于公益性质，必须由政府主导。政府应结合本地农业发展需要，从整体上制定新型职业农民的培育规划。

制定相关管理办法，建立职业农民管理体系。实行省、市、县三级新型职业农民资格认定制度，科学确定不同层次的新型职业农民的条件和标准。建立健全新型职业农民信息管理系统，加强新型职业农民培训、考核、发证、质量控制管理，使农民逐步实现从"身份"向"职业"的转变。其中，高级职业农民应有较强的经营管理能力和现代农业理念、知识和专业技能，应对市场变化能力强，能够运用先进的生产经营模式，带动当地农民致富，具有示范带动效应。

2. 选准职业农民培育对象

第一，正在从事农业生产的有较高素质的农民。通过流转土地、技能培训等措施，扶持他们成为种养大户、家庭农场主、农民专业合作社骨干成员等。

第二，返乡创业的农民工。他们不仅有知识、见识、新的观念，有的还积累了创业的资本，有能力成为农业专业大户、合作社带头人、农业企业家、农村致富能手等。因此，返乡青年应该成为新型职业农民培养的重点对象之一。[①]

第三，有农业专业知识、有思路、有信心发展现代农业的一些城市居民、大中专毕业生、农业专业技术人员等。现在全国每年有 700 多万高校毕业生，要制定专门政策，鼓励有志于现代农业的高校毕业生到农村就业创业。[②]并对他们有针对性进行农业生产、经营培训。

3. 整合培训资源，构建完善的职业农民教育培训体系

第一，加快构建和完善以农业广播电视学校、中高等农业职业院校等专门教育培训机构为主体，农技推广服务机构、农业科研院所、农业龙头企业和农民合作社等参与的职业农民教育培训体系。第二，加强培训和实训基地建设，不断提高职业农民教育培训专业化、标准化水平，为农业从业人员提供比较系统、正规的、有针对性的培训和教育。第三，政府可以委托农业高等院校、农业职业教育等机构培养高素质的高级职业农民。陕西省阎良区从 2007 年开始，每年选送 100 名青年农民进农业高校培训学习，提升其现代农业经营能力。

4. 增强培训内容针对性和培训方式灵活性

针对不同类型职业农民，确定不同的培训目标、培训方式、培训内容。

（1）针对职业农民需求确定培训内容。一是培训职业农民的现代观念。英国学者 E. F. 舒马赫认为："教育的首要任务是传授价值观念，传授如何对待生活。毫无疑问，传授技术知识也是重要的，然而它总是第二位的。"[③] 职业农民教育的首要任务是让他们有现代观念，如进取观念、效率观念、开放观念、责任观念等。有了现代观念，他们更容易适应现代社会，自觉获得可持续发展的动力和本领。[④] 二是培训现代农业科技。以职业农民需求和农业发展为导向，帮助他们掌

---

① 朱启臻、赵晨鸣主编：《农民为什么离开土地》，人民日报出版社 2011 年版，第 359—362 页。

② 李克强：《以改革创新为动力，加快推进农业现代化》，《求是》2015 年第 4 期。

③ ［英］E. F. 舒马赫：《小的是美好的》，虞鸿钧、郑关林译，商务印书馆 1984 年版，第 50 页。

④ 朱启臻：《生存的基础——农业的社会学特性和政府责任》，社会科学文献出版社 2013 年版，第 133 页。

握新的农业生产技术。培训方式可以结合"一村一品"的农业专业化生产，进行包括种植业、养殖业、设施农业等的农业技术培训。三是培训现代农业经营知识与技能。现代农业是商品化农业，职业农民需要掌握农产品经营知识，针对市场需求组织生产。同时，尊重职业农民的意愿和选择，调动他们学习的积极性和培训主体地位。[①] 通过培训，提高职业农民的科学生产能力、市场竞争能力和自我发展能力。

（2）培训方式要灵活。一是在培训时间上，要结合农业生产周期采用集中与分散相结合、阶段性培训与系统性学习相结合的办法进行培训，可采取长、中、短三种办班形式。利用农时季节，实行弹性教学和学分制，采用"半农半读、农学交替"等方式。二是在培训形式上，更多运用案例教学、答疑教学、实践教学等形式，增强培训效果。特别是依托实训基地开展培训，将实践性强的工种在实训基地进行，边教学边演示、边操作。组织农民到现代农业园区、农民专业合作社、农业龙头企业等场所参加生产活动，通过教师讲解、现场示范、实习操作，掌握关键环节的技术要领和操作规程。三是开展异地交流学习。结合培训专业，组织受训职业农民观摩发达地区的现代农业，实地学习先进的农业生产技术和经营管理。

（3）不同的培训对象确定不同的培训目标。合作社理事长、大学生村官等应培育成为引领现代农业发展的带头人，对他们侧重培训经济管理、法律政策等。专业大户、家庭农场主等侧重培训现代农业生产的专业知识、技术、农产品质量安全、农产品营销、有关法律法规知识、现代信息技术、创业知识等。

5. 创新培训模式

除政府在职业农民培训方面发挥主体作用外，还应调动社会力量，特别是农业专业合作社、农业企业、农业园区等农业经营组织与政府农民培训学校（如农广校）合作培训职业农民。这种模式的优点是可以发挥农业经营主体与政府农业培训学校的各自优势，为职业农

---

① 郭晓鸣、张克俊等：《城乡经济社会一体化新格局研究》，科学出版社 2013 年版，第 137 页。

民提供系统的理论和实践培训。农民培训学校有掌握相关理论的教师；农业经营组织有能力提供实践场所和条件，结合生产进行有针对性的培训，实现新型职业农民培训与农业生产经营有机融合，农业企业既可以为自己培训生产人员，也可以为社会培训农业专业人员，提高了培训效果。例如，陕西省汉滨区阳晨公司是一家以生猪养殖为主的龙头企业，汉滨区农广校依托该公司培训专业养殖户的生猪现代养殖技术，采取集中理论教学、猪场实习、回自己猪场生产实践的培训方式，教师全程跟踪指导，取得了较好的培训效果。

第三节　完善农业土地适度规模经营流转机制

在稳定农户家庭承包经营的基础上，适时推进农业土地流转实现适度规模经营是农业现代化的内在要求。

一　完善农业土地适度规模流转机制的意义

（一）有利于农业适度规模经营

在推行家庭承包经营责任制时，通常按照土地质量和集体人数平均分包土地。据1981年国务院农研中心农村观察点调查，样本农户户均承包耕地9.2亩，但分为8.5块，平均每块1.1亩。这种分散程度在局部地区更为突出。如四川绵阳市1989年对1000户农户调查，户均耕地5.1亩，户均地块7.4块，平均每块只有0.72亩。农户承包地过于细碎，对农业的发展产生不利的影响。一是多出更多地界、沟渠，浪费耕地。贵州省金沙县因土地划分零碎而浪费1.4万亩耕地，按每亩产粮250千克计算，每年少产粮食350万千克。二是不利于农业机械和新科技的应用。耕地零碎、分散，难以形成规模效应，给灌溉、病虫害防治、新技术推广和应用带来困难，难以进一步提高农业产出。三是农户缺乏自我积累和自我发展能力。四是小规模的承包农户容易造成农业生产兼业化。① 随着农村户籍人口的增加和耕地的减少，农民人均承包耕地面积还在不断减少，如果不流转，承包耕地将更加细碎化。

（二）有利于保障农民利益和农地流转顺利进行

2014 年，西部地区有农民工 7285 万人，其中外出农民工达 5353 万人。② 若每个外出农民工耕种 5 亩地，就需要流转耕地 2.67 亿亩，占西部耕地总量的 35.3%。随着城镇化的推进，还将有大量农村劳动力转移出去。还有长期在城镇就业或已落户的农民工，多数无力或不愿意再经营承包地，希望进行有偿流转。通过建立和完善农地流转机制，保障农民在农地流转中的合法利益，解除从事非农产业的农民在农地流转中的后顾之忧，有利于推进农地流转的顺利进行。

二 西部农业土地适度规模流转取得的成效

2015 年 11 月，中共中央办公厅国务院办公厅印发《深化农村改革综合性实施方案》提出农村土地制度改革的基本方向是：明确界定农民的集体成员权，明晰集体土地产权归属，落实集体所有权；将承包经营权落实到集体组织的具体农户，稳定农户承包权；放活土地经营权，允许承包农户将土地经营权依法自愿流转。③

（一）推进农地确权及相关市场制度建设取得一定成效

1. 不断推进农地确权

农地产权明晰是农地流转的前提。2013 年 1 月 31 日发布的《中共中央国务院关于加快发展现代农业　进一步增强农村发展活力的若干意见》要求"用 5 年时间基本完成农村土地承包经营权确权登记颁证"。各地也在积极推进这项工作，如陕西省渭南市 2015 年 10 月底完成录入耕地基础信息数据 82.4 万户，已向 33827 户农民颁发了土

---

① 陆世宏：《中国农业现代化道路的探索》，社会科学文献出版社 2006 年版，第 131—132 页。

② 国家统计局：《2014 年全国农民工监测调查报告》，国家统计局网站，http://www.stats.gov.cn/tjsj/zxfb/201504/t20150429_797821.html，2015 年 10 月 21 日。

③ 中共中央办公厅、国务院办公厅印发《深化农村改革综合性实施方案》，新华网，http://news.xinhuanet.com/politics/2015-11/02/c_1117016978.htm，2015 年 12 月 1 日。

地经营权证书。①

2. 不断完善农地流转交易制度

（1）明确交易对象。国家提出，现阶段通过市场流转交易的农村产权主要是农户承包土地经营权、集体林地经营权，不涉及农村集体土地所有权和依法以家庭承包方式承包的集体土地承包权。②

（2）初步建立规范的农地流转市场。一些县区建立农地流转服务中心，储备和发布流转信息，为流转双方提供固定的交易场所，集中办理流转手续，为其提供公平、公正、公开的交易环境。

（3）建立土地流转纠纷调解机制。针对交易中可能出现的问题，建立专门的机构，解决交易中出现的纠纷。

（4）引导流转方向。鼓励农地向农业龙头企业、专业合作社、家庭农场、种养大户等新型农业经营主体集中，实现土地集约化规模化经营。

陕西省高陵区在推进农地流转市场建设方面取得较大成就和值得借鉴的经验。该区 2012 年被农业部确定为全国 33 个农村土地承包经营权流转规范化管理和服务试点县，2013 年被农业部确定为全国 14 个土地流转重点地区之一。主要经验：一是建立规范的流转服务市场。县级成立农村土地流转服务中心，2011 年投资 700 万元建成农村产权交易大厅，为土地承包经营权流转提供评估、收储、交易等服务。二是完善交易流程和程序。制定了《高陵县农村土地承包经营权流转规定》《高陵县农村土地承包经营权流转规范化管理实施办法》《高陵县农村产权交易管理办法（试行）》等文件，引导和规范农村土地承包经营权流转。三是创新流转机制。开展农村土地承包经营权确权登记；制定《高陵县工商企业租赁农户承包地准入审查办法》，建立农村土地流转资格准入审查机制；建立土地流转风险保障金制

---

① 《渭南全市农村土地确权流转工作进展顺利 确权颁证 33827 户》，陕西省政府网站，http://www.shaanxi.gov.cn/0/1/9/42/204855.htm，2016 年 3 月 3 日。

② 《国务院办公厅关于引导农村产权流转交易市场健康发展的意见》，中央人民政府网站，http://www.gov.cn/zhengce/content/2015-01/22/content_9424.htm，2015 年 6 月 2 日。

度，降低农民土地承包经营权流转风险；创新流转价格指导和调整机制，明确农村土地承包经营权流转价格以市场价为指导，但不得低于当地土地前三年粮食平均净收益；完善农地流转纠纷调解机制，成立由县司法、国土、流转中心等相关部门参与的农地流转纠纷仲裁委员会，对农地流转过程中的纠纷进行有效调解和仲裁，维护当事人的合法权益。到 2015 年，全县累计流转农地 10.8 万亩，占可流转农地的60%，规范化流转率 90.8%，远高于全省及西部平均水平。①

（二）西部农业土地承包经营权适度规模化流转取得较大进展

1. 农地经营权流转加快

第一，农地经营权流转速度加快。根据陕西省统计，自 2010 年开始，农地流转面积进入快速增长期，平均每年增加 70 万亩以上，年均增速 18%。截至 2014 年年底，农地流转面积 753.8 万亩，占到全省家庭承包土地面积的 15.6%。②

第二，从流转方向看，农地加速从农户向农业新型经营主体集中。从全国看，2014 年流入农民专业合作社占 21.9%，比 2013 年上升 1.5 个百分点；流入农业企业的耕地面积 0.39 亿亩，占 9.6%，比2013 年上升 0.2 个百分点；流入其他主体占 10.1%，比 2013 年上升0.2 个百分点。③截至 2014 年年底，陕西省 39.6% 的流转农地流向各类新型经营主体。④

2. 不断创新流转模式

本书通过调研发现，一些地区的家庭农场、农业专业合作组织、涉农企业等新型农业经营主体已经成为农地流转中最积极、最主要的参与者和引导者，他们在实践中不断创新农地流转模式。

（1）村集体引领模式。主要做法是：由农村基层组织（村、组）牵头动员承包户流转农地给合作社等新型经营主体，全程监督其经

---

① 根据课题组在陕西省高陵区调研资料整理。该区在 2015 年 8 月 4 日经国务院批准，高陵"撤县设区"。

② 《我省近四成流转土地流向新型经营主体》，《陕西日报》2014 年 5 月 30 日第 2 版。

③ 《2014 年农村家庭承包耕地流转情况》，《农村经营管理》2015 年第 6 期。

④ 《我省近四成流转土地流向新型经营主体》，《陕西日报》2014 年 5 月 30 日第 2 版。

营；合作社统一规划建设农业园区，建成后优先分包给社员进行分户集约规范种植。陕西省阎良区关山镇康桥村两委动员农民流转农地3000亩，交由馥康甜瓜专业合作社统一规划建设，建成日光温室300亩，钢架大棚2700亩。合作社以同样价格出租给社员经营，同时协调安排非承租土地的流转土地农户进入园区打工或从事其他生产。承租社员获得"生产经营收入＋合作经营二次返还收入"；非承租土地农户获得"土地出租收入＋工资性收入"。①

这种农地流转模式的优点是：第一，村集体既是土地的所有者，也具有一定权威和组织协调能力。对于不愿流转的农户，可以采取换地或者其他方式来引导其参与流转，能够降低土地承包经营权流转的交易成本。第二，这种模式农地流转期限一般较长，并有规范的合同文本。这有利于促进流入方的资本、技术投入，包括对农地的基础设施投入；可以避免口头协议产生的纠纷。第三，村集体的权威身份可以在农地流转矛盾的化解过程中发挥重要作用，降低违约风险。

（2）中介组织主导模式。农地流转的中介组织主要有两类：一类是农业合作组织主导土地流转。如陕西省阎良区关山镇北冯村农民张小平以农业合作社为平台，流转土地483亩，组建科农农业科技示范园，建成日光温室82栋，春秋大棚9栋，标准钢架大棚5栋，甜瓜育苗基地48亩；带动周边农户发展甜瓜种植1400亩。② 另一类是村集体或地方政府机构成立农地信用合作社、土地信托中心等中介组织，地方政府通过地方财政投入或者补贴支持农地流转中介组织运行。③ 例如，陕西省杨凌区的"土地银行"模式，村民可以把不想耕作的土地"存"到土地银行，收取约定的"利息"，其他人也可以到土地银行"贷"地耕作，交纳租金。

这种模式的主要优点是：第一，中介组织介入之后，龙头企业的交易对象为中介组织，避免了和众多农户直接交易，减少交易次数，

---

① 本课题组实地调研资料。

② 同上。

③ 厉以宁主编：《中国道路与新城镇化》，商务印书馆2012年版，第9—12页。

降低了交易成本。第二，一般都有规范的书面合同，可以在一定程度上保障农地流入方和流出方所约定的权利和义务。第三，以农户家庭承包经营为制度基础，充分尊重农民的意愿和我国相关法律法规。

（3）家庭农场模式。主要做法是，承包户将土地经营权租赁给种养大户或经营能手，一般规模在 50—200 亩，实现适度规模经营，发展成为家庭农场。

家庭农场与承包户利益联结方式是，家庭农场通过适度规模经营获得较高的经营收入；土地流出的原承包农户不仅获得租金，还继续享受国家农业补贴，可以安心外出打工，但不参与经营利润分红。

（4）农业龙头企业规模经营模式。基本做法是：承包户直接将土地经营权流转给龙头企业，双方约定租赁期限和价格，签订租赁合同。龙头企业通过统一的土地整理，进行规模化、专业化、标准化农业生产，发展生产、加工、销售一条龙的农业产业链。

企业与农户利益联结方式是，农民按照与企业签订的合同收取土地租金，流出土地的农民可以优先进入企业务工获得报酬。例如，西安市阎良区丰宜果蔬现代农业产业园吸纳流转土地的农民在园区务工，农户不仅获取土地流转收入，每月还有 1500—4000 元的工资性收入。

（5）"龙头企业租赁 + 返租倒包"模式。[1] 主要做法是：龙头公司流转农民的承包土地，完善农田基础设施，建设成为现代农业园区，公司将园区划分为若干部分，除自身经营示范基地外，其余"返租倒包"给农户，农民成为独立的经营主体。公司对园区进行生产统一管理，实行统一的品种、技术、机械化作业、病虫防治、农资供应、收购、销售、加工。"返租倒包"的农户严格按照统一的生产管理要求进行生产。

公司与农户利益联结方式是，农户与公司签订土地流转合同，获得土地租金；流转土地的农户有"返租倒包"优先权，获得经营收入，分享经营利润；其他农户可进入园区务工，获得务工收入。

---

[1] 厉以宁主编：《中国道路与新城镇化》，商务印书馆 2012 年版，第 207—211 页。

（6）土地股份合作社模式。主要做法参见第五章第二节"农业共营制"现代农业模式有关内容。

土地股份合作社与农户利益联结方式是，流转土地的农民有保底收入，无论经营盈亏，社员（股东）获得基本的土地流转收入；合作社优先吸纳入股农民务工，可以获得劳务收入。合作社经营利润在提取一定比例的公积金、公益金后，按股分红，合作社和社员的利益有机连接在一起。

三 西部农业土地适度规模流转存在的问题及分析

西部经济社会发展、城镇化水平相对滞后，农业土地经营权流转中存在较多问题和困难。

（一）农业土地承包经营权规模化流转总体相对滞后

从全国看，截至 2014 年年底，全国家庭承包耕地流转面积达4.03 亿亩，占总承包地的 30.4%；流转出承包耕地的农户 5833 万户，占家庭承包农户数的 25.3%。东部发达地区家庭承包经营耕地流转比例更高，上海 71.5%、江苏 58.4%、北京 52.0%、浙江48.0%。[①] 而西部家庭承包耕地流转比重最高的省份是重庆市只有39.7%，陕西省农地流转面积只占全省家庭承包土地总面积的15.6%。[②] 在土地流转中还存在"三多三少"现象，即亲戚朋友之间流转的多，新型经营主体流转的少；单块零散流转的多，成片流转的少；本村成员之间流转的多，向外村流转的少。[③]

主要原因有：一是西部城镇化相对滞后，农民转移缓慢，农民自己耕种承包地。二是农民工城镇就业不稳定和农民社会保障不足，农民不愿意流转承包地。对于西部大多数外出农民工而言，回乡务农可能是最后的保障。三是承包地细碎化，交易费用过高影响流转。四是国家强农政策提升了土地价值。近年来，中央出台了免除农业税、实行农业补贴等一系列强农惠农政策，农民种地不仅不用交税，还能得

① 《2014 年农村家庭承包耕地流转情况》，《农村经营管理》2015 年第 6 期。
② 《我省近四成流转土地流向新型经营主体》，《陕西日报》2014 年 5 月 30 日第 2 版。
③ 《我省土地流转面临新问题需关注》，《陕西日报》2014 年 10 月 20 日第 2 版。

到国家补贴。这些政策直接或间接增加了土地收益，降低了农民流转土地的意愿。五是农业生产社会化降低了农业生产强度。目前，以家庭为单位的自给性农业生产正在转变为分工细化的社会化农业生产，特别是大田农业从种植到收获的各个环节均可获得社会化服务，农业生产过程日益变得简单和高效。除日常管护需要打理外，农业生产其余的事情基本可以由社会服务解决。[①] 这使种地成为农村留守老人或子女最好的就业途径。[②] 六是西部平原川道地区地势平坦、土地肥沃、交通便利，往往处于城镇扩张地区，农民宁可土地撂荒待价而沽，或只愿意短期流转；而山区土地分散零碎，难以连片经营，这些影响了土地流转。

（二）农业土地流转机制不健全

多数农村还没有形成较为完善的土地经营权流转市场和相应的制度。表现在：第一，农地流转法规不健全。迄今为止，我国还没有制定关于农村农地流转的专门法律法规。第二，农地流转市场建设滞后。目前，西部只有部分县区形成政府主导的流转市场，尤其是缺乏市场中介服务组织，造成农地流转市场信息不对称，产生较高的搜寻、协议等交易成本。第三，流转服务体系欠缺。目前，西部多数地方还没有建立完善的农地流转服务机构。第四，存在集体包办代替问题。有的村级组织甚至乡镇由于急于推进规模经营，以村组名义直接与外来企业签订农地流转合同。第五，土地所有权主体模糊。我国农村土地所有权主体是集体，在《宪法》和《土地管理法》中集体被界定为乡（镇）农民集体、村农民集体和村民小组三级和三种形式。《土地管理法》规定："集体所有的土地依照法律属于村民集体所有。"但在《民法通则》中集体被界定为乡（镇）、村两级。使可能存在村民小组、村委会、乡镇代行土地集体所有权的不同权利主体共存的现象，导致一些农村出现了集体土地利用中的代行所有权的主体冲突。农地流转的权、责、利不是很明确，容易出现纠纷，但又难以

---

① 厉以宁主编：《中国道路与新城镇化》，商务印书馆 2012 年版，第 211—217 页。
② 樊平等：《农地政策与农民权益》，社会科学文献出版社 2012 年版，第 262 页。

调解和处理。

农地流转机制不健全存在损害农民利益现象，影响了农民对农地流转的积极性。一是农民流转农地有后顾之忧，农民害怕一旦流转出去后会永远失去土地。二是流转价格不合理。有的农地流转租金偏低，有的流转租金一定几十年不变，没有形成与物价水平挂钩的租金增长机制。三是农民流转收益无保障。一些农业企业或承包大户经营不下去就一走了之，农民不仅拿不到租金，收回来的土地还需要再改造。四是农地流转后可能改变用途损伤土地。一些农业企业擅自改变流转土地的用途，在农田上建造房屋、厂房等建筑物，对耕地造成破坏。

（三）个别地区农地流转后过于集中

一些地方特别是土地条件较好的平原地区存在土地流转过于集中情况，有些农业大户、企业流转上千甚至几千亩耕地，而更多农民无地耕种。

农地流转规模过大可能产生的社会问题有：第一，土地利益集中在少数流转大户。如粮食价格的连年提高以及政府对种粮大户的补贴，导致种粮大户与打工农民之间形成了明显的收入差距，这刺激了农户对种地的需求。如果单个经营主体土地流转规模过大，容易引起与农户的矛盾。第二，土地流转规模过大、流转价格过高带来经营压力，加大农业经营风险，致使农地流转后出现"非粮化"，甚至"非农化"，流转土地用于乡村旅游、乡村酒店和工厂建设等。

四　完善西部农业土地适度规模流转机制的对策

构建农业土地经营权适度规模流转机制的基本思路是，明晰农地产权，明确农民对农地的主体地位；建立健全土地流转市场，规范农地经营权市场交易；充分发挥政府宏观调控作用，完善土地流转管理和服务。

（一）加快土地确权，确保农民的主体地位

首先，加快完成土地集体所有权和农户承包经营权确权登记颁证工作。

其次，明晰农地产权结构。党的十八届三中全会《决定》和《深化农村改革综合性实施方案》实际上是把"农地承包经营权"分解成了两个权利：农地承包权和农地经营权，从而形成农地所有权、承包权和经营权的新型农地产权结构，这是土地流转的基础。在家庭承包制下，土地流转的客体是土地经营权，在承包期内，无论土地经营权如何流转，土地承包权都属于承包户。

（二）建立健全农地流转市场体系，确保交易各方的合法利益

土地承包经营权的流转是在市场机制作用下进行的，这需要有一个统一、规范、有序的土地流转市场，保障交易各方的合法利益。

1. 建立健全农地流转交易市场和管理机构

政府加强土地经营权流转管理和服务，推动流转交易公开、公正、规范运行。①

第一，在县、乡（镇）两级建立农地流转服务中心，村级设立农地流转服务点，形成县、乡（镇）两级交易平台统一管理的农地经营权流转市场体系，为农地流转交易提供场所、发布信息、组织交易、办理交接登记等服务；提供信息咨询、培训辅导、委托管理等相关配套服务。

第二，市场交易实行公开、公平的竞争，使农地得到最优配置，保障农地流转行为规范化。

第三，完善农地流转纠纷调解仲裁机制。县级成立土地承包经营权流转仲裁委员会，乡镇成立土地承包经营权流转纠纷调解委员会，村级成立土地承包经营权流转纠纷调解小组，确保纠纷得到及时解决。②

2. 培育农地流转中介服务机构，降低交易成本

农地流转中介是重要的市场主体。规范的农地流转是一项比较复杂的交易过程，涉及估价、谈判、签约、登记以及违约处理等重要环节，一般农户很难独立完成，必须大力发展为流转双方提供信息沟

---

① 《中央农村工作会议在北京举行》，《经济日报》2013 年 12 月 25 日第 3 版。
② 厉以宁主编：《中国道路与新城镇化》，商务印书馆 2012 年版，第 218—224 页。

通、法规咨询、价格评估、合同签订、纠纷调处等服务的社会中介组织。① 除发展农村土地经纪人、经纪公司、土地银行等社会化的中介机构外，还可依托乡镇经管站提供信息服务，促进农地流转高效、公开、公正地进行。

3. 合理确定土地承包经营权流转价格，保障农民合法利益

第一，合理确定土地承包经营权流转价格。承包经营权交易价格是影响土地流转的重要因素，合理确定流转价格既保障农民的利益，也能使流转顺利进行。培育熟悉农村实际情况又懂得资产评估的专业人员，提供价格评估服务，由转出方、转入方最终协商确定。同时农地流转租金尽量不要一次定死，每年或三年、五年调整一次。

第二，针对农地流转主体日益多元化、跨区域流转，探索建立农地流转风险保障金制度，保障农民利益。可以由政府、农地流转受让方等出资建立风险保障基金，当流转受让方无力按时、足额支付流转费时，由保障金先行支付农地租金。

（三）加强监管，保障流转农地的农业用途和适度规模经营

1. 政府完善相应的法规和制度

第一，健全相关法律法规。在坚持农村土地集体所有的前提下，以法律形式明确农民的土地承包经营权。在此基础上，健全农地经营权流转市场的法律法规，为农地经营权流转提供法律依据，保障农民土地承包经营权流转的合法权益。

第二，规范承包经营权流转程序。县级农地流转服务管理机构要向农民提供规范的农地流转合同文本，建立完整的农地档案。承包经营权流转签订规范的流转合同，由村委会备案，农地流转交易市场登记。

2. 加强市场交易和土地用途监管

加强承包经营权流转市场监管。重点对流转合同的合法性和履行情况进行监督，规范市场操作。建立承包经营权流转市场竞争机制，

---

① 郭晓鸣、张克俊等：《城乡经济社会一体化新格局研究》，科学出版社 2013 年版，第 174 页。

使农地流转到"善于种植庄稼的能人"手中。

建立严格的市场准入制度和土地用途管制制度，防止以流转农地为名改变农地的农业用途。[①] 一是鼓励、支持优先向集体组织内有一定文化、专业技术、资本的农业生产能人特别是种粮能手流转，发展家庭农场。二是对工商企业流转农户承包土地要建立严格的制度。[②]（具体内容参见第七章第二节"构建西部农业经济要素集聚机制的思路与对策"）

3. 鼓励农地流转后规模化种粮，保障粮食安全

政府提供补助引导农地适度规模化流转和鼓励种植优质粮食。目前单靠农民自发的农地交易难以实现农地规模化，应实行带有激励性的措施和政策引导农地规模化流转。[③] 如运用奖励、补贴等手段，鼓励进城农民转让农地；领取养老保险金的农村老人退出农地经营的，给予较高的养老金补贴；流入农地符合本地适度规模要求并且种粮的经营主体给予粮食、良种、农资、农机等补贴倾斜；提供金融信贷方面的优惠措施等。对自由流转、分散流转、流转后不种粮的土地流转财政不予补贴。

（四）推进西部农地适度规模经营需要注意的问题

第一，坚持农民主体地位，尊重农民意愿。农地流转采用什么经营方式，要由农民自愿、自主决策。

第二，确定农地流转的适度规模，防止农村土地过度集中于少数人手中。西部发展农业规模经营要与西部农业劳动力转移规模、农业科技进步水平、农业社会化服务水平相适应。[④] 在一定经济发展水平、物质装备和生产技术条件下，能保证农户各项生产指标和经济收入达到或适度高于当地平均水平时所需的土地数量，土地流转规模不能过

---

① 厉以宁主编：《中国道路与新城镇化》，商务印书馆 2012 年版，第 218—224 页。
② 《习近平主持召开中央全面深化改革领导小组第五次会议》，《经济日报》2014 年 9 月 30 日第 1 版。
③ 黄延廷：《农地规模化经营研究》，中国书籍出版社 2013 年版，第 23 页。
④ 《习近平主持召开中央全面深化改革领导小组第五次会议》，《经济日报》2014 年 9 月 30 日第 1 版。

大，否则，会造成社会不公，引发农村社会矛盾。课题组 2013 年在关中平原的阎良区做过适度粮食规模种植调研，该地土地肥沃，是关中典型粮食生产区，一年可以种植两季粮食，一季小麦、一季玉米。正常情况下，一亩小麦的生产和收入是：收获 900 斤小麦，收入 1000元；成本是 410 元（其中机耕费 50 元、化肥 100 元、种子 50 元、水费 100 元、农药 50 元、机收费 60 元），纯收入 590 元（不含农民本人人工成本）。一亩玉米的生产和收入是：收获 1100 斤玉米，收入1000 元；成本 520 元（其中机耕费 30 元、化肥 160 元、种子 40 元、水费 150 元、农药 50 元、机收费 90 元），纯收入 480 元（不含农民本人人工成本）。种植一亩一年两季的粮食总的纯收入为 1070 元，一个家庭种 50 亩耕地可达到或略超过当地农民平均收入。若考虑土地流转费用（当地种粮食土地流转费 400 元/亩），则需要耕种 100 亩左右耕地，也就是当地专业种植粮食的家庭农场的耕地适度规模是 100亩左右。

第三，在今后相当长时期内，小规模农户仍占大多数，应立足这个实际推进西部农业适度规模经营。农业适度规模经营可以采取多种方式，不能单纯理解成只是土地经营规模的扩张。既可以通过土地股份合作、土地托管等方式，实现土地规模化经营；也可以通过龙头企业与农民或合作社签订订单，按照统一标准进行生产，实现标准化生产；也可以通过发展农机大户、农机合作社、流通合作社等形式的农业社会化服务，统一对农户提供种子化肥、农机作业、生产管理、产品销售等服务，实现农业专业化生产。

第九章　西部主要省份城镇化和农业现代化相互协调发展研究

本章运用前面的理论和实践经验，具体分析研究西部主要省份城镇化和农业现代化协调发展的现状、存在的问题，提出有针对性的对策。

第一节　陕西省城镇化和农业现代化相互协调发展研究

陕西省位于我国内陆腹地，大地原点就在陕西省泾阳县永乐镇，连接我国东、中部地区和西北、西南地区。全省总面积为 20.58 万平方千米，从北到南可以分为陕北高原、关中平原、秦巴山地三个地貌区，降水南多北少，陕南为湿润区，关中为半湿润区，陕北为半干旱区。2014 年年末，全省常住人口 3775.12 万人，其中，城镇人口 1984.58 万人，城镇化率 52.57%。全省设 10 个省辖市和杨凌农业高新技术产业示范区、3 个县级市、80 个县和 24 个市辖区、1142 个建制镇、74 个乡，全年生产总值为 17689.94 亿元，比上年增长 9.7%，人均生产总值 46929 元，比上年增长 9.4%，第一、第二、第三产业结构是 8.8：54.8：36.4。①

---

① 《省情概况》，陕西省地情网，http：//www.sxsdq.cn/sqgk/zhjs/，2015 年 9 月 3 日。

一 陕西省城镇化和农业现代化都处在关键发展时期

（一）陕西省城镇化进入关键阶段

1978 年，陕西省城镇化率只有 16.33%，1990 年以后，陕西省城镇化进入加速发展期，城镇化率从 21.49% 提高到 2014 年的 52.57%（见表 9 - 3），每年提高 1.3 个百分点。特别是进入 21 世纪，城镇化呈加快发展态势。2000—2014 年城镇化率年均提高 1.45 个百分点，比 1978—2000 年的平均速度提高了 104%。根据城镇化的经验规律，陕西省目前正处在城镇化加速发展时期。

（二）改革开放以来，陕西农业现代化水平有较大提高，基本保障了城镇化的需要

农业生产的现代化水平和农产品的生产效率不断提高。从表 9 - 1 可以看出，1978—2013 年，陕西省农业现代化水平有较大提升，单位耕地的农业机械总动力提高了 7.1 倍、化肥施用量提高了 12.58 倍、农业产值提高了 62.4 倍。另外，城镇化有利于农业的规模化经营。特别是 2005 年是陕西省农业规模化经营的拐点，从这年开始，尽管耕地总面积继续呈减少趋势，但随着城镇化水平的提高，农业从业人员人均耕地面积逐步提高。同时由于农业生产新技术、新装备、新品种的不断应用，陕西省主要农产品的单位面积产量不断提高（见表 9 - 2），2013 年比 1978 年主要农产品中的粮食、油料、棉花单产分别提高了 1.19 倍、3.57 倍和 2.75 倍，都翻了一番以上。

表 9 - 1　　改革开放以来陕西省农业现代化水平发展状况

年份	1978	2000	2005	2010	2013
农业从业者人均耕地面积（公顷）	0.49	0.31	0.29	0.33	0.36
每公顷耕地农业机械总动力（千瓦）	1.01	3.36	5.04	6.60	8.10
每公顷耕地化肥施用量（千克）	62	421	527	688	842
每公顷耕地生产的农业产值（元）	941	14929	26205	58243	59728

资料来源：根据《陕西统计年鉴》（2012、2014）整理、计算。

表 9 – 2   改革开放以来陕西省主要农产品单位面积产量

单位：千克/公顷

年份	粮食	蔬菜	油料	棉花
1978	1785		435	420
1990	2595	24450	1245	450
2000	2850	24334	1290	989
2010	3687	31172	1861	1361
2013	3915	33255	1992	1577

资料来源：根据《陕西统计年鉴（2014）》整理。

主要农产品的生产基本保障城镇化的需要。尽管全省总人口和城镇人口不断提高，但主要农产品的人均拥有量稳步提升，人均拥有粮食基本稳定在 300 千克以上，特别是蔬菜、水果生产能力大幅度提高，人均拥有蔬菜量从 1990 年的 112.8 千克提高到 2014 年的 456.8 千克，提高了 307%（见表 9 – 3）。

表 9 – 3   改革开放以来陕西省城镇化与主要农产品拥有量

年份	城镇化水平		粮食生产		人均拥有粮食（千克）	人均拥有蔬菜（千克）
	城镇人口（万人）	城镇化率（%）	粮食面积（千公顷）	粮食产量（万吨）		
1978	454	16.33	4488.00	800.00	289.3	
1990	706.77	21.49	4134.67	1070.70	328.7	112.8
2000	1162.88	32.26	3821.59	1089.10	299.9	153.3
2010	1705.86	45.70	3159.70	1164.90	312.2	371.0
2014	1984.58	52.57	3076.53	1197.80	317.2	456.8

注：2014 年为当年统计公报数据。其中，1990 年、2000 年、2010 年人口为当年人口普查数。

资料来源：根据《陕西统计年鉴（2012）》整理、计算。

果业中苹果、猕猴桃最具优势，苹果面积、产量、品质稳居全国首位，产量占全国的 1/3 和世界的 1/8，猕猴桃面积、产量位居世界第一。农产品生产大县起到重要作用，2013 年，陕西省 32 个粮食生产大县粮食播种面积占全省总量的 48.7%，产量占总量的 56.6%；7个商品棉基地县棉花播种面积占全省总量的 61.4%，产量占 67.2%；30 个苹果基地县苹果面积占全省总量的 83.9%，产量占 97.2%。

（三）农业现代化进入成长阶段

改革开放以来，陕西省农业现代化建设取得了很大成就。根据 2011 年主要指标综合判断，陕西省农业现代化处在成长阶段（参见第三章第二节表 3－12）。

二　陕西省城镇化和农业现代化相互协调发展面临的问题

总体上看，陕西省农业现代化滞后于城镇化，随着城镇化的快速推进，城镇居民的农产品消费数量提高和结构的变化，在资源与环境约束加剧、农业生产要素流失的条件下，需要不断提升农业现代化水平。

（一）农业资源环境约束增强

资源与环境约束加剧。首先，人口总数持续增加，耕地面积刚性减少。1980—2014 年，陕西省农作物总播种面积减少了 16.0%，即 809.9 千公顷，同期人口增加了 33.3%，即 944 万人（见表 9－4），全省人均耕地只有 1.14 亩。陕西省水资源十分紧缺，且时空分布不均，陕南地区集中全省 70% 的水资源，但耕地只占 18.7%[①]，全省人均、亩均水资源占有量仅相当于全国平均水平一半左右。有效灌溉面积甚至呈减少的趋势，抗御自然灾害能力降低。其次，农药和化肥的过量使用对环境造成较大压力。2014 年化肥施用总量是 1980 年的 8.1 倍。

表 9－4　　改革开放以来陕西省耕地及人口变化、环境约束情况

年份	1980	1990	2010	2014
农作物总播种面积（千公顷）	5072.0	4860.0	4185.6	4262.1
耕地有效灌溉面积（千公顷）	1248	1263.1	1284.8	1226.49
全省总人口（万人）	2831	3316	3735	3775
农用化肥施用量（折纯量）（万吨）	29.60	67.90	196.8	241.73

资料来源：国家统计局，国家数据，http://data.stats.gov.cn/easyquery.htm。

---

① 根据《陕西统计年鉴（2015）》计算。

　　农业生产要素流失。在城镇化过程中，农业劳动力、资金、土地等要素向非农产业流动，农业劳动力季节性、结构性短缺问题日益严重，从事农业生产的劳动力素质下降趋势明显，农业副业化、兼业化问题突出。

　　（二）农业现代化与全国相比有一定差距

　　农业产业结构和就业结构偏离度高。改革开放初期，陕西第一产业的产业结构和就业结构的偏离度低于全国平均水平，随后陕西的这一数值与全国平均水平不断拉大，2014年达到8.3，反映出陕西省农业现代化滞后于全国平均水平，差距有拉大的趋势（见表9-5）。

表9-5　　陕西省第一产业结构和就业结构偏离度与全国的比较

年份		1978	1990	2000	2014
第一产业就业比例（%）	陕西	71.1	64.1	55.7	37.8
	全国	70.5	60.1	50.0	29.5
第一产业占GDP比重（%）	陕西	30.5	26.1	14.3	8.8
	全国	28.2	27.1	15.1	9.2
第一产业就业结构和产业结构偏离度	陕西	40.6	38.0	41.4	28.6
	全国	42.3	33.0	34.9	20.3
	差距	-1.7	5.0	6.5	8.3

资料来源：《中国统计年鉴》（2012、2015）、《陕西统计年鉴》（2012、2015）。

　　农业生产效率不高。2013年陕西省和全国人均主要农产品产量相比，陕西除牛奶超过全国平均水平外，其他均低于全国平均水平，粮食、棉花、油料、猪牛羊肉分别只有全国的72.9%、32.6%、61.0%、56.3%（见表9-6）。陕西省谷物单产低于全国平均水平27.3个百分点（见表9-7）。从陕西省粮食流通看，近年来，陕西省粮食自给率仅为80%左右，产需缺口和对外依存度有逐年增大的态势，小麦30%、大米50%、食用油70%需要从省外采购或通过国际市场进口①，实现粮食供需平衡的困难和压力不断增大。

---

　　① 《陕西省粮食流通"十二五"发展规划》，陕西省政府网站，http://www.shaanxi.gov.cn/0/1/65/364/857/1239/249.htm，2015年3月9日。

表 9 - 6　　　　2013 年全国和陕西省人均主要农产品产量比较　　单位：千克

地区	粮食	棉花	油料	猪牛羊肉	水产品	牛奶
全国	443	4.6	25.9	48.6	45.5	26.1
陕西省	323	1.5	15.8	27.4	3.3	37.5
陕西省占全国的比例	72.9%	32.6%	61.0%	56.3%	7.2%	143%

资料来源：《中国统计年鉴（2014）》。

表 9 - 7　　　2013 年全国和陕西省主要农产品单位面积产量比较

单位：千克/公顷

地区	谷物	棉花	花生	油菜籽	芝麻	甘蔗	烤烟
全国	5894	1449	3663	1920	1490	70576	2062
陕西省	4286	1577	2946	1940	1658	31800	2332
陕西省占全国的比例	72.7%	108.8%	80.4%	101%	111%	45.0%	113%

资料来源：《中国统计年鉴（2014）》。

农产品商品化程度低。2011 年，陕西省除水果、牛羊奶有较大优势外，其他主要农产品的商品化程度与全国平均水平相比有较大差距（见表 9 - 8）。

表 9 - 8　　　　2011 年全国和陕西省农村居民家庭平均

每人出售主要农产品和畜产品　　单位：千克

地区	粮食	棉花	油料	烟叶	蔬菜	水果	猪羊牛肉	家禽蛋类	牛羊奶
全国	481.45	19.91	16.88	4.52	174.52	60.82	36.15	17.47	10.42
陕西省	257.20	1.23	2.35	2.37	76.72	240.83	20.1	17.32	13.33
陕西省占全国的比例	53.4%	6.1%	13.9%	52.4%	43.9%	395.9%	55.6%	99.1%	128%

资料来源：《中国统计年鉴（2012）》。

（三）陕西省农业现代化滞后于城镇化

详细内容参见第四章第一节具体内容。

（四）城镇化带来农产品消费总量提高和结构变化

随着人口总量增加、城镇人口比重上升、居民消费水平提高、农产品工业用途拓展，陕西省农产品需求将持续刚性增长，质量要求进一步提高。从表9－9可以看到，城镇和农村居民农产品消费的数量差别非常大，城镇居民的口粮消费确实比农村居民低，但其他农产品的消费明显高于农民，其中蔬菜高出111%、食用植物油高出28%、水果类高出505%、肉类高出98%、禽蛋高出175%、奶和奶制品高出305%。如果农业没有更高的产出，城镇化很难持续推进。

表9－9 2011年陕西省农村居民和城镇居民
主要农产品实物消费量比较 单位：千克/人

	粮食	油脂类	蔬菜及菜制品	水果及水果制品	肉禽及其制品	蛋类及蛋制品	奶和奶制品
城镇	43.72	9.26	111.22	63.55	18.68	9.64	23.09
农村	153.4	7.2	52.7	10.5	9.4	3.5	5.7
城镇比农村高（%）	—	28	111	505	98	175	305

资料来源：根据《陕西统计年鉴（2012）》整理计算。其中，城镇居民粮食实物消费只统计大米和面粉消费量。

三 推进陕西省城镇化和农业现代化相互协调发展的对策

基本思路是，不断推进以人为核心的新型城镇化，以城镇市场需求为引导，"城镇反哺农业"，将陕西农业打造成以优势资源为基础，以小城镇为依托、大中城市为引领，构建产前、产中、产后完整产业链的现代农业，为陕西省城镇化提供物质支撑。

（一）不断推进以人为核心的新型城镇化

陕西省城镇化水平低于全国平均水平，应适当加快城镇化速度。同时，着力推进以人为核心的城镇化，有序推进农业转移人口市民化。推进城镇基本公共服务常住人口全覆盖，把进城落户农民完全纳入城镇住房和社会保障体系，在农村参加的养老保险和医疗保险规范接入城镇社保体系。到 2020 年，城镇化率达到 62% ，户籍登记城镇化率达到 52% 。[①]

（二）以城镇市场需求为引导，发挥农业资源优势，推进农业现代化

1. 发挥各地农业的资源优势，优化农业生产布局

优化农业生产布局，完善现代农业产业体系。陕西省属于东部湿润区向西部干旱区过渡地带，南北跨度大，气候上具有南北兼有、东西过渡的特点，各地农业资源禀赋差异较大。要基于不同的资源禀赋条件和农业区域专业化生产，发挥区域比较优势，优化农业生产力空间布局，形成优势突出和特色鲜明的产业带和集聚区。具体思路是：以关中平原、汉中盆地、陕北长城沿线地区为重点区域选择农业综合开发重点县，集中全省主要的土地治理资金，连续投入，规模开发，通过实行水田林路综合治理，把中低产田建设成为旱涝保收、高产稳产、节水高效的标准化农田，打造粮食生产核心区；在渭北的苹果、陕北的红枣、秦岭北麓的猕猴桃、陕南的杂果等水果适生区打造特色果品集中区；在大中城市周围布局蔬菜生产集中区、都市农业等，积极发展农业创意产业、都市休闲农业、体验农业。

2. 推进农业经营机制创新战略，加快转变农业经营方式

着力培育新型农业经营主体。第一，培养新型职业农民，提高农民农业生产的技能和水平，为现代农业发展奠定人力基础。第二，加快发展家庭农场、农民专业合作组织等新型农业经营主体，奠定农业现代化的微观基础。充分利用目前城镇化快速提高的机遇，完善土地承包经营权流转管理和服务，引导土地承包经营权向新型农业经营主体流转，发展农业适度规模经营，提高农民的劳动生产率。第三，大力扶植现代农业的龙头企业。形成"专业合作组织＋农户""企业＋专业合作组织＋农户"等模式，完善龙头企业与农户的利益联结机制。第四，培育多元化、多层次的农产品市场流通主体。重点建设苹

---

① 《陕西省新型城镇化规划（2014—2020 年）》，陕西省发改委网站，http：//www. sndrc. gov. cn/newstyle/pub_ newsshow. asp？id＝1010372&chid＝100055，2015 年 3 月 18 日。

果、猕猴桃、大枣等具有生产优势的区域性农产品产地批发市场，支持产地批发市场储藏保鲜、农产品深加工、物流配送能力建设，大力发展农产品现代流通方式和新型流通业态。

依托城镇，拉长农业产业链，让农民获得农产品加工升值收益。充分利用主产区的原料和劳动力等优势资源，发展农产品加工业和流通业。促进农产品企业向园区集中，园区建设与城镇特别是小城镇建设相结合，打造生产种植、设计、包装、加工、仓储、运输、销售、研发等产业链条完整的农业产业链，从而不断提高农业生产力水平，让农民更多地分享农产品增值收益。

依托城镇拓展现代农业多种功能。一是大力发展高产、优质、高效和高就业的农业；二是大力发展休闲观光农业，满足城镇居民的休闲观光需要；三是大力发展生态环保农业，通过发展循环经济解决养殖业中的家畜粪便污染，通过发展绿色农业向全社会提供安全放心的农产品。同时，通过保留足够大的农田面积涵养水源、调节气候、净化空气、蓄洪调洪。

3. 推进提高农业技术装备水平战略，加快变革农业生产方式

提高农业技术装备水平。完善农业机械购置补贴政策，进一步健全补贴制度，引导农民购买大马力、高性能、复式作业机械，提高机具配套比，特别是加大抗旱节水机械设备推广应用力度，优化农业装备结构。提高鲜活农产品贮藏装备保障水平。提升农机社会化服务能力，实现农民、农机所有者和政府的多赢。

着力开发关键性农业技术。针对陕西省农业现代化面临的问题，大力开发耕地保护与节约利用、农业节水灌溉、动植物重大病虫害防控、旱作农业等关键性农业技术，提升农业技术水平。如陕北白于山区干旱少雨，前几年政府推广铺窄幅地膜种玉米技术，单产由 200 多千克增长至 500 千克。近年来，政府大面积示范"全膜双垄沟播"玉米技术，抗旱增产效果显著，把亩产提高至 800 千克，使整个区域的玉米单产实现 2—4 倍的增长。[①]

---

① 李佑民：《白于山区农民圆梦科学种田》，《农民日报》2013 年 5 月 15 日第 2 版。

加强农田水利和高标准农田建设。加强小型农田水利基础设施建设，保证小型农田水利工程的正常运行。陕西省中低产田比例大，建设高标准农田对农业现代化具有战略意义，对现有的涉及中低产田改造的项目和资金进行全面清理，加强协调，尽可能配套使用各类专项资金，提高资金利用效率。

第二节　四川省城镇化和农业现代化相互协调发展研究

四川省是西部地区经济和人口的主要聚集区，是西部大省份，处于长江经济带和丝绸之路经济带的交汇区域，其城镇化和农业现代化相互协调发展对西部地区发展具有重要意义。

一　四川省城镇化和农业现代化相互协调发展条件分析

（一）自然条件分析

1. 地域面积大，地理条件复杂

四川省土地面积48.6万平方千米，仅次于新疆、西藏、内蒙古和青海，居全国第五位。地形地貌复杂，地形主要分为四川盆地、川西北高原和川西南山地三大部分，以山地为主，山地、丘陵、平原和高原4种地貌类型分别占全省总面积的77.1%、12.9%、5.3%和4.7%。四川盆地是地理条件最好的区域，既是该省经济社会、城镇化发展最好的区域，也是西部最好的区域之一。

2. 农业资源丰富

水资源丰富，居全国前列。四川省水资源总量约为3489.7亿立方米，人均水资源量高于全国平均水平，但时空分布不均，形成区域性缺水和季节性缺水。四川省生物资源丰富，有许多珍稀、古老的动植物种类，是全国乃至世界珍贵的生物基因库之一。植物种类占全国30%以上，是全国植物资源最丰富省份之一。[1]

---

[1]　四川省人民政府：《四川省主体功能区规划》（2013）。

3. 耕地资源相对不足，质量不高

尽管四川省土地面积大，但人口多、密度大，2013 年人口密度为 167 人/平方千米，高于全国平均水平，特别是四川盆地人口密集。四川省耕地面积 599.63 万公顷，只占全省土地总面积的 12.39%[①]，由于适宜耕种的土地少，人均耕地只有 0.98 亩，人多地少的矛盾十分突出。农业生产条件不高，2013 年，耕地有效灌溉面积为 261.65 万公顷，只占耕地总面积的 43.6%，而全国是 52.1%。

（二）经济社会发展和政策优势分析

1. 人口众多，但属于人口净流出省份

2013 年年末，全省户籍人口为 9132 万，但常住人口只有 8107 万人，净流出 1025 万人[②]，净流出人口占总人口的 11.2%。农业资源相对农业劳动力短缺，农业剩余劳动力较多，但经济发展水平较低、本省城镇吸纳就业的能力不强使四川农业剩余劳动力向省外输出数量较大，反映出该省发展经济的任务艰巨。

2. 经济和城镇化、农业现代化发展速度快

四川省有辉煌的发展历史，是我国经济开发最早的地区之一，成都平原是长江上游文化的起源中心，战国时期修建的都江堰水利工程极大地促进了成都平原的农业发展，被誉为"天府之国"。该省是计划经济时期特别是"三线建设"时期国防工业的重点投资区域，形成国有经济和重工业为主导的产业结构。2014 年，四川省非公有制经济占经济总量的 60.3%，规模以上轻重工业的比例为 33.7∶66.3。[③] 优先发展重工业导致四川省的农业资源、劳动力的比较优势不能充分发挥，不利于数量众多的农业剩余劳动力迅速转移和城镇化的快速推进。

---

① 四川省地方志编撰委员会：《四川统计年鉴（2014）》，中国统计出版社 2014 年版，第 28 页。

② 中国省市经济发展年鉴编委会：《2014 年中国省市经济发展年鉴》（下册），中国财政经济出版社 2015 年版。

③ 《2014 年四川省国民经济和社会发展统计公报》，四川省统计局网站，http://www.sc.stats.gov.cn/sjfb/tjgb/201503/t20150309_ 179780.html，2016 年 3 月 1 日。

进入 21 世纪，四川省经济发展很快。2000 年四川省和全国的
GDP 分别为 3928.2 亿元、99776.3 亿元；到 2014 年，四川省和全国
的 GDP 分别增长到 28536.6 亿元、635910.0 亿元[①]，分别增长了 6.2
倍、5.37 倍，人均 GDP 分别为 35128 元、46629 元。四川省的经济增
速超过全国水平，人均 GDP 超过 5000 美元，但人均经济总量只有全国
平均水平的 75%，处于中等收入的关键时期。

四川省城镇化快速推进。2014 年，城镇化率为 46.3%，比 2000 年
提高了 19.61 个百分点，年均提高 1.4 个百分点，处在城镇化的快速发
展时期，速度超过全国平均水平。2000 年，四川省的城镇化水平低于
全国平均水平 9.53 个百分点；到 2014 年，与全国的差距缩小到 8.5 个
百分点（见表 9-10）。2013 年年底，四川省共有 32 个城市，其中副省
级城市 1 个，地级市 17 个，县级市 14 个，建制镇 1853 个，初步形成
成都平原、川南、川东北和攀西 4 个区域城市群。[②]

表 9-10　　　　　　　2000 年以来四川省城镇化率　　　　　　单位：%

	2000 年	2010 年	2014 年	2014 年比 2000 年提高
四川省	26.69	40.18	46.3	19.61 个百分点
全国	36.22	49.95	54.8	18.58 个百分点

资料来源：《中国统计年鉴》（2015、2011、2001）和《四川统计年鉴》（2011）。

农业现代化发展较快。1980—2013 年，四川省农用机械总动力、
机耕面积、化肥施用量分别增长了 6.9 倍、5.0 倍、2.1 倍，农林牧渔
总产值更是增长了 40.3 倍（见表 9-11）。2013 年，粮食总产量为
3387.1 万吨，人均 417 千克，接近全国平均水平。

2003—2012 年，农作物播种面积基本稳定在 9384—9657 千公顷的
情况下，农业劳动生产率集中反映了四川省农业现代化成就（见表
9-12）。2012 年和 2003 年相比，劳均粮食产量、劳均油料产量、劳均

---

　① 资料来源：《国家数据》，国家统计局网站，http://data.stats.gov.cn/easyquery.htm?
cn=E0103。

　② 《四川省新型城镇化规划（2014—2020）》，《四川日报》2015 年 4 月 3 日第 3 版。

表 9-11   改革开放以来四川省农业现代化发展情况

	1980 年	1990 年	2000 年	2010 年	2013 年	2013 年比 1980 年增长倍数
农林牧渔业总产值（亿元）	136.92	484.31	1483.52	4081.81	5620.26	40.3
农业机械总动力（万千瓦）	500.34	956.00	1679.65	3155.14	3953.09	6.9
机耕面积（万公顷）	67.9	59.2	93.7	219.0	409.5	5.0
化肥施用量（万吨）	80.4	143.9	212.6	248.0	251.1	2.1

资料来源：四川省统计局编：《四川统计年鉴（2014）》，中国统计出版社 2014 年版。

水果产量、劳均蔬菜产量分别提高了 28.4%、56.8%、109.0%、68.8%；相应的人均占有主要农产品数量，特别是人均油料、水果、蔬菜产量大幅度提高，这也反映了城镇化过程中城镇农产品需求结构的变化，这是四川省推进城镇化的基础。

表 9-12   四川省主要农产品劳均产出和人均占有量情况

单位：千克/人、%

指标	2012 年	2010 年	2005 年	2003 年	2012 年比 2003 年增长
粮食产量（万吨）	3315.00	3222.90	3211.10	3054.10	8.5
劳均粮食产量（千克/人）	1595.99	1506.35	1370.90	1242.20	28.4
劳均油料产量（千克/人）	138.54	125.51	99.19	88.30	56.8
劳均水果产量（千克/人）	395.57	337.89	225.06	189.10	109.0
劳均蔬菜产量（千克/人）	1812.51	1593.01	1158.80	1073.61	68.8
人均粮食产量（千克）	411.13	397.23	392.20	351.58	17.0
人均油料产量（千克）	35.69	33.10	28.38	24.99	42.8
人均水果产量（千克）	101.90	89.10	64.39	53.52	90.4
人均蔬菜产量（千克）	466.91	420.08	331.52	303.86	53.6
农作物总播种面积（千公顷）	9657.01	9478.76	9480.20	9384.46	2.9

资料来源：国家数据，国家统计局网站，http：//data. stats. gov. cn/easyquery. htm? cn = E0103。

3. 具有政策优势，创新能力强

四川省在西部地区的政策优势明显。2007 年 6 月，国务院批准成都市为全国统筹城乡综合配套改革试验区；2011 年 5 月，国务院批复《成渝经济区区域规划》，是继东部三大增长极之后确定的新的全国增长极；2014 年 10 月，天府新区获批为国家级新区，战略定位为：内陆开放经济高地、宜业宜商宜居城市、现代高端产业集聚区、统筹城乡一体化发展示范区；2013 年 3 月，攀西获批为首个国家级战略资源创新开发试验区；四川省还是长江经济带的重要组成部分。

在国家政策支持下，四川省加快城镇化和农业创新发展的步伐。例如，成都市通过农村产权制度改革、社会保障制度改革、户籍制度改革破除城乡二元体制，推进城乡一体化。特别是围绕完善土地权能，建立现代农村产权制度，实现城乡生产要素自由流动等方面，取得较大成就。

二 四川省城镇化和农业现代化相互协调发展现状分析

（一）城镇化和农业现代化协调发展取得较大成就

严红对四川省城镇化和农业现代化协调发展进行了实证检验，分析计算四川省 1997—2013 年的协调发展水平，认为四川省城镇化和农业现代化存在长期协整关系且呈同向发展态势，但是，发展水平和速度存在较大差异。城镇化发展速度更快，由 17.17% 增长到 44.91%，年均增长 1.73 个百分点；农业现代化水平由 20.56% 增长到 41.11%，年均增长 1.28 个百分点。[①] 农业现代化相对滞后。

（二）城镇化水平相对较低，城镇结构不合理

1. 城镇化水平相对较低

2014 年，四川省城镇化率为 46.3%，比全国低 8.5 个百分点。城镇化质量不高，2013 年四川省户籍城镇化率只有 28.8%，比常住人口城镇化率低 16.1 个百分点。区域城镇化不平衡。2012 年成都市的城镇化率达到 61.1%，接近城镇化高级阶段；南部城市群城镇化率

---

① 严红：《"四化"同步发展的实证检验及实现路径研究——以四川为例》，《软科学》2015 年第 10 期。

为41.43%，处于城镇化加速发展中期的前半阶段；东北部城市群城镇化率为39.45%，刚跨入城镇化中期阶段。[①]

2. 城镇体系结构不合理

在目前省内区域城市群中，成都平原城市群是四川省城市群发展最好的，但存在首位度偏高，缺乏大城市，存在着明显断层。我们对该城市群第一、第二大城市比较可以看出，成都市的主要经济指标都是绵阳市的 3 倍以上，经济实力如经济总量、投资总额更是 6 倍以上，公共财政收入更是相差 9 倍（见表 9-13）。川南城市群缺乏一个能够作为增长极的核心特大城市，小城市数量偏少。川东北城市群的南充市经济实力不强，作为大城市难以成为城市群的核心城市，其余城市规模偏小，等级相近，城市结构不合理。攀西城市群缺乏具有带动作用的核心城市，所辖城市数量少，只有攀枝花、凉山和雅安的部分区县。

表 9-13　2013 年成都平原城市群中成都、绵阳市经济社会主要指标比较

	生产总值（亿元）	常住人口（万人）	地方公共财政收入（亿元）	固定资产投资（亿元）	城镇化率（%）	年末非农产业就业人口（万人）	建成区面积（平方千米）
成都市	9108.9	1429.8	898.5	6501	69.4	683.0	528.9
绵阳市	1455.1	467.6	90.4	1001	45.1	191.3	110.0
成都/绵阳	6.3	3.1	10.0	6.5	1.54	3.6	4.8

资料来源：四川省统计局编：《四川统计年鉴（2014）》，中国统计出版社 2014 年版。整理计算。

3. 小城镇发展不足

多数小城镇没有产业的支撑，相当一部分小城镇发展困难，后劲不足，特别是经济发展滞后的山区、高原地区更加明显。

另外，现阶段城市群内城市之间竞争性大于其融合性，中心城市

---

① 刘世庆、林睿：《成渝经济区城市化进程的现状与愿景：自经济地理观察》，《改革》2013 年第 10 期。

的要素集聚效应大于扩散效应，不利于城市群整体协调发展。

（三）四川省城镇化和农业现代化发展不协调明显

1. 农业现代化总体上处于成长阶段，但低于全国平均水平

（1）农业现代化总体上处于成长阶段，但农业就业比重远高于农业产值比重。2013年，四川省农业占GDP的12.8%，就业占就业总量的40.6%，处在成长阶段。但产值比重比全国平均水平高2.8个百分点；就业比重超过产值比重27.8个百分点，而全国是21.4个百分点。反映出四川省农业劳动生产率低于非农产业劳动生产率，也低于全国水平。

（2）农业机械化水平较低。2013年，四川省每千公顷拥有的机械动力为4082千瓦、化肥施用量259吨，分别只有全国平均水平的64.7%、72.1%。

（3）农业生产效率不高。2012年四川省劳均粮食产量、劳均水果产量、劳均蔬菜产量分别只有全国平均水平的73.6%、67.3%和69.5%，只有劳均油料产量超过全国平均水平，达到109%。具体参见第四章第一节有关内容。

（4）农业产业化程度低。2013年，四川省龙头企业有3640个，营业收入5409.2亿元，占全国的4.1%，而四川省第一产业增加值占全国总量的6.0%，说明四川省农牧产品加工业转化增值能力低于全国平均水平。

2. 城镇化与农业现代化不协调程度定量分析

（1）劳动生产率比较法分析。该分析方法在第四章第一节进行了具体论述，这里不再赘述。通过表9-10和表9-14计算结果可以得出以下结论：①四川省经济发展整体滞后全国平均水平，2013年城镇化滞后8.83个百分点，人均GDP只有全国的77.4%，经济基础较弱。②从劳动生产率看，四川省的农业和非农产业的劳动生产率分别只有全国的72.4%、82.5%，均低于全国平均水平，反映出四川省的产业现代化程度较低。③从计算的农业现代化和城镇化的协调度看，四川省农业现代化和城镇化发展明显不协调，但与全国平均水平基本一致。但是，这种一致是因为四川省的城镇化、农业现代化的水平都比全国低，是较低水平的一致。具体参见第四章第二节有关内容。

表 9 - 14　2013 年四川省和全国农业和非农产业劳动生产率比较

	GDP（亿元）	就业人员（万人）	第一产业就业人员（万人）	第一、第二、第三产业就业结构	第一、第二、第三产业产值构成	非农产业增加值（亿元）	非农业劳动生产率（万元/人）	农业劳动生产率（万元/人）	非农产业劳动生产率/农业劳动生产率	农业现代化和城镇化协调度	人均GDP（元/人）
四川	26260	4817.31	1955.79	40.6:26.0:33.4	12.8:51.3:35.9	22892	79999	17069	4.68	6	32454
全国	568845	76977	24171	31.4:30.1:38.5	10.0:43.9:46.1	511887	96937	23564	4.11	6	41908

资料来源：根据四川省统计局编《四川统计年鉴（2014）》、国家统计局编《中国统计年鉴（2014）》整理计算。

（2）城乡居民收入水平比较分析（方法具体参见第四章第一节）。从表 9-15 数据可以得出以下结论：一是从收入的绝对数看，2000 年以来四川省城乡居民收入水平均低于全国水平，2014 年四川省城镇居民人均可支配收入是全国的 84.5%，农民人均纯收入是全国的 89.0%。四川省农民收入与全国差距相对较小，一个重要原因是农民外出务工比例高，务工相对务农收入高，2014 年农民人均工资性收入达 4016 元，占总收入的 45.6%。二是从城乡收入比看，城乡收入差距还很大。从发展来看，2010 年以后四川省的城乡收入差距低于全国水平，呈现缩小的趋势。反映出农村经济的发展速度快于城镇。

表 9 - 15　　　　　　　　四川省和全国收入水平比较

	2000 年			2010 年			2014 年		
	城镇居民人均可支配收入（元/人）	农民人均纯收入（元）	城镇居民收入/农民收入（元）	城镇居民人均可支配收入（元/人）	农民人均纯收入（元）	城镇居民收入/农民收入（元）	城镇居民人均可支配收入（元/人）	农民人均纯收入（元）	城镇居民收入/农民收入（元）
四川	5894.3	1903.6	3.10	15461.2	5086.9	3.04	24381	8803	2.77
全国	6280.0	2253.4	2.79	19109.4	5919.0	3.23	28843.9	9892	2.91

资料来源：根据国家统计局编《中国统计年鉴》（2001、2006、2011、2015）整理计算。

3. 二元结构突出

四川省是典型的城乡二元结构,城乡差距大,区域发展不平衡。一极是成都市等现代化城市,2013 年成都市城镇人均可支配收入29968 元;另一极是秦巴山区、乌蒙山区、大小凉山彝区及高原藏区等贫困地区和大量贫困人口。2013 年,农民人均纯收入最低的甘孜藏族自治州只有 5435 元[①],2015 年全省还有 380 多万贫困人口,农村贫困发生率 5.8%。[②]

三 推进四川省城镇化和农业现代化相互协调发展的对策思考

(一)加快推进以人为核心的新型城镇化

1. 适当提高城镇化速度

四川省的城镇化水平与全国相比有较大差距,充分发挥成渝经济区的引领作用和成都市、重庆市两大核心城市协同发展效应,适当加快城镇化速度,缩小与全国的差距,让更多的农民进入城镇,也使务农的农民拥有规模化的农业资源。

2. 以城市群为主体形态,完善城镇体系

四川省未来城镇总体空间结构为"一轴三带、四群一区"。"一轴三带"为成渝城镇发展轴、成绵乐城镇发展带、沿长江城镇发展带、达南内宜城镇发展带;"四群一区"是成都平原城市群、川南城市群、川东北城市群、攀西城市群、川西生态经济区。[③] 建立城市群政府间的协调合作组织,协调各城市重大基础设施的规划、布局,尤其是重要港口、机场的建设,加强城市群内部城市间政策的统一性和协调性,提高城市群整体协调发展能力。

(1)核心城市加快高端产业发展,提高辐射带动力。未来成都将发展成为 2000 万人口的超大型国际大都市,全省近 1/4 的人口和

---

① 四川省统计局编:《四川统计年鉴(2014)》,中国统计出版社 2014 年版。
② 尹力:《政府工作报告》,《四川日报》2016 年 2 月 3 日第 1、2 版。
③ 《我省城镇体系拟布局"一轴三带、四群一区"》,《四川日报》2016 年 1 月 26 日第3 版。

40%以上的经济总量将聚集于此。[①] 主城区实施创新驱动发展战略，构建以先进制造业为先导，先进制造业、现代服务业联动发展，提升成都的辐射带动能力。

（2）壮大中小城市。成都市等核心城市的低层次产业向中小城市转移，而中小城市自身又发展特色产业，不断提高中小城市的经济实力。将内江、眉山、宜宾、自贡、泸州等中等城市发展为大城市，彭州、邛崃、崇州、江油、峨眉山等小城市发展为中等城市。

（3）发展特色小城镇。依据区位条件、产业基础、资源禀赋，发展特色产业，增强小城镇内生发展能力。特别是选择农产品加工、特色工艺品加工、乡村旅游业等具有比较优势的产业作为小城镇的主导产业，吸引农业剩余劳动力就近就业和就地城镇化。重点发展县城等小城镇，将金堂县、郫县、射洪县、富顺县、合江县等县城发展成为小城市。

（二）加快推进农业现代化

1. 提高农业机械化水平

根据四川省农业生产条件开发适宜的农用机械，特别是适合山区农业的中小型农业机械。政府支持中小型农业机械的研发和应用，提高山区农业机械化水平。加强农田基础设施建设，提高农业生产的稳定性和产出水平。

2. 积极发展新型农业经营主体

扶持和壮大龙头企业，提高其带动农民发展能力。规范发展农民合作组织，提高农民组织化程度。鼓励农民返乡创业，发展家庭农场、专业大户等，推动农业专业化、规模化生产。创新现代农业发展模式，如"龙头企业＋专业合作组织＋适度规模种植（养殖）"和"生态养殖＋沼气＋绿色种植"等模式，转变农业发展方式，保护生态环境。

3. 创新土地流转模式，发展现代农业园区

积极推进农村土地承包经营权流转，促进土地适度规模经营，解

---

① 刘世庆、林睿：《成渝经济区城市化进程的现状与愿景：自经济地理观察》，《改革》2013 年第 10 版。

决好劳动力转移后出现的"老人农业"和土地"撂荒"问题。现代农业园区是农业现代化的有效实现形式，支持现代农业园区发展，以此引领推动现代农业特色产业发展。

（三）构建城镇化和农业现代化相互协调发展的内在机制

1. 城镇反哺农业

加大财政支持农业力度，将更多的财政资金投向农业。制定优惠的农业贷款政策，扩大农业贷款的抵押范围，降低涉农贷款的利率，引导城镇资本投资农业。城镇研发现代农业所需要的技术、机械和设备，为农业现代化提供技术支持，不断提高农业技术装备水平。

2. 拉长农业产业链

四川省是我国粮食主产区之一，在保证粮食生产的基础上，根据城镇市场需求和本地资源条件发展适销对路的特色农业，如特色水果、茶叶、蚕桑、高原畜牧产品等品牌农业。主要以小城镇为基地，发展农产品加工业和现代农业服务业，拉长农业产业链，实现第一、第二、第三产业融合发展，提高农业生产的稳定性和农产品附加值，这也可以增强小城镇对区域内要素资源的聚集效应和扩散效应。

第三节　新疆城镇化和农业现代化相互协调发展研究

新疆地处我国西北地区，是一个具有重要战略地位的边疆地区和多民族聚居的民族区域自治地区。2014 年，全区生产总值 9273.46 亿元，居全国第 25 位；人均生产总值 40648 元，居全国第 16 位，三次产业比例为 16.6∶42.6∶40.8。① 新疆正处于城镇化、农业现代化快速发展的关键时期，城镇化和农业现代化既有普遍性，也有特殊性，研究新疆城镇化和农业现代化相互协调发展对加快新疆发展、国家安全

---

① 本书中数据除特别说明外，均来自《新疆统计年鉴（2015）》和《中国统计年鉴（2015）》以及根据这两个年鉴计算。

等具有很强的现实意义。

一　新疆独特的发展条件

(一) 地理人文条件独特

1. 国土面积广阔, 人均可利用土地资源丰富, 但适宜农业生产和城镇建设用地面积较少

新疆总面积 166 万平方千米, 占全国陆地面积的 1/6, 其中, 山地约占 38.70%, 平原约占 38.70%, 沙漠约占 21.28%, 湖、塘、水库约占 0.40%。绿洲面积 14.3 万平方千米, 只占国土总面积的 8.7%。① 新疆远离海洋, 三面环山, 属典型的大陆性干旱气候、绿洲生态脆弱区和绿洲农业区, 这种特殊的地理环境使得城镇和农业相对集中在准噶尔盆地和塔里木盆地周围的绿洲地带。

2. 水资源总量较丰富, 但时空分布不均衡, 地均水资源匮乏

新疆水资源总量 727 亿立方米, 居全国前列, 但每平方千米的土地平均水资源只有 5.56 万立方米。

3. 区位优势明显

新疆是古"丝绸之路"的重要通道, 目前是丝绸之路经济带核心区, 是我国向西开放的前沿。2014 年, 有一类口岸 17 个、二类口岸 12 个, 是全国拥有口岸数量最多的省份, 霍尔果斯口岸是我国西部综合运量最大、自然环境最好、功能最为齐全的国家一类陆路口岸。

4. 新疆具有政策优势

2014 年年末, 新疆总人口 2298 万, 其中少数民族占 63%。② 2010 年 4 月中央决定实施新一轮对口援疆工作, 由我国中东部 19 个省份对口支援新疆 12 个地州、82 个县市和建设兵团 12 个师。到 2015 年, 中央累计安排新疆各类支农惠农专项资金 311 亿元, 19 个对口援疆省份实施农业援疆项目 218 个, 援疆资金 14.34 亿元。③

---

① 《新疆维吾尔自治区主体功能区规划》。
② 《2014 年新疆维吾尔自治区概况》, 新疆维吾尔自治区政府网站, http://www.xinjiang.gov.cn/xjgk/xjgk/2014/243259.htm, 2016 年 3 月 19 日。
③ 《新疆农业阔步迈向现代化》, 《新疆日报 (汉)》2015 年 7 月 13 日第 5 版。

（二）人口环境压力较大

新疆人口由新中国成立初期的 400 多万增加到 2014 年年末的 2298 万，60 多年时间增长了近 5 倍，是全国人口增加最快的省区之一。新疆人口密度是 13.8 人/平方千米，而联合国会议提出的干旱地带人口密度的临界指标是不宜超过 7 人/平方千米，新疆已超过了这一指标近 100%。按绿洲面积计算的人口密度达 160 人/平方千米，超过全国平均水平。人口增长过快，对脆弱的干旱地区的生态环境造成较大压力，影响人与自然的和谐和可持续发展。推进城镇化有利于新疆转移农业剩余劳动力，提高农业生产的规模化水平，减少对绿洲生态环境压力，改善人与生态环境关系。

（三）农业生产条件有比较优势

农业自然资源有比较优势。①土地资源有优势。新疆有耕地 6186 万亩，人均占有耕地 2.69 亩，是全国平均水平的两倍；耕地质量较高，水浇地有 5718 万亩，占耕地总量的 92.4%。天然草原面积 7.2 亿亩，占全国可利用草原面积的 14.5%，是全国五大牧区之一。②日照时间充足，全年日照时间平均 2808 小时，居全国第 2 位。① 同时昼夜温差大，有利于植物进行光合作用和提高棉花、瓜果品质，为特色优势农产品生产提供了良好的自然条件。

生物资源种类多、品种独特，拥有丰富的种子资源和基因资源。新疆有高等植物 4081 种、野生脊椎动物 717 种、大型真菌 200 余种，仅次于云南。② 新疆自古就有"瓜果之乡"的美誉，吐鲁番葡萄、库尔勒香梨、哈密瓜、阿克苏苹果以及南疆的红枣、核桃、杏、石榴、无花果等名优特产享誉国内外。

后备土地资源丰富，可垦荒地资源有 7 万平方千米，其中，宜农荒地有 4.87 万平方千米，占全国宜农荒地的 13.8%，扩大耕地有可靠的土地资源保证。③

---

① 《2014 年新疆维吾尔自治区概况》，新疆维吾尔自治区政府网站，http://www. xin-jiang. gov. cn/xjgk/xjgk/2014/243259. htm，2016 年 3 月 2 日。

② 程海：《加快新疆特色农业转型升级的思考》，《农村工作通讯》2014 年第 4 期。

③ 《新疆维吾尔自治区主体功能区规划》。

二 新疆城镇化和农业现代化相互协调发展现状分析

新疆城镇化和农业现代化发展协调发展程度与全国基本一致，但城镇化水平相对不高。具体参见第四章第一节有关内容。

（一）城镇化和农业现代化相互协调发展取得较大成就

1. 城镇化进入快速发展的关键阶段

（1）城镇化处在快速推进的关键阶段。1980 年、2000 年、2014 年城镇化率分别为 29.05%、33.75%、46.07%，城镇化率处在 50% 左右，特别是 2000 年以来，城镇化率增长较快，年均提高 0.88 个百分点。

（2）城镇化的基本思路明晰。2014 年 7 月，住房城乡建设部正式批准《新疆城镇体系规划（2014—2030 年)》，要求加快构建乌鲁木齐都市圈，提高喀什、伊宁—霍尔果斯、库尔勒等区域中心城市的综合承载能力，形成布局合理、功能明确、兵地共融、结构优化、生态良好、设施完善、发展协调的城镇体系，到 2020 年，全疆城镇人口达到 1500 万—1560 万。

（3）天山北坡城市群初步形成。天山北坡经济带是新疆的核心经济区，也是城镇化水平最高的地区。2014 年该区域人口为 894.66 万，占全区的 38.9%；经济总量 6386.90 亿元，占全区的 68.9%。其中核心区乌鲁木齐—昌吉人口 408.17 万，占全区的 17.8%；经济总量 3522.34 万元，占全区的 38.0%。

2. 农业现代化加快发展，处在成长阶段，基本保障了城镇化

2014 年，新疆农业增加值占 GDP 的 16.6%，就业占总就业的 45.38%，进入农业现代化的成长期。

（1）主要农产品产量大幅度提升，保障了城镇化。新疆的粮食、棉花、特色林果业、畜牧业具有较大的规模和竞争力，种植业是新疆农业的主要产业，2014 年占农业总产值的 71.2%。改革开放以来，新疆农业现代化稳步发展，人均主要农产品拥有量大幅度提高。1978 年，新疆人均粮食、棉花、水果、猪牛羊肉产量分别为 303.0 千克、4.5 千克、11.4 千克和 7.9 千克；2014 年分别提高到 609.6 千克、197.7 千克、376.4 千克和 65.4 千克，分别提高了 101%、4293%、3201% 和 727%；分别是全国平均水平的 136%、4364%、197% 和

131%，均大幅超过全国水平。2014 年，粮食总产量 1390.81 万吨，居全国第 16 位；棉花总产量 451 万吨，占全国总产量的 73%；水果产量达到 858.6 万吨；肉类、奶类、禽蛋总产量分别达到 149.1 万吨、147.5 万吨和 30.52 万吨。由缺粮区变成了余粮区，成为我国最大的棉花生产基地和甜菜、油料、果品、畜产品的重要产地。同期城镇化率从 26.07% 提高到 46.07%，提高了 20 个百分点，城镇人口从 321.4 万人提高到 1058.9 万人，增加了 737.5 万人。

（2）农牧业现代化水平不断提高。第一，农业产业化不断加快，截至 2015 年 1 月，新疆区级以上农业产业化龙头企业有 394 家，其中，国家级农业产业化龙头企业有 33 家。① 建成国家农业产业化示范基地 4 家，自治区级农业产业化园区 26 家。第二，农业机械化水平位居全国前列，2014 年拥有农用大中型拖拉机 44.19 万台，小型拖拉机 29.92 万台，主要农作物综合机械化率达 83.5%。第三，电子商务、农超对接、现代物流配送等新型业态加快发展。品牌农业、标准化农业开始起步。例如，若羌县整合红枣品牌，获得若羌红枣"地理产品证明商标""地理标志产品保护"等认证，做强若羌红枣品牌。2016 年 3 月，农业部批准该县 10 万亩红枣生产基地为全国绿色食品原料（红枣）标准化生产基地。

（3）现代农业科技提升产出水平。农业高效节水灌溉技术加快推进，2014 年高效节水灌溉耕地达到 2370 万亩，居全国首位。2014 年，与 1955 年相比，农作物优良品种更新换代 8 次以上，小麦亩产由 1955 年的 75 千克提高到 2014 年的 370 千克，棉花亩产由 23 千克提高到 120 千克，甜菜亩产由 443 千克提高到 4566 千克。② 大幅提高了农产品单产水平。

（二）城镇化和农业现代化相互协调发展存在的主要问题

1. 城镇化相对滞后，城镇规模较小

（1）新疆的城镇化水平低于全国平均水平。2014 年年末，比全

---

① 武继礼：《新疆农业产业化遇瓶颈 培育龙头是王道》，《粮油市场报》2015 年 8 月 15 日第 B03 版。

② 《新疆农业阔步迈向现代化》，《新疆日报（汉）》2015 年 7 月 13 日第 5 版。

国平均水平低 8.7 个百分点。主要原因是：①城镇现代非农产业发展不足制约城镇化，2014 年新疆非农产业占经济总量的 83.4%，比全国平均水平低 7.4 个百分点。②新疆的工业主要是资源类产业，吸纳就业能力有限。2014 年，全区规模以上工业中石油和天然气开采业、石油加工炼焦及核燃料加工业、黑色金属冶炼及压延加工业三个资源类行业的工业总产值分别占规模以上工业总产值的 14.8%、18.8%、7.0%，合计达 40.6%，而这三个行业的就业人数分别占规模以上工业就业的 9.7%、6.4%、6.5%，合计只有 22.6%。因此，尽管第二产业占全区经济总量的 42.6%，但就业只占全部就业总量的 15.97%，相差 26.63 个百分点。而全国这两个数据分别是 42.7%、29.90%，相差 12.8 个百分点。尽管新疆的第二产业的比重与全国差不多，但提供的就业相差 13.93 个百分点。结果新疆城镇难以提供更多的就业岗位，农业剩余劳动力也难以转移到城镇。这要求城镇不断调整产业结构，适当发展劳动密集型产业，特别是发挥农业优势，发展农副产品加工业，增加城镇就业岗位。

（2）受地理和生态环境制约，城市间距离普遍较远，难以形成城镇的集聚效应，不利于形成大的城市群，各个城市主要依靠当地产业独自发展。除乌鲁木齐、克拉玛依、伊宁、石河子、库尔勒、喀什等城市外，绝大多数城市和建制镇的人口规模小，经济规模较小，辐射效应弱。

2. 农业现代化相对滞后

（1）与非农产业相比，农业从业人员比例过高，农业劳动生产率较低。2014 年新疆农业增加值占 GDP 的 16.6%，但就业比例达 45.38%；农业增加值 1538.6 亿元，就业人数 515.21 万人，人均劳动生产率 2.98 万元；非农产业增加值 7734.8 亿元，就业人数 620 万人，人均劳动生产率 12.47 万元，非农产业人均劳动生产率是农业的 4.18 倍。

（2）农业产业链短，农产品精深加工程度不高，农业竞争力不强。大中型龙头企业少，农产品品牌总体上呈现"小、乱、杂"状态，知名度低，缺乏像"双汇""伊利"这样具有引领型的国际、国内知名的农产品大品牌。龙头企业与农户紧密的利益连接机制没有真正形成，各主体之间主要是简单的购销关系，仅11%采取合作、股份合作方式。①

（3）内部农业现代化进程差距较大。天山北坡经济带、阿克苏地区农业现代化水平较高，而南疆的喀什、和田、克州地区以传统农业为主。全区2/3的农业产业化经营组织分布在北疆。2014年自治区级以上农业产业化龙头企业有319家，但南疆三地州（和田地区、喀什地区和克孜勒苏柯尔克孜自治州，下同）只有49家。②

3. 经济发展相对滞后，城乡二元结构突出

（1）经济发展相对滞后，部分区域城镇化的经济基础较差。2014年，新疆人均生产总值40648元，相当于全国平均水平的87.1%；城镇居民和农村居民人均可支配收入分别为23214元、8724元，分别只相当于全国平均水平的80.5%、83.2%。城乡居民收入差距大，城乡居民收入比为2.66∶1。南疆区域经济发展相对滞后，2014年和田地区、喀什地区和克孜勒苏柯尔克孜自治州人均经济总量分别只有8993元、16024元、15222元，分别只有全区平均水平的22.1%、39.4%、37.4%。

（2）农村贫困人口多。受历史、自然、区位等因素影响，新疆贫困面大，贫困程度深，2014年新疆建档立卡贫困人口有261万。③ 特别是南疆三地州位于塔克拉玛干沙漠西南边缘，三面是帕米尔高原、喀喇昆仑山、昆仑山，周边地理环境封闭，生态环境脆弱，自然灾害频发，发展基础很差，其中，戈壁、沙漠和高原占90%以上，平原区绿洲面积仅占9.2%。贫困发生率高达37.3%，远高于全疆平均水平14.9个百分点。④ 2014年，上述三个州的农民人均可支配收入分别为5692元、6419元和4852元，分别只有全区平均水平的65.2%、

---

① 武继礼：《新疆农业产业化遇瓶颈　培育龙头是王道》，《粮油市场报》2015年8月15日第B03版。

② 同上。

③ 《补齐发展短板　筑牢发展基础》，《新疆日报》2016年3月11日第A02版。

④ 《标本兼治斩"穷根"》，《新疆日报》2016年3月7日第A03版。

73.5% 和 55.6%，是集边境地区、民族地区、高原荒漠区、贫困地区于一体的集中连片特殊困难地区。

三 推进新疆城镇化和农业现代化相互协调发展的对策

充分利用全国对口支援新疆和西部大开发战略的政策机遇、丝绸之路经济带前沿的区位优势、丰富的自然资源优势，自治区和新疆建设兵团加强产业分工协作，实现职能互补和共同发展，不断培育内生发展动力；大力发展城镇工商业，为进城农民提供更多就业机会，加快城镇化进程；同时，"城镇反哺农业"，推进城镇化与农业现代化相互协调发展。

（一）稳妥推进城镇化

1. 适度提高城镇化水平

新疆城镇化率偏低，应适度提高城镇化水平。这个适度是指城镇化要和城镇的现代工商业发展水平和城镇就业岗位相一致，城镇的现代工商业能为进城农民提供足够的就业岗位，而不是人为加快城镇化速度。

2. 因地制宜，走各具特色的城镇化道路

新疆天山北坡、天山南坡、南疆三地州和北疆北部地区自然条件、经济社会发展水平等差异较大，在完善交通体系、城镇基础设施、公共服务的基础上，应因地制宜地走各具特色的城镇化道路。

重点建设好天山北坡城市群。该城市群城市间距离较近、工业基础好、产业优势明显，是"十三五"期间我国重点发展的 19 个城市群之一。根据《新疆城镇体系规划（2014—2030 年)》，天山北坡城市群包括乌鲁木齐城市群、克奎乌—博州、伊犁河谷、哈密四个片区，是新疆优化提升新型工业化、城镇化、农牧业现代化、信息化和基础设施现代化的先行示范区。第一，乌鲁木齐着力发展高新技术产业和现代服务业，提高城市服务功能，建设成为我国西部地区重要中心城市、面向中西亚的现代化国际商贸中心、具有较强国际影响力和竞争力的特大城市。第二，做大做强吐鲁番、克拉玛依、哈密、石河子、五家渠等区域中心城市。第三，各个城市产业互补、错位发展，使经济要素在城市间充分流动，形成城市群整体效应和辐射效应。如

奎屯市重点发展金融商贸和文化产业，乌苏市重点发展能源化工、农副产品加工产业，独山子着力发展现代化石化产业等。

天山南坡和南疆三地州城镇化处于起步阶段。要利用全国对口援疆机遇，着力推进南疆三地州和边疆贫困地区城镇化，推进绿洲村庄农牧民定居和发展特色产业。第一，把喀什、库尔勒、阿克苏、霍尔果斯建设成南疆区域中心城市，打造成为南疆地区的增长极。第二，把阿图什建设成为喀什—阿图什城镇组群次中心城市，莎车建设成为麦盖提—莎车—泽普—叶城绿洲城镇组群的中心城市，阿拉尔建设成为阿克苏绿洲城镇组群次中心城市。

北疆北部地区着力发展现代农业、旅游业等，把阿勒泰建设成为该区域的中心城市，塔城建设成为塔额盆地的中心城市。

将县城和重点镇培育成为农产品销售和加工中心，具有一定的要素规模和集聚效应，引领农业现代化，带动农牧区经济社会发展。

（二）加快推进农业现代化

1. 加快培育新型农业经营主体，转变农业发展方式

充分利用当前国家支持和鼓励土地流转的政策，推动土地适度规模流转，培育家庭农场等新型经营主体，提高土地产出率，实现规模化、专业化生产。进一步提高农业机械化水平，降低劳动强度。

积极发展各类农业合作社，以合作社为平台，实行"合作社＋农户"的经营模式。为农民提供统一品种、统一种植、统一技术、统一服务、统一收购等服务，在生产资料、金融、信息、技术等方面支持农业生产，提升农业生产标准化、规模化、专业化水平，提高特色农产品品质。打造像"吐鲁番葡萄""哈密瓜""库尔勒香梨"一样具有市场竞争力的品牌，提升农产品市场竞争力。

做大做强龙头企业，构建农业全产业链，推动第一、第二、第三产业融合发展。重点扶持粮食、棉花、肉奶、毛皮、瓜果蔬菜等龙头企业发展。进一步支持现有龙头企业发展，创建自己的品牌，做大做强。同时利用农业资源和区位优势，吸引国内外有资金、技术、市场开拓等较强实力的农业企业来新疆发展特色现代农业产业链。按照"公司＋基地＋农户""公司＋合作社＋农户""公司＋经纪人＋农

户"等不同模式与农户建立相互依存、共同发展的合作关系，增强龙头企业的带动能力和加工转化能力。

针对新疆生态环境脆弱、水资源短缺的问题，积极发展生态农业，研发和推广农业高效节水灌溉技术，发展"资源节约、环境友好"农业。

2. 瞄准需求，发展特色农产品，优化农产品供给结构

充分发挥资源优势，进一步优化农业区域布局，加强优势农业发展。王野、孙东升通过实证分析认为，新疆农业的比较优势在番茄和菜椒等蔬菜作物及甜菜、瓜果等经济作物。[①] 王蕾、王哲通过比较优势原理分析认为新疆的小麦、棉花、甜菜、甜瓜、葡萄、香梨等农产品具有比较优势。[②] 因此，新疆着重发展优质小麦、棉花、甜菜、特色瓜果、草原畜牧业等优势特色农产品，生产特色高端、具有市场竞争力的农产品。

3. 政府加大对"三农"投入，引导农业发展

加大农村教育投入，提升农业劳动力素质。开展双语教育，普及农村义务教育，提高基础教育质量，提高农民文化水平；加强农民的生产技能培训活动，提升农民使用现代农业生产技术的能力。

加大农业科研投入，结合新疆实际，重点研发节水农业技术和装备、旱作农业技术、农产品优良品种等，特别是通过财政补贴、贷款贴息、财政专项资金奖励等手段，支持农业龙头企业结合生产实际，开发农业新产品、新技术。支持农业科技推广体系建设，加大农业科技成果转化力度，使农业新技术尽快应用于生产。

---

① 王野、孙东升：《新疆主要农作物比较优势分析——基于国内资源成本法》，《新疆农业科学》2015 年第 8 期。
② 王蕾、王哲：《新疆农产品比较优势分析》，《北京农业》2014 年第 3 期。

主要参考文献

一　期刊类

[1] 李克强：《协调推进城镇化是实现现代化的重大战略选择》，《行政管理改革》2012 年第 11 期。

[2] 陈国灿：《中国城市化道路的历史透视和现实思考》，《江汉大学学报》（社会科学版）2012 年第 2 期。

[3] 杨静、张光源：《推进"三个同步转变"的新型城镇化——以农民工市民化为突破口》，《中州学刊》2014 年第 6 期。

[4] 赵海燕：《现代农业背景下农业风险问题研究》，《全国商情（经济理论研究)》2008 年第 14 期。

[5] 牛若峰：《要全面理解和正确把握农业现代化》，《农业经济问题》1999 年第 10 期。

[6] 黄祖辉等：《推进工业化、城镇化和农业现代化协调发展》，《中国农村经济》2013 年第 1 期。

[7] 杨少垒、蒋永穆：《中国特色农业现代化道路的科学内涵》，《上海行政学院学报》2013 年第 1 期。

[8] 刘奇：《现代农业规模化的五大着力点》，《中国发展观察》2013 年第 3 期。

[9] 孟秋菊：《现代农业与农业现代化概念辨析》，《农业现代化研究》2008 年第 3 期。

[10] 李海玉：《河南省工业化、城镇化、农业现代化协调发展研究》，《安徽农业科学》2012 年第 5 期。

[11] 龚唯平：《马克思城市化理论探微》，《经济前沿》2001 年第 7 期。

［12］崔慧霞：《工业化、城镇化、农业现代化同步发展研究》，《调研世界》2012 年第 6 期。

［13］汪冬梅、刘廷伟等：《产业转移与发展：农村城市化的中观动力》，《农业现代化研究》2003 年第 1 期。

［14］刘传江：《论城市化的生成机制》，《经济评论》1998 年第 5 期。

［15］陈志峰等：《工业化、城镇化和农业现代化"三化同步"发展的内在机制和相互关系研究》，《农业现代化研究》2012 年第 3 期。

［16］顾朝林：《论中国当代城市化的基本特征》，《城市观察》2012 年第 3 期。

［17］郑良芳：《应充分发挥金融和财政部门作用——美国农业现代化对我国的启迪》，《中国农民合作社》2012 年第 1 期。

［18］李树、陈刚：《国外财政支农的经验与启示》，《今日国土》2009 年第 3 期。

［19］建设部城乡规划司、中国城市规划设计研究院：《国外城镇化模式及其得失》，《城乡建设》2005 年第 5、7、8 期。

［20］孙蓉、朱梁：《世界各国农业保险发展模式的比较及启示》，《财经科学》2004 年第 5 期。

［21］宣杏云：《国外农业现代化的模式及其借鉴》，《江苏农村经济》2006 年第 5 期。

［22］刘志仁：《日本推进农村城市化的经验》，《中国农村经济》2000 年第 3 期。

［23］朱艳春：《〈农业协定〉与国外农业补贴对我国农业发展的启示》，《新疆师范大学学报》（哲学社会科学版）2007 年第 2 期。

［24］汤水清：《论新中国城乡二元社会制度的形成》，《江西社会科学》2006 年第 8 期。

［25］辛向阳：《反哺农业 支持农村》，《前线》2006 年第 1 期。

［26］罗小龙、张京祥、殷洁：《制度创新：苏南城镇化的"第三次

突围"》,《城市规划》2011 年第 5 期。

[27] 崔曙平、赵青宇:《苏南就地城镇化模式的启示与思考》,《城市发展研究》2013 年第 10 期。

[28] 刘远:《苏南发达地区城乡一体化的经验及启示》,《学海》2012 年第 6 期。

[29] 郑建初、李秉柏、马康贫:《发展持续高效农业　推进苏南农业现代化建设》,《江苏农业科学》1999 年第 4 期。

[30] 张卫:《农业现代化是苏南现代化的基础》,《江海学刊》1995 年第 10 期。

[31] 赵青宇、崔曙平:《苏南城镇化模式的反思与完善》,《城乡建设》2013 年第 7 期。

[32] 金涛、陆建飞:《江苏省耕地变化与粮食生产地域分化》,《农业现代化研究》2011 年第 7 期。

[33] 刘燕华:《中国适宜人口分布研究——从人口的相对分布看各省区可持续性》,《中国人口·资源与环境》2001 年第 1 期。

[34] 秦中春:《中国未来十年农产品消费增长预测》,《农业工程技术·农产品加工业》2013 年第 7 期。

[35] 宋洪远、赵海:《我国同步推进工业化、城镇化和农业现代化面临的挑战与选择》,《经济社会体制比较》2012 年第 2 期。

[36] 杨斌:《地理环境与贵州经济发展》,《贵州师范大学学报》（社会科学版）2004 年第 5 期。

[37] 裴品姬:《对新疆南疆三地州扶贫攻坚的几点思考及建议》,《市场论坛》2012 年第 12 期。

[38] 刘艳:《重庆城市化发展与产业结构变动分析》,《重庆工商大学学报》（西部论坛）2008 年第 4 期。

[39] 李富田、李戈:《进城还是进镇:西部农民城镇化路径选择——对四川省 31 个镇、村调查》,《农村经济》2010 年第 4 期。

[40] 洪增林:《城中村改造模式及效益研究——以西安市城中村改造为例》,《西安建筑科技大学学报》（自然科学版）2010 年第 3 期。

[41] 马晓河：《城市化战略与我国增长动力机制选择》，《中国投资》2012 年第 1 期。

[42] 付霖炜等：《新时期我国农村资金流失与回流机制研究》，《科技广场》2015 年第 5 期。

[43] 张兰等：《农地流转区域差异及其成因分析》，《中国土地科学》2014 年第 5 期。

[44] 牛若峰：《要全面理解和正确把握农业现代化》，《农业经济问题》1999 年第 10 期。

[45] 都茂庭：《关于进一步加快我国西部农业发展的思考》，《经济研究参考》2011 年第 67 期。

[46] 王征兵：《中国农业发展方式应转向精细密集农业》，《农业经济与管理》2011 年第 1 期。

[47] 冯海发：《世界农工业发展的基本趋势》，《世界农业》2001 年第 7 期。

[48] 杜飞：《富平探索农业经营新模式》，《当代陕西》2014 年第 8 期。

[49] 陈勇勤：《当代中国的农业问题》，《南京社会科学》2007 年第 7 期。

[50] 山立、邹宇锋：《我国旱区农业的地位和发展潜力及政策建议》，《农业现代化研究》2013 年第 4 期。

[51] 梁仲科：《基于粮食安全视角下的旱作农业——关于甘肃省粮食生产与旱作农业工作的思考》，《甘肃农业》2014 年第 8 期。

[52] 高俊才：《稳步推进城镇化扎实建设新农村》（下），《中国经贸导刊》2010 年第 2 期。

[53] 李杰：《加快四川农业机械化发展的对策研究》，《四川农业与农机》2014 年第 6 期。

[54] 涂圣伟：《以农业科技创新引领农业现代化建设》，《中国发展观察》2012 年第 2 期。

[55] 毕美家：《合力构建三大服务体系》，《农村工作通讯》2007 年第 11 期。

［56］涂俊、吴贵生：《农业科技推广体系的"三重螺旋"制度创新——以宝鸡市农业专家大院为例》，《研究与发展管理》2006年第4期。

［57］宋莉莉、蒋和平：《国家农业科技园区农业专家大院技术推广的现状及对策建议》，《科技与经济》2007年第6期。

［58］王世福：《发挥科技特派员作用　提升新农村建设水平》，《安徽科技》2008年第4期。

［59］肖金成、黄征学：《中原地区城市群的形成与发展》，《区域经济评论》2014年第1期。

［60］唐超、周宏亮：《点轴开发模式在城镇体系规划中的应用》，《中国科技纵横》2010年第6期。

［61］刘秋银、陈赟：《我国新型城镇化规划应重视中心村》，《发展研究》2014年第4期。

［62］李远、韩永伟：《小城镇发展中的环境问题与保护对策》，《小城镇建设》2007年第6期。

［63］王宏利：《大力推进小城镇建设　实现城乡一体化发展》，《财会研究》2011年第3期。

［64］马凯：《转变城镇化发展方式　提高城镇化发展质量　走出一条中国特色城镇化道路》，《国家行政学院学报》2012年第5期。

［65］高远至：《镇改市难点：功能怎么定　官员如何晋升》，《半月谈》2014年第11期。

［66］岳顺：《把农村公路修到群众心坎上》，《中国公路》2014年第15期。

［67］陈丽、花小丽、张小林：《中心村建设及其策略分析》，《乡镇经济》2005年第6期。

［68］聂正彦、李瀚林：《西部农业劳动力老龄化的样本调查分析》，《甘肃社会科学》2013年第6期。

［69］邢建国：《论重点产业的双向选择》，《江汉论坛》1992年第5期。

［70］金彦平：《影响农业劳动力转移的主要因素》，《农业现代化研究》1996 年第 9 期。

［71］张宗毅、刘小伟、张萌：《劳动力转移背景下农业机械化对粮食生产贡献研究》，《农林经济管理学报》2014 年第 6 期。

［72］盛来运：《中国农村劳动力外出的影响因素分析》，《中国农村观察》2007 年第 3 期。

［73］谢天成等：《工商资本投资农业问题与对策研究》，《当代经济管理》2015 年第 8 期。

［74］张占斌：《新型城镇化的战略意义和改革难题》，《国家行政学院学报》2013 年第 1 期

［75］严红：《"四化"同步发展的实证检验及实现路径研究——以四川为例》，《软科学》2015 年第 10 期。

［76］刘世庆、林睿：《成渝经济区城市化进程的现状与愿景：自经济地理观察》，《改革》2013 年第 10 期。

［77］程海：《加快新疆特色农业转型升级的思考》，《农村工作通讯》2014 年第 4 期。

［78］方正松：《农村土地制度创新与农业人口流动》，《统计与决策》2009 年第 24 期。

二 著作类

［1］《马克思恩格斯全集》第 30 卷，人民出版社 1995 年版。

［2］《马克思恩格斯全集》第 46 卷，人民出版社 2003 年版。

［3］《列宁全集》第 23 卷，人民出版社 1990 年版。

［4］《列宁全集》第 42 卷，人民出版社 1987 年版。

［5］《毛泽东选集》第四卷，人民出版社 1991 年版。

［6］《邓小平文选》第三卷，人民出版社 1993 年版。

［7］《江泽民文选》第一卷，人民出版社 2006 年版。

［8］《〈中共中央关于全面深化改革若干重大问题的决定〉辅导读本》，人民出版社 2013 年版。

［9］张沛主编：《中国城镇化的理论与实践》，东南大学出版社 2009 年版。

［10］《国家新型城镇化规划（2014—2020 年）》，人民出版社 2014 年版。

［11］钟涨宝主编：《农村社会学》，高等教育出版社 2010 年版。

［12］徐同文：《地市城乡经济协调发展研究》，社会科学文献出版社 2008 年版。

［13］袁中金：《中国小城镇发展战略》，东南大学出版社 2007 年版。

［14］蔡昉、王德文、都阳：《中国农村改革与变迁：30 年历程和经验分析》，格致出版社 2008 年版。

［15］朱铁臻：《城市发展学》，河北教育出版社 2010 年版。

［16］黄坤明：《城乡一体化路径演变研究》，科学出版社 2009 年版。

［17］辜胜阻：《非农化及城镇化理论与实践》，武汉大学出版社 1999 年版。

［18］罗必良：《现代农业发展理论》，中国农业出版社 2009 年版。

［19］黄国勤：《农业现代化概论》，中国农业出版社 2012 年版。

［20］周天勇：《新发展经济学》，中国人民大学出版社 2006 年版。

［21］陆世宏：《中国农业现代化道路的探索》，中国社会科学文献出版社 2006 年版。

［22］李主其等：《新时期我国农业现代化道路研究》，经济科学出版社 2013 年版。

［23］中国科学院中国现代化研究中心编：《农业现代化的趋势和路径》，科学出版社 2013 年版。

［24］刘敬阳主编：《苏州现代农业的理念与实践》，中国农业出版社 2012 年版。

［25］吴江：《城乡统筹视阈下中国新型城镇化的路径选择——基于重庆的实证》，西南师范大学出版社 2014 年版。

［26］［美］刘易斯：《二元经济论》，施炜等译，北京经济学院出版社 1989 年版。

［27］童长江：《城乡经济协调发展评价及模式选择》，科学出版社 2013 年版。

［28］［美］舒尔茨：《改造传统农业》，梁小民译，商务印书馆 2006

年版。

［29］［英］马歇尔：《经济学原理》，廉运杰译，华夏出版社 2005 年版。

［30］朱宇、祁新华等：《中国的就地城镇化：理论与实证》，科学出版社 2012 年版。

［31］张建军：《中国西部区域发展路径——层级增长极网络化发展模式》，科学出版社 2010 年版。

［32］［美］盖尔·约翰逊：《经济发展中的农业、农村、农民问题》，林毅夫、赵耀辉编译，商务印书馆 2013 年版。

［33］冯海发：《农村城镇化发展探索》，新华出版社 2004 年版。

［34］陈家勤：《创汇农产品论》，中国人民大学出版社 1991 年版。

［35］杨万江：《工业化城市化进程中的农业农村发展》，科学出版社 2009 年版。

［36］辜胜阻：《新型城镇化与经济转型》，科学出版社 2014 年版。

［37］朱启臻：《生存的基础——农业的社会学特性和政府责任》，社会科学文献出版社 2013 年版。

［38］［日］神门善久：《日本现代农业新论》，董光哲等译，文汇出版社 2013 年版。

［39］［日］冈部守、章政等编著：《日本农业概论》，中国农业出版社 2004 年版。

［40］罗晓梅等：《西部自我发展能力的政策创新研究》，中国社会科学出版社 2013 年版。

［41］王明利等：《中国牧草产业经济》，中国农业出版社 2012 年版。

［42］刘传江、郑凌云等：《城镇化与城乡可持续发展》，科学出版社 2004 年版。

［43］胡顺延：《中国城镇化发展战略》，中共中央党校出版社 2002 年版。

［44］韩俊主编：《14 亿人的粮食安全战略》，学习出版社 2012 年版。

［45］方创琳等：《中国城市化进程及资源环境保障报告》，科学出版社 2009 年版。

［46］田钊平、胡丹：《基于制度变迁视角城镇化与经济协调发展研究》，中国社会科学出版社 2013 年版。

［47］姬亚岚：《多功能农业与中国农业政策》，中国农业出版社 2012 年版。

［48］徐逢贤：《中国农业发展战略的研究》，广西人民出版社 1998 年版。

［49］刘文纪：《中国农民就地城市化研究》，中国经济出版社 2010 年版。

［50］中共苏州市吴中区委农村工作办公室：《农民·股民：股份合作改革吴中创新》，古吴轩出版社 2011 年版。

［51］温铁军等：《解读苏南》，苏州大学出版社 2011 年版。

［52］辛盛鹏主编：《西藏自治区农牧业调查研究》，中国农业大学出版社 2013 年版。

［53］共济：《全国连片贫困地区区域发展与扶贫攻坚规划研究》，人民出版社 2013 年版。

［54］张志斌、张小平：《西北内陆城镇密集区发展演化与空间整合》，科学出版社 2010 年版。

［55］梁积江、吴艳珍编著：《西部生态区划与经济布局》，中国民族大学出版社 2008 年版。

［56］师守祥等：《民族区域非传统的现代化之路：青藏高原地区经济发展模式与产业选择》，经济管理出版社 2006 年版。

［57］曹钢主编：《陕西经济发展模式研究》，陕西人民出版社 1996 年版。

［58］史念海：《河山集》（三集），人民出版社 1988 年版。

［59］马玉英、马维胜：《青藏高原城市化模式研究》，北京大学出版社 2013 年版。

［60］潘建伟等：《中国牧区经济社会发展研究》，中国经济出版社 2010 年版。

［61］刘世庆、许英明、林彬：《高原牧区发展研究——长江上游川西北例证》，社会科学文献出版社 2012 年版。

［62］郑长德、罗布江村等：《中国少数民族地区经济发展方式转变研究》，民族出版社 2010 年版。

［63］马汝珩、成崇德：《清代边疆开发》，山西人民出版社 1998 年版。

［64］樊平等：《农地政策与农民权益》，社会科学文献出版社 2012 年版。

［65］厉以宁主编：《中国道路与新城镇化》，商务印书馆 2012 年版。

［66］何传启主编：《中国现代化报告 2012——农业现代化研究》，北京大学出版社 2012 年版。

［67］尹成杰主编：《三化同步发展——在工业化、城镇化深入发展中同步推进农业现代化》，中国农业出版社 2012 年版。

［68］陈栋生等：《西部经济的崛起之路》，上海远东出版社 1996 年版。

［69］姚成胜：《城市化进程中的粮食安全变化研究》，社会科学文献出版社 2014 年版。

［70］中国城市与小城镇改革发展中心课题组：《中国城镇化战略选择政策研究》，人民出版社 2013 年版。

［71］李尧林：《富县论：县域经济科学发展前沿问题探索》，中国时代经济出版社 2008 年版。

［72］史振业、冯起主编：《21 世纪战略新兴产业——沙产业》，科学出版社 2012 年版。

［73］申兵：《西部地区发展实证研究》，中国市场出版社 2012 年版。

［74］国务院发展研究中心农村经济研究部课题组：《稳定与完善农村基本经营制度研究》，中国发展出版社 2013 年版。

［75］肖金成、党国英：《城镇化战略》，学习出版社 2014 年版。

［76］厉以宁：《中国经济双重转型之路》，中国人民大学出版社 2013 年版。

［77］费孝通：《爱我家乡》，群言出版社 1996 年版。

［78］国家体改委农村司主编：《全国小城镇试点改革要览》，改革出版社 1996 年版。

［79］李铁、乔润令等：《城镇化进程中的城乡关系》，中国发展出版社 2013 年版。

［80］中国（海南）改革发展研究院主编：《人的城镇化》，中国经济出版社 2013 年版。

［81］焦必方、孙彬彬：《日本现代农村建设研究》，复旦大学出版社 2009 年版。

［82］顾吾浩主编：《城镇化历程》，同济大学出版社 2012 年版。

［83］郭晓鸣、张克俊等：《城乡经济社会一体化新格局研究》，科学出版社 2013 年版。

［84］丁赛：《西部农村少数民族劳动力转移问题研究》，中国社会科学出版社 2012 年版。

［85］《中国共产党第十八届中央委员会第三次全体会议文件汇编》，人民出版社 2013 年版。

［86］童长江：《城乡经济协调发展评价及模式选择》，科学出版社 2013 年版。

［87］朱启臻、赵晨鸣主编：《农民为什么离开土地》，人民日报出版社 2011 年版。

［88］［英］E. F. 舒马赫：《小的是美好的》，虞鸿钧、郑关林译，商务印书馆 1984 年版。

［89］黄延廷：《农地规模化经营研究》，中国书籍出版社 2013 年版。

三　其他

［1］《中共中央关于推进农村改革发展若干重大问题的决定》，《经济日报》2008 年 10 月 20 日第 1 版。

［2］《抓住机遇　立足优势　积极作为，系统谋划"十三五"经济社会发展》，《经济日报》2015 年 5 月 29 日第 1 版。

［3］《习近平主持召开中央财经领导小组第九次会议强调》，《经济日报》2015 年 2 月 11 日第 1 版。

［4］《习近平在中共中央政治局第二十二次集体学习时强调》，《经济日报》2015 年 5 月 2 日第 1 版。

［5］习近平：《谋求持久发展　共筑亚太梦想》，《经济日报》2014

年 11 月 10 日第 2 版。

[6]《中央经济工作会议在北京举行》，新华网，http：//news. xin-huanet. com/fortune/2013 - 12/13/c_ 118553239. htm。

[7] 李克强：《依托家庭经营推进农业现代化——在联合国粮农组织的演讲》，求是网，http：//www. qstheory. cn/yaowen/2014 - 10/16/c_ 1112843100. htm。

[8] 李克强：《西部发展是中国最大回旋余地之所在》，新华网，ht-tp：//news. xinhuanet. com/politics/2013 - 08/18/c_ 116985178. htm。

[9] 韩长赋：《新生代农民工社会融合是个重大问题——关于新生代农民工问题的调查与思考》，《光明日报》2012 年 3 月 16 日第 7 版。

后　记

　　本书是国家社会科学基金项目"西部城镇化和农业现代化相互协调发展研究"（13XJY020）的最终成果。该项目从 2013 年 6 月批准立项以来，课题组经过三年的努力，于 2016 年 10 月完成，2017 年 7 月顺利结项。该研究项目能够顺利完成，要感谢国家社会科学基金在项目研究过程中给予的资助、中共陕西省委党校科研处在项目研究过程中给予的支持和帮助。同时项目在研究和调研过程中，还得到多方面的帮助，在实地调研过程中，时任陕西省阎良区统筹办主任刘志强、农业局局长王飞、关山镇副镇长朱国华、关山镇农办主任丁增民，靖边县农业局局长刘保等同志不仅提供调研资料，而且对调研问题交流了自己的观点；陕西省农业厅、勉县农业局、靖边县东坑镇政府、汉阴县涧池镇政府等部门和地区对调研给予了大力支持，焦永民、张向东等同志对课题组调研给予很大的帮助，使得研究能够深入实际，直接掌握西部农业现代化、城镇化的第一手资料，为项目研究奠定了实践基础；中共陕西省委党校马克思主义发展史专业 2013 级硕士研究生郑曦、段艺佳，2014 级硕士研究生吴鹏、薛敏（均已毕业）等参与前期调研和资料的收集、整理，为项目研究做了大量的工作。对以上的帮助和支持在此表示衷心感谢。

　　感谢中共陕西省委党校对本书提供学术专著出版资助。

　　感谢本书的责任编辑中国社会科学出版社经济与管理出版中心卢小生主任对本书的精心编辑和悉心指导，在出版过程中给予的全程帮助和支持。他对本书的出版做了大量的工作，使得本书能够在较短的时间内顺利出版。

　　由于作者水平有限，书中难免有不足和错误之处，敬请专家学者及读者提出宝贵意见。

胡卫华

2017 年 10 月